小学校
家庭科教育法

編著 大竹美登利・鈴木真由子・綿引伴子

石垣和恵・小野恭子・表　真美・中山節子
野中美津枝・萬羽郁子・星野洋美 共著

建帛社
KENPAKUSHA

はしがき

　小学校教員免許を取得しようとしている皆さん，家庭科からは縁遠かった方も多いのではないでしょうか。「家庭科なんて誰でもできるよ」と高をくくっていた方も，教えようとするとマニュアル通りにできない難しさを感じ，取り組むうちにおもしろい教科だなと感じる方が多いように思います。「今日は何を着ようかな」，「お昼何を食べようかな」という日常の課題の答えは一つではありません。それに科学的視点を持って自分なりの解を見つけていく能力を育むのが家庭科です。現在の教育改革の中で，日常生活の中から生活の課題を見いだし，その課題解決の道筋を探ることができる能力を育むことが最も求められています。家庭科はこうした課題解決能力を育むことができる教科です。

　現在，世界的に地球環境の保全が大きな課題となっており，国連は2016年に「持続可能な開発目標（SDGs）」を提起しました。家庭科の学びの見方・考え方では「持続可能な社会」を一つの柱に据えています。また，あらゆる差別撤廃条約批准を契機に男女必修に大きく変わった家庭科は男女平等を推進する中心の教科であり，高齢社会の先端を走る日本の生活課題に立ち向かう家庭科は，世界が直面する最先端の生活課題に応え，世界をリードしていく教科と期待されます。

　国は，2017年に学習指導要領を改訂しました。そこでは課題解決力を身につけることを目的に，学習知識・技能中心の学習から，知識・技能，思考力・判断力・表現力等，人間性の三つの資質・能力を育成するとし，それを育成するために「主体的で対話的な深い学び」（いわゆるアクティブ・ラーニング）という指導法の導入を提案しました。実は，家庭科はこうした学習方法が存分に生かされる教科なのです。本書の第11〜14章では，家庭科の学問領域の知識体系である衣・食・住・家族・消費といった領域ごとではなく，様々な指導方法を軸にして，アクティブ・ラーニング的手法を身につけることができる章構成としています。

　日本では授業を教師仲間が観察し，その後，その授業方法をめぐって協議を行い，よりよい授業方法を追求する授業研究が古くから行われてきました。今ではその手法が「study learning」として，海外に輸出されています。日本の家庭科も授業研究を重ね，「良い」授業がたくさん生まれていますし，世界の家庭科をリードしているといえます。本書ではこうした授業実践例をふんだんに掲載しました。実践例を参考に，授業づくりのポイントを考えてみましょう。

　現在，大学の授業の実質化が求められています。学生は授業に出席するだけでなく，授業と同じ時間だけ事前・事後の学習の確実な実施を求められています。すなわち授業の中での学習だけでなく，事前・事後の主体的な学習と授業での省察が確実な学びにつながるという考えです。本書では事前・事後学習を行う仕掛けとして，各章の最後に課題を数個提示しました。事前学習として章の内容を自学自習して課題に取り組むことで，理解不十分な点を確認し，授業では質問や議

論を通して確実な理解を進め，さらに事後学習として残りの課題に取り組むことで，確実な理解を確認し学びが定着できるようにしました。

　また，教育職員免許法の改正に伴い，2019年度より新たな教職課程がスタートすることとなり，本書が対象とする「各教科の指導法」にはコアカリキュラムが設けられました。このコアカリキュラムでは，全国の大学の教育課程で共通に修得すべき資質・能力を示すものとして，習得される内容が設定されました。そこでは，「（1）当該教科の目標及び内容」として，「1）学習指導要領における当該教科の目標及び主な内容並びに全体構造の理解」，「2）個別の学習内容について指導上の留意点の理解」，「3）当該教科の学習評価の考え方の理解」，「4）当該教科と背景となる学問領域との関係の理解と，教材研究への活用」，「（2）当該教科の指導方法と授業設計」として，「1）子供の認識や思考，学力などの実態を視野に入れた授業設計の重要性の理解」，「2）当該教科の特性に応じた情報機器及び教材の効果的な活用法の理解と授業設計への活用」，「3）学習指導案の構成の理解と具体的な授業を想定した授業設計と学習指導案の作成」，「4）模擬授業の実施とその振り返りを通して授業改善の視点を身に付ける」ことを求めています。本書ではこれらをふまえ，教員養成カリキュラムで求められる内容を余すところなく盛り込み，教師として必要とされる能力を育成できる内容構成となっております。

　本書は小学校教員免許を取得する学生のためのテキストではありますが，すでに教員免許をお持ちの方でも，家庭科教育の現在の動向を学ぶ上で有効な1冊です。広く家庭科教育に関心をお持ちの方々にもご一読頂ければ幸いです。

　2018年3月

編者代表　大竹美登利

目　　次

序　章　　小学校家庭科で何を学ぶか

1．家庭科で育んできた「生きる力」 ……………………………………………………… *1*
　（1）家庭科で育んできた「生きる力」を捉え直す／*1*
　（2）「生きる力」すなわち「人間活動力」／*1*
　（3）三つの「人間活動力」／*2*

2．「人間活動力」を産み出す生活の営みのしくみ ……………………………… *3*
　（1）家庭科は「人間活動力」を産み出す「生活の営み」を学ぶ／*3*
　（2）購入した財・サービスを消費して「人間活動力」を産み出す／*4*
　（3）生活の営みの拠点としての「家庭」とその担い手である「生活者」／*5*

3．生活の営みの担い手 ……………………………………………………………………… *5*
　（1）「世帯」は生活の営みの単位／*5*
　（2）生活の営みの単位である「世帯」の構成員は「家族」か／*6*

4．生活の営みの担い手である世帯構成員の変化 ……………………………… *6*
　（1）世帯構成員の変化／*6*　　（2）生活の営みの担い手の変化／*7*

5．社会化・外部化する生活の営み …………………………………………………… *8*
　（1）生活の営みの社会化／*8*　　（2）拡大する「生活の共同」／*9*
　（3）地域の人々との関わりも視野に入れた学び／*10*

第1章　家庭科教育の理念と意義

1．家庭科教育に求められるもの ………………………………………………………… 11

2．生活者に求められる自立と共生 …………………………………………………… 12
　（1）自立ってどんなこと／*12*　　（2）依存を前提とした自立／*12*
　（3）共生ってどんなこと／*13*

3．個々人の選択で創られる生活は何をめざすのか ………………………… 13
　（1）生活の豊かさの象徴としての耐久消費財／*13*
　（2）モノ消費からコト消費への変化／*15*
　（3）一人一人が創るそれぞれの生活スタイル／*15*
　（4）生活者の主体的な選択に与える社会的背景／*15*

4．家庭科の見方・考え方にみる四つの視点からの生活の創造 ……… 17
　（1）協力・協働による生活の創造／*17*
　（2）健康・快適・安全を踏まえた生活の創造／*17*
　（3）生活文化の継承・創造を含んだ生活の創造／*17*
　（4）持続可能な社会の構築をめざした生活の創造／*18*

5．家庭科の学びの可能性 ………………………………………………………………… *18*
　（1）主体的で対話的な深い学びを実現する家庭科の学び／*18*

（2）課題解決力の育成／19

（3）自立的に生活を営む力を身につけるための学習の道すじ／19

第2章　家庭生活の社会的変化と家庭科教育の歴史

1．戦前の家庭科前身 ………………………………………………………………… 21
（1）江戸時代／21　　（2）明治時代から戦前まで／21

2．戦後から高度経済成長期 ……………………………………………………… 23
（1）家庭科の誕生／23　　（2）高度経済成長と家庭科／24

3．家庭科の男女共修以降 ………………………………………………………… 26
（1）男女共修の実現／26　　（2）授業時数の減少／27

（3）今日の社会と家庭科／27

第3章　学習指導要領の目標と内容構成および他教科との関連

1．学習指導要領とは ……………………………………………………………… 31
2．学習指導要領で求められる資質・能力と見方・考え方 …………………… 32
（1）家庭科における資質・能力／32　　（2）主体的・対話的で深い学び／33

（3）家庭科における「見方・考え方」／34

3．目標と内容構成 ………………………………………………………………… 35
（1）小学校家庭科の目標／35　　（2）内容構成／36

4．指導計画・配慮事項および他教科との関連 ………………………………… 38
（1）指導計画／38　　（2）配慮事項／38　　（3）他教科等との関連／39

第4章　カリキュラムマネジメント—学習指導案と年間指導案の作成—

1．指導案とは何のために書くのだろうか ……………………………………… 40
2．指導案の内容とその注意点 …………………………………………………… 40
（1）指導案ではどのようなことを書いたらよいのだろうか／40

（2）授業の流れを作るとは／43

3．観察した授業を指導案として起こしてみよう ……………………………… 47
（1）観察した内容の何を指導案に書くのか，記録から教師の支援を見分けよう／47

（2）指導案に起こしてみるとわかること／48

4．授業をつくるために準備する教材や板書計画とは ………………………… 49
（1）教材準備の方法と種類／49　　（2）板書計画の重要性と計画の立て方／49

5．2年間の指導計画 ……………………………………………………………… 51
（1）指導計画の必要性／51　　（2）指導計画の立て方／51

第5章　授業計画と学習の改善につなげる授業評価の意味と方法

1．家庭科の学習を評価する ……………………………………………………… 56
（1）誰にとっての何のための評価か／56

（2）相対評価から到達度評価へ／56　（3）到達度評価による評価／57

2．様々な評価方法の特徴と課題 ……………………………………… 60

（1）様々な学習評価の方法／60　（2）新しい評価と家庭科／63

3．指導と評価の一体化 ……………………………………………………… 65

（1）評価を授業改善に活かす／65

（2）児童の姿から評価方法を選びとる／66

第6章　家族・家庭生活の教材を考える

1．家族・家庭生活の現状と課題 ………………………………………… 67

（1）家族・家庭生活の変化／67　（2）家族・家庭生活における現代の課題／67

（3）家事労働と生活時間／69　（4）家族との時間と地域との関わり／70

2．小学校で取り上げるべき内容 ………………………………………… 70

（1）多様化する家族・家庭生活への対応／70

（2）自分の成長と家族・家庭生活／71

（3）家庭生活と仕事／72　（4）家族や地域の人々と関わり／72

3．教材を使った授業実践例 ……………………………………………… 72

（1）家族・地域の人々，家庭の仕事カード，気持ちを書き込む吹き出し／72

（2）○○年前・後のわが家へのタイムトリップ／73

4．家族・家庭生活の授業実践例 ………………………………………… 74

（1）ガイダンス授業の例／74　（2）内容の関連を図った授業の例／76

第7章　食生活の教材を考える

1．子どもの食生活の現状と課題 ………………………………………… 79

（1）子どもの食生活の実態／79　（2）食生活からみた環境問題／80

（3）食文化の継承／81　（4）食育の必要性と家庭科／81

2．小学校で取り上げるべき内容 ………………………………………… 82

（1）食事の役割を知り，日常の食事を大切にする／82

（2）調理の基礎を習得する／82

（3）日本の伝統的な日常食を取り上げて，和食のよさに気づく／83

（4）五大栄養素と体内での働きと，食品を組み合わせてとる必要性がわかる／83

（5）栄養のバランスを考えた1食分の献立を考える／84

3．内容を展開するための教材の具体的事例 ………………………… 84

（1）食事の役割について実感を伴って考える教材／84

（2）調理の基礎を習得するために必要な事前の教材準備／84

（3）伝統的な食文化にふれる地域教材の活用／85

（4）栄養素と食品の関係を理解する教材／85

（5）1食分の献立を考えるための教材／85

4．教材を使った授業実践例 ……………………………………………… 86

（1）給食献立と食品カードを使った授業実践例／86

（2）栄養教諭とT.Tで進める授業実践例／88

第8章　衣生活に関する教材を考える

1. 衣生活の現状と課題 ·· 91
　（1）衣生活の変化／91　　（2）子どもたちの衣生活実態／92
2. 小学校で取り上げるべき内容 ·· 92
　（1）衣服の機能に関する基礎知識／92
　（2）季節や状況に応じた日常着の快適な着方に関する基礎知識／93
　（3）日常着の手入れに関する基礎知識／94
　（4）布を用いた製作に関する基礎知識と技能／95
3. 内容を展開するための教材の具体的事例 ··· 98
　（1）衣服の着用と手入れに関する教材／98
　（2）生活文化への関心を高める教材／100
4. 教材を使った授業実践例 ·· 100
　（1）生活を豊かにするための布を用いた製作の授業例／100

第9章　住生活に関する教材を考える

1. 住生活の現状と課題 ··· 103
　（1）量の確保から質の向上へ／103　　（2）住まいと安全・健康／104
　（3）これからの住生活／105
2. 小学校で取り上げるべき内容 ··· 105
　（1）住まいの機能／105　　（2）室内環境の調整／106
　（3）住まいの管理／110
3. 内容を展開するための教材の具体的事例 ·· 111
　（1）住まいの働きや住まい方についての話し合い／111
　（2）暑さ・寒さ・空気の汚れ・明るさ・音調べをしてみよう／111
　（3）整理・整とんマスターになろう／112　　（4）汚れ調べをしよう／112
4. 教材を使った授業実践例 ·· 113
　（1）題材構成の視点／113　　（2）授業の実践例／113
　（3）授業実践からの学び／115

第10章　消費生活と環境に関する教材を考える

1. 消費生活と環境に関する現状と課題 ·· 117
　（1）子どもたちの消費生活の実態／117
　（2）昨今の消費者問題の特徴／117
　（3）人や地球にやさしい消費行動／118
2. 小学校で取り上げるべき内容 ··· 119
　（1）物や金銭の大切さに気づき計画的な使い方を考える／119
　（2）身近な物の選び方，買い方を考え，適切に購入できる／121
　（3）環境に配慮した選び方・使い方ができる／122

目　次　vii

３．内容を展開するための教材の具体的事例 ……………………………………… 123

　（1）金銭の使い方を工夫する教材／123

　（2）物やサービスの選び方に関する教材／124

　（3）消費行動と環境問題との関わりについて考える教材／124

４．教材を使った授業実践例 ……………………………………………………… 127

　（1）金銭の計画的な使い方，物やサービスの選び方を考える授業／127

　（2）消費行動と環境問題との関わりについての授業／129

第11章　実験・実習を用いた授業

１．実験・実習を用いた授業とは ………………………………………………… 131

２．実験・実習を用いる意義 ……………………………………………………… 131

　（1）見方・考え方を働かせる／131　　（2）科学的な理解を深める／132

　（3）生活課題解決能力の育成／132　　（4）協働と自己肯定感／132

３．実験・実習を用いた授業設計 ………………………………………………… 133

　（1）題材の選定／133　　（2）安全性への配慮／133

　（3）「深い学び」になる授業展開／134

４．実験・実習を用いた授業実践例 ……………………………………………… 135

　（1）調理実験を導入した調理実習／135

　（2）洗たくの実験を導入した「衣服の手入れ」の授業／136

　（3）教室環境調査を用いた授業／138

第12章　五感で学ぶ授業―実物を用いる―

１．五感と家庭科 …………………………………………………………………… 141

２．五感で学ぶ意味 ………………………………………………………………… 141

３．五感で学ぶ授業実践例 ………………………………………………………… 143

　（1）緑茶（煎茶）／143　　（2）よもぎ団子／144

　（3）ご　　飯／145　　（4）み　そ　汁／146

　（5）涼しい住まい方・涼しい着方，暖かい住まい方・暖かい着方／147

　（6）ごみへの気づきと掃除の工夫／148　　（7）綿花からソーイングへ／148

第13章　主体的・対話的に深く学ぶ授業

１．主体的・対話的に深く学ぶ（アクティブ・ラーニング）授業とは何か ……… 149

　（1）アクティブ・ラーニングとは何か／149

　（2）「主体的・対話的で深い学び」とは何か／149

２．なぜ主体的・対話的に深く学ぶ授業が必要なのか …………………………… 149

　（1）OECDによるキー・コンピテンシー／149

　（2）わが国の子どもたちの現状／151

３．家庭科における主体的・対話的で深く学ぶ授業手法の実際 ………………… 152

　（1）家庭科における深い学び／152

（2）情報収集のためのアクティブ・ラーニングの手法／153

（3）思考を広げるアクティブ・ラーニングの手法／154

（4）課題を分類，分析するためのアクティブ・ラーニングの手法／154

（5）課題解決の方法を考え，態度，行動様式の変容を図る手法／155

4．主体的・対話的に深く学ぶ授業実践例 156

（1）多様な価値観を交差し，深い学びを得る例／156

（2）手作りの道具を用いて疑似体験を行った事例／157

第14章　問題解決型の学習を取り入れた授業

1．問題解決型の学習が求められる背景 159

2．問題解決型の学習のプロセス 160

（1）学習プロセスにおける位置づけ／160

（2）批判科学に基づく問題解決のプロセス／160

3．問題解決型の学習における学習方法と学習評価 162

（1）学習方法／162

（2）学習評価／165

4．問題解決型の学習を取り入れた授業実践例 165

終　章　家庭科教育の展望

1．日本の教育改革の背景 168

（1）世界の教育改革を推進するOECDの取り組み／168

（2）OECDの教育改革の中心的役割を担う日本／168

（3）世界の教育改革と連動する日本の教育改革／169

2．家庭科の学びの可能性 169

（1）課題解決能力と家庭科の学び／169

（2）アクティブ・ラーニング（主体的で対話的な深い学び）を実現する家庭科／170

3．家庭科の学びの目的 171

（1）「持続可能な社会の構築」と家庭科／171

（2）次世代に継承して歴史をつくる生活文化の担い手を育てる役割／172

4．世界の家庭科をリードする 173

（1）日本の家庭科は，小学校5年生から高等学校まで男女が必修の教科／173

（2）授業研究でよりよい授業づくりに取り組む教師／174

巻末資料：小学校学習指導要領（抄） 175

索　引 178

序 章　小学校家庭科で何を学ぶか

1．家庭科で育んできた「生きる力」

（1）家庭科で育んできた「生きる力」を捉え直す

　今日の社会では，フリーター，非正規雇用，生活保護者の増加など生活の基盤が揺らいでいる。食事作りや洗濯・掃除など暮らしを営む基本的な知識・技術が不足し生活自立もままならない人，コミュニケーションがうまくとれず人と協働できずに社会から孤立する人など，「生活力」の不足が社会問題になっている。

　そうした状況を背景に，これまでの学習指導要領では，「生きる力」の育成をめざしてきた。2017（平成29）年告示の学習指導要領でも，「生きる力」とは予測困難な社会の変化に主体的に関わり，よりよい社会と幸福な人生の創り手となりうる力であり，この「生きる力」の育成はその中心であると述べている。

　これまで家庭科では，未来に向けて生活を創造する自立した生活者を育むことをめざしてきた。新しい学習指導要領では，この「生きる力」をより具体化し，教育課程全体を通して育成する力を資質・能力とし，それを次の三つの柱に整理し，各教科等で育む力を整理している（第3章で詳述）。

　①　何を理解しているか，何ができるか（生きて働く「知識・技能」の習得）

　②　理解していること・できることをどう使うか（未知の状況にも対応できる「思考力・判断力・表現力等」の育成）

　③　どのように社会・世界と関わり，よりよい人生を送るか（学びを人生や社会に生かそうとする「学びに向かう力・人間性等」の涵養）

　家庭科では生きるために必要な力，すなわち明日のエネルギーを産み出すために，①日々の生活の中で必要な，衣食住やそのマネジメントに関する知識や技能を習得し，②それを費用や時間，入手可能性などの異なる状況の中で思考力を発揮し判断して実現し，③社会や世界の生活に関わる問題へ対応しながら生活を積み重ねて，自身の人生を創造する力を育んできた。家庭科は生きていくために必要な「知識・技能」の習得，生活の中で様々な状況に対応できる「思考力・判断力等」の育成，学びを生かし自身の人生を創造する「人間性等」の涵養に取り組んで来た教科であるといえる。

（2）「生きる力」すなわち「人間活動力」

　「生きる力」とは何か。上記の資質・能力を兼ね備えるには，その基本として，なによりも健康で人間性豊かな生きるエネルギーを備えた身体が必要である。そうした身体に，さらに様々な生活上の困難を乗り越え，自身の人生を切り開く力

としての上記の資質・能力が育まれる必要がある。こうした人々が一代限りで終わってしまっては持続した社会は創れない。未来の担い手を育む必要がある。すなわち，「生きる力」の育成とは，①健康で人間性豊かな身体の育成と，②困難を乗り越え人生を切り開く資質・能力の育成と，③未来の担い手の育成を含んでいる。こうした人間の活動する力を「人間活動力[1]」と呼ぶこととする。

「生きる力」すなわち「人間活動力」は，どのようにつくられているのだろうか。日々の生活を見てみよう。

私たちは，体内のエネルギーを燃やして筋肉を動かし呼吸をするなどの生命活動をしているほか，筋力や知識を使って自然や道具に働きかけ，生きていくために必要な財・サービスを産み出している。さらに人々と交わり協力しながら，より組織的に効率的に働けるしくみを作っている。こうした活動を持続的に行えるように，私たちは毎日食べたり，寝たり，休養を取ったり，仕事をしたり，団らんしたり，余暇を楽しんだりして，明日活動する力を産み出しているのである。

（3）三つの「人間活動力」

先に，「生きる力」とは，①健康で人間性豊かな身体，②困難を乗り越え人生を切り開く資質・能力，③未来の担い手の育成に分けて考えることができると述べた。この三つの「人間活動力」を見ていこう（表序－1）。

一つは健康で安全で元気に活動できる力としての「人間活動力」である。人々は毎日仕事や家事，勉学などを行い，エネルギーを消費し疲労する。消費したエネルギーは食事で補給し，疲労は睡眠や休養によって回復する。食事はエネルギーの補給だけでなく，健康維持ならびに体組織の形成や調子を整える栄養も必要である。さらに入浴や洗面などで身体を清潔にし，衣や住の汚れをクリーニングし，寒暖に合わせて衣服を着脱したり，住まいの空気環境を整えたりして，健康を保持する。またリラックスして精神的疲労も取り除く。これらを支える収入・支出の管理もある。こうした衣食住を整え，人間関係を培い協働し，消費経済を管理するなどの生活の営みによって，今日と同じように明日も活動できる「人間活動力」が産み出される。

二つには，課題を解決しよりよい生活を創るための，今日より質の高い発達し

表序－1　三つの人間活動力とそれを産み出す活動と活動を支える生活の営み

三つの人間活動力	持続的に日々活動できる人間活動力	問題解決力を備えた質の高い人間活動力	次世代を担う人間活動力の育成
人間活動力を産み出す活動	食べる，寝る，着る，入浴，排便，リラックス，療養，人間関係の構築	勉強する，教養を育む，技術を高める，運動する，趣味を行う	子どもを産み，育児・教育をする
活動を支える生活の営み	衣食住を整える，人間関係を培い協働する，消費経済の管理	教育機関に通う，スポーツをする，地域コミュニティ活動・ボランティア活動等をする	保育・育児，教育支援PTA等の活動，子育てに関わる一切の活動

た「人間活動力」を産み出すことである。例えば自動車の運転ができるようになればより遠いところに自分で移動できるようになり，仕事や生活の活動の幅が広がる。その結果，より豊富な生活財・サービスや情報を入手でき，課題を解決しよりよい生活を享受できるようになる。IC利用法の獲得，外国語の習得なども同様であるが，こうした知識や技能の獲得だけでなく，肉体的な発達によって同様に「人間活動力」の質が高まり，よりよい生活に反映する。人間の能力の発達である。

　こうした発達を遂げるために，教育機関に通う，スポーツをする，地域活動を行うといった生活の営みがある。それによって「人間活動力」は発達を遂げる。成長期には劇的な発達を遂げるが，この発達は成長期の子どもに限らない。大人になっても，人は生涯にわたって発達を遂げる。

　三つには，次世代の「人間活動力」である。現在の社会や生活を支えている人が活動できなくなった後に，その社会や生活を支える人を産み育てておかないと，社会は滅びる。現在の社会や生活を持続し，よりよい生活や社会を創っていくためには，それを担う次世代の「人間活動力」を産み出す必要がある。そのために子どもを産み，未来の社会を支える生活者を育てる。その活動を支えるため，保育・育児，教育支援など子育てに関わる生活の営みがある。

２．「人間活動力」を産み出す生活の営みのしくみ

（１）家庭科は「人間活動力」を産み出す「生活の営み」を学ぶ

　この三つの「人間活動力」を産み出すには，それを産み出す場（舞台）を整え，そこを中心として産み出すための活動をする。例えば食事ができるように食品を買ってきて保存し，調理し，食卓に並べて食べ，次の食事の準備のために食器を洗い，ごみを片付けるなどの活動をする。またこの活動をスムーズに行えるように，活動を行う場（舞台）を整える。このように，「人間活動力」を産み出す活動およびその活動の場（舞台）を整える活動を「生活の営み」という。

　2017（平成29）年告示の学習指導要領で，家庭科の目標は「生活の営みに係る見方・考え方を働かせ，衣食住などに関する実践的・体験的な活動を通して，生活をよりよくしようと工夫する資質・能力を次のとおり育成することを目指す」と述べられている。この目標について，「生活の営みに係る見方・考え方を働かせとは，家庭科が学習対象としている家族や家庭，衣食住，消費や環境などに係る生活事象を，協力・協働，健康・快適・安全，生活文化の継承・創造，持続可能な社会の構築等の視点で捉え，生涯にわたって，自立し共に生きる生活を創造できるよう，よりよい生活を営むために工夫することを示したものである」と解説されている。すなわち家庭科では，生活の営みを学びの対象としている。家庭科は「生きる力」である「人間活動力」を産み出す「生活の営み」を対象とする教科であるということができる。

（2）購入した財・サービスを消費して「人間活動力」を産み出す

　生活の営みとは，日々活動する力を産み出していく（人間活動力を再生産する）ために行っている活動である。そのためには，私たちは毎日，食べる，着る，住む，家族や地域の人と協力するなどの活動を行っている。この活動を遂行するために，人は，食べるもの，着るもの，住まい，水や電気などの生活に必要な様々な財・サービスを整え，利用している。

　自給自足の時代には，生活に必要な財・サービスは，生活者の私的生活の中で産み出されていた。しかし近代社会では，その多くが経済社会で生産され販売・提供される。私たちはお金を支払って購入（狭義の消費）し，食べたり着たりして（純消費）人間活動力を再生産している。

　図序－1にみるように，生活者はまず企業（生産会社，販売会社など）で働き，財・サービスを生産し，産物を販売する。働いた代償として賃金が支払われ，家庭に収入がもたらされる。家庭外の企業で働くばかりでなく，自宅で生産し，できた産物を販売して収入を得ている家庭もある。農家が田畑を耕して農作物を生産し販売したり，家内工業でものを作り販売するなどである。生活者は得られた収入を支出して市場の財・サービスを購入する（狭義の消費）。現代社会で生活するためには，この収入と支出のマネジメント（家計管理）は欠かせない。

　また，生活者は入手した財・サービスに家庭の場で調理・洗濯といった働きかけを行い（家事労働），できたものを消費して（純消費），「人間活動力」を産み出す。すなわち生活者は収入を得るために働き，入手した生活財・サービスを消費するために家庭も働きかけを行い，最終的にそれを純消費して「人間活動力」を産み出す。それぞれに費やす時間は24時間という限られた時間の中で配分を考えなければならない。ワーク・ライフ・バランスの問題である。

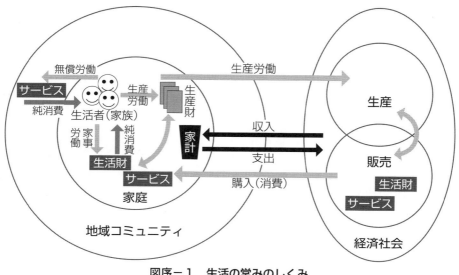

図序－1　生活の営みのしくみ

家庭に複数の生活者がいて家族を形成している場合は，構成員が共同してそれらを担う。こうした人と人の結びつき（人間関係）のマネジメントも必要不可欠である。すなわち，暮らしを支えるためには，何を産み出し，何を消費するかという，財・サービスの生産と，そのための金銭・人（エネルギー・能力）・時間，人間関係のマネジメントが必要となる。このように，財・サービスを使用（純消費）して明日の活力を産み出す活動を「生活」といい，その生活を支えるための諸活動（労働）を「生活の営み」という。

（3）生活の営みの拠点としての「家庭」とその担い手である「生活者」

「人間活動力」を産み出していく場（舞台）を「家庭*1」という[2]。

家庭（生活を営む舞台）には，そこで活動する（演じる）アクターが必要であり，その人々を「生活者*2,3」という。家庭の多くは，複数の生活者で「家族」を構成している。しかし，現代社会では単身で生活している者も多く，家庭の構成員は複数の生活者からなる家族とは限らない。

小学生の家庭は，父母などの保護者と対象児を含む未婚の子どもから構成される核家族が多い。しかし今や，父母と2人の未婚の子どもからなる「標準家族」モデルは消滅した。現在，家庭という舞台で演じるアクターは，単親家庭，夫婦のみ，単身者と様々である。家庭は家族で構成されるという従来の概念は，単身者が家庭という場で生活を営む状況を排除してしまう危険がある。そこで，家庭の構成員は生活者（単身も含む）であり，その構成員によって生活は営まれているとするほうが，現代の家庭の実態に沿った定義である。家庭の構成員は集団である家族だけでなく単身の生活者であり，その生活者が生活を営む。すなわち「家庭」は構成員の人数に関わりなく，生活の営みが展開される場を示す。

3. 生活の営みの担い手

（1）「世帯」は生活の営みの単位

生活の営みは，それを構成する生活者が社会に働きに出て収入を得，収入から必要な財・サービスを購入し，そこへさらに必要な働きかけを行い（家事労働），そこでできたものを消費（純消費）し，「人間活動力」を産み出す。すなわち，衣食住を共有し，生活に必要な費用（家計）を共有する単位で，生活は営まれる。

日本の政府統計では，生活の単位を「世帯」という概念で把握している。この「世帯」とは「住居と生計をともにしている人の集まり又は一戸を構えて住んでいる単身者」と定義されている。現代の生活で，獲得した収入から支出して，生活に必要な財・サービスの大半を手に入れていることを考えれば，この「世帯」の単位が，生活に営みの単位に最も近いものといえる。

前節で，「人間活動力」を産み出していく場（舞台）を「家庭」と述べた。また「家庭」の構成員は単身者を含む生活者であり，その構成員によって生活は営まれているとした。「世帯」は単身者を含む生活の営みの単位であることから，

*1　家庭
明治中期にホームの訳語として「家庭」が定着した。近代社会になって「家庭」は家族員の生命および労働力を再生産する機能に純化した過程で出てきた概念である。

*2　生活者
大熊信行『生命再生産理論』（東洋経済，1975）の論に依拠し「生活者」とは日常生活を自覚的に営む人を意味し，企業が提供する商品を購入する経済活動の側面のみから捉えらえる「消費者」という用語は使用しない。「生活者」論は天野（2012）が詳細に論じている。

6　序　章　小学校家庭科で何を学ぶか

「世帯」と「家庭」はほぼ同義と捉えられる。あえてその相違を述べれば，「家庭」は生活の営みの場（舞台）であり，「世帯」は生活の営みの単位であるといえる。

（2）生活の営みの単位である「世帯」の構成員は「家族」か

前節で，家庭（生活を営む舞台）には，そこで活動する（演じる）アクターが必要であり，その人々を「生活者」であると述べた。生活を営む「家庭」の多くは，複数の生活者で構成される「家族」で営まれる。しかし，現代社会では単身生活者も多く，家庭の構成員は複数の生活者からなる「家族」とは限らない。

これまで「家族」とは「居住の共同，経済的な協同，それから生殖によって特徴づけられる社会集団である」[4]と定義されていた。ここで居住の協同と経済的な協同という点は，「世帯」の概念と同一である。しかし，生殖により特徴づけられる社会集団が，現代では必ずしも居住の共同と経済的な協同ではない。

生殖によって特徴づけられる社会集団とは何をさすか。日本には戸籍制度があり，この戸籍では婚姻関係や血縁関係（含む養子縁組）が確認でき，したがって定義でいうところの生殖関係を把握することができる。しかし，「戸籍」の構成員は必ずしも住まいと生計を一緒にしていないことがある。例えば就職して親と離れて1戸を構え自分の収入で生計を立てている子どもは，「戸籍」では同一であるが，「世帯」は別である。一方，結婚により戸籍を創設する現在の民法では，戸籍上は別でも住まいと生計をともにしている場合は同一「世帯」で把握され，多くの場合「家族」と認識されることが多い。

また，民法では，親族は①六親等内の血族，②配偶者，③三親等内の姻族を親族と定義し，婚姻の禁止や親権，財産分与，扶養の義務などが規定され，三親等以内には多くの権利義務がある。しかし，現代では，六親等の曾祖父母の曾祖父母や叔父叔母の曾孫までを「家族」と考える人は少ないであろう。

現在の「家族」は，居住の共同と経済の協同を前提とせず，一方で，生殖によって特徴づけられる関係である血縁や婚姻による結びつきであっても，「家族」意識を持っている場合とそうでない場合とがある。すなわち「家族」は「世帯」や「戸籍」や「親族」と必ずしもイコールとならない。「家族」は明確に線を引ける単位ではなく，親密な関係を意識しているか否か，それぞれのアイデンティティによってその範囲や境界が決まる[5]ということができる。

4．生活の営みの担い手である世帯構成員の変化

（1）世帯構成員の変化

生活の営みの単位を「世帯」とすると，「世帯」の変化は国勢調査をはじめとする種々の政府統計によって把握できる。世帯は「一般世帯」と「施設等の世帯」に分類され，さらに「一般世帯」は「親族のみの世帯」「非親族を含む世帯」「単独世帯」に分類され，そのうちの「親族のみの世帯」は「核家族世帯」「核家

族以外の世帯（拡大家族世帯など）」に分類されている。

　この政府統計によれば，世帯当たりの人数は減少傾向にあり，2017（平成29）年「国民生活基礎調査」によれば2.47人である。また家族類型別世帯数は，単独世帯や夫婦のみの世帯，一人親と子どもの世帯が増加し，夫婦と子どもと親などの拡大家族世帯が減少している。すなわち，世帯の構成員は小規模化し，父母と子どもという核家族世帯は減少し，単身や夫婦のみの世帯が増加しており，世帯構成員が介護などの助け合いが必要となったときに，それを構成員で十分に担うことができなくなってきている。これまでは世帯の中でそれらの機能を包含していたが，現代ではそれを支援する地域社会のしくみが必要となりつつある。

　家族の変化については第6章で詳述する。

（2）生活の営みの担い手の変化

　これまでは「家庭」は，夫が働いて妻子を養い，妻が専ら家事を担う専業主婦であるという「標準家族」モデルが一般的であった。しかし，終身雇用制度が崩れ非正規労働者が増え，夫一人の賃金で妻子を養うほどの給与を得られるサラリーマンは減少している。すなわち図序－2にみるように1990年代に夫も妻も働きダブルインカムで生計を支える共働き世帯が，夫一人の稼ぎで生計を支える専業主婦世帯を追い越し，今では主流になっている。その結果多くの世帯では，妻が専ら家事・育児を担うのではなく，夫も妻も同等に家事・育児を担うことが求められている。

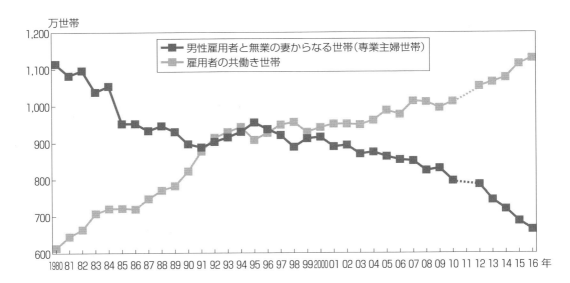

（注）2001年までは労働力特別調査の2月（一部3月）データ。2002年以降は労働力調査（詳細結果）の年平均データ。ここで雇用者とは非農林業雇用者，無業とは非就業者のこと。2011年は東日本大震災の影響で岩手，宮城，福島のデータがないため省略。

図序－2　専業主婦世帯と共働き世帯の推移
資料）内閣府：平成29年版男女共同参画白書，2017

8　序　章　小学校家庭科で何を学ぶか

また，核家族世帯では両親が働いている間，育児・教育の担い手を世帯内に見つけることはできない。そこで共助公助によって運営されている保育所や認定こども園などに育児・教育を担ってもらうことが一般的である。共働き世帯が増加するにつれて，育児・教育は私的家庭内の営みから公的な社会的営みへと変化していく。このように生活の営みの担い手が変化していくことによって，個別世帯内で行われていた生活の営みの活動（家事労働）も変化をしていく。

5．社会化・外部化する生活の営み

（1）生活の営みの社会化

家庭が小規模化し，農家のような生産機能がある家庭が減少すると，生活は個別化の方向をたどる。生活に必要な財・サービスを購入すれば生活が成り立つ社会では，家庭内の共同性は低下し，単身での暮らしが容易になり，また共同で暮らしていても，生活は個別化していく。

生活が個別化すると，生活単位が持っていた生活リスクへの対応力が低下する。例えば，単身で介護が必要になったとき，家庭の中にその担当者を求めることはできない。前述したように子育て機能は社会化される。このように，世帯の小規模化，生活の個別化は，新たな生活の社会化を必要とする。

表序－2は，現代の日常の生活の営みの社会化について分類したものである。この区分は現代の生活が個別私的家庭内の活動だけにとどまらず，多様なしくみ

表序－2　生活の営みの社会化の分類

家庭外で行われる活動					家庭内で行われる活動
生産活動					人間活動力の再生産
産業労働	社会化・外部化された家事				家事労働
	ペイドワーク			アンペイドワーク	
金融金属・機械家電運輸電気農業など	企業による商品化・サービス化	公共機関による公共化	互助組織による共同化	自治組織による共同化	私的な家庭内での仕事
	レストラン調理済み食品既製服クリーニングハウスクリーニング病院老人ホームなど	ごみ処理水道保育所介護ヘルプサービス	共同保育生活協同組合介護サポートなど	共同部分の掃除や草取り自治会・管理組合の活動消費者活動PTA・保護者会活動ボランティアなど	炊事掃除洗濯買い物育児・介護

の中で行われる活動によって支えられていることを示している。

　例えば，住宅の維持管理は，戸建てであれば，個人の住宅管理の活動として個別私的家庭内で行われる家事労働である。しかし，集合住宅では通路やエレベーターの管理や建物の周りの草むしりなど，生活が共同化される部分が多くなり，住民で組織された管理組合によって社会化・外部化された家事労働として行われる。家庭の外で行われていても家庭内の家事と同様に無償労働であり，自分たちの住宅管理という生活の営みの活動であることには変わりがない。

　一部有償労働を組み込みつつ，共同化して行われる活動がある。保育者を共同で雇って行う共同保育や，自主的な組合組織を作り信頼できる品質の購買行動を託す生活協同組合などは，互助的組織による家事労働の社会化である。

　行政が公的に行う家事の社会化がある。ごみ処理，水道，保育所，介護ヘルプサービス等である。さらに企業が社会的生産システムの中に組み込んで提供し，利用者が購入して利用する産業労働による家事労働の社会化がある。発達した資本主義国では産業労働による家事の社会化はめざましく，便利さを私たちは享受している。

　こうした担い手の違いによる財・サービスの提供を，自助，共助，公助と分類することがある。私的な企業による商品サービスの購入と家庭内での仕事，自治組織による共同化は自助，互助組織による共同化は共助，公共機関による財・サービスの提供は公助である。

（2）拡大する「生活の共同」

　生活単位が縮小するにつれ，その周辺部分に他の世帯と共同する部分が生まれ，自治組織による共同化，互助組織による共同化，公共機関による財・サービスの提供，私的な企業による商品サービスの提供がされていくことは前述した。

　家庭内での仕事および企業から提供される財・サービスの購入は，私的・個別的生活の内の対応である。しかし，生活を支える活動が共同で展開される「生活の共同」では，それを必要とする人たちが参画し，協力しながらその共同組織を支えることになる。先に述べた集合住宅の共有部分の清掃管理などの家事である。

　こうした共同部分が大きくなり，社会経済に組み込まれていくにつれ，その間を埋める活動が必要となってくる。例えば，育児・教育は学校や保育所などの公的なしくみに組み込まれていくが，一方で，子どもを支える子ども会やスポーツクラブなどは地域の人たちで組織され，活動する。生活に必要な活動が組織化共同化された「生活圏」が「地域」であると捉えれば，その意味でこの組織は「地域での生活共同」ということができる。

　「地域での生活共同」は目的を同じくする人々の集まりであり，最近ではインターネットの普及もあり，参加者は全国に広がることもある。また，当事者に限らず活動に賛同する多くの支援者から成り立っていることも多い。

　このように，生活の営みは私的個別的生活にとどまらず，「生活の共同」や「地域での共同」に広がり，縮小する家庭生活を支える組織として拡大している。

10　序　章　小学校家庭科で何を学ぶか

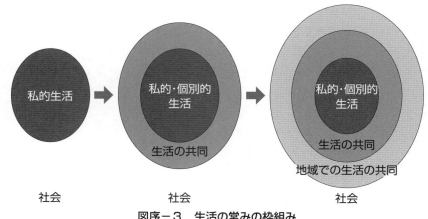

図序－3　生活の営みの枠組み

(3) 地域の人々との関わりも視野に入れた学び

　小学校学習指導要領「第8節　家庭」「第1　目標」の（3）では「家族や地域の人々との関わりを考え，家族の一員として，生活をよりよくしようと工夫する実践的な態度を養う」と述べられている。私たちの生活は先に述べたように，個別家庭内での閉じた中で営まれているのではなく，家庭の外に広がる地域コミュニティの活動も含めて，生活の営みが成り立っている。こうした家庭の外で行われている地域と関連して生活を営んでいくことが，今日では必要であることを，このことは示しているといえる。

<引用文献>
1）岡山礼子・小川信子：生活管理と生活政策，ドメス出版，1972，p.69
2）鈴木敏子：家族・家族関係の現状と課題，家庭管理論新版（宮崎礼子・伊藤セツ編），有斐閣，1989，pp.15-16
3）天野正子：現代「生活者」論―つながる力を育てる社会へ―，有志舎，2012
4）G. P. マードック著，内藤莞爾訳：社会構造―核家族の社会人類学，新泉社，1978，p.23
5）上野千鶴子：近代家族の成立と終焉，岩波書店，1994

第1章 家庭科教育の理念と意義

1. 家庭科教育に求められるもの

　2017（平成29）年告示の学習指導要領は，改訂にあたって各教科の見方・考え方を整理し，それを踏まえて各教科の学習内容を整理した。家庭科の見方・考え方は，「家族や家庭，衣食住，消費や環境などに係る生活事象を，①協力・協働，②健康・快適・安全，③生活文化の継承・創造，④持続可能な社会の構築等の四つの視点で捉え，よりよい生活を営むために工夫すること」を通して，「自立し共に生きる生活の創造」を図ることとされている（第3章参照）。

　序章では，家庭科の基本概念となる「生活を営む」ことについて整理した。本章では，家庭科がこれまでも，また今後もめざしていく重要な視点である「自立」を取り上げ，今日の社会変化の中で注目されてきた「自立」と「依存」の関係の中でその概念を整理する。

　また，「自立」を「共生」との関わりで整理する。見方・考え方では，生き方の方向性として「自立」と「共生」を並列して示している。これまでの学習指導要領は「生きる力」の育成を柱としており，また家庭科も「生きる力」の育成を中心的な目標としてきた。この「生きる力」の主要な内容として，家庭科では「自立」と「共生」が重要視されているといえる。

　次に，家庭科の主要課題である「生活の創造」について考える。生活者の一人一人は自身の価値観に基づいて財・サービスを選択し，それによって人それぞれの生活スタイルを創り上げている。その際，自己の選択はその価値判断に基づいて自律的に決められていることを前提にしているが，必ずしもそうではないこともある。生活が地域社会とつながっており，そこに住む生活者もその影響を受けていることがその背景にある。生活に関する自己選択に関わる問題を確認する。

　それらの問題を乗り越えて課題解決し，これからの生活を創造していくために，家庭科の見方・考え方で示された①協力・協働，②健康・快適・安全，③生活文化の継承・創造，④持続可能な社会の構築の四つの方向を改めて家庭科学習と関連させて整理したい。

　2017（平成29）年告示の学習指導要領では，各教科で身につけるべき資質・能力だけでなく，どのように学ぶかという指導の方法にまで言及していることを特徴とし，そこでは課題解決的な学びが重要視されている。家庭科ではこれまでも実践的学習を重要視し，中学や高校では生活の課題と実践という学習を展開してきた。家庭科のこうした課題解決的な学びの先進性を確認するとともに，それをさらに生かすための取り組みについて考察したい。

2．生活者に求められる自立と共生

（1）自立ってどんなこと

『大辞林第三版』（三省堂書店，2016）によれば，「自立」とは「他の助けや支配なしに自分一人の力だけで物事を行うこと」と説明されている。この説明からわかるように，自立については「他の助けなしに」一人で行うことできることがこれまで強調されてきた。

こうした「自立」には自分で立つという意味合いが強く出ることから，その能力に障害がある場合を扱う社会福祉の領域では，新たな「自立」概念を展開した。

「『自立』とは，『他の援助を受けずに自分の力で身を立てること』の意味であるが，人権意識の高まりやノーマライゼーションの思想の普及を背景として，『自己決定に基づいて主体的な生活を営むこと』，『障害を持っていてもその能力を活用して社会活動に参加すること』の意味としても用いられている」[1]という定義が，社会福祉の分野では定着してきている。

こうした自己決定を重視した自立概念は「精神的自立」「自律」と表現されることが多い。「自律」とは，『大辞林』によれば「他からの支配・制約などを受けずに，自分自身で立てた規範に従って行動すること」とあり，「自立」と区別さ

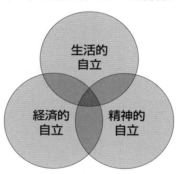

図1-1　三つの自立

れ，身体的に立てなくても，自分の意思に従って生き方を選び取っていくことを中心に置いた考えである。

なお，自立を使った言葉には，「外的自立」「内的自立」「経済的自立」「社会的自立」「生活的自立」「精神的自立」「性的自立」「身体的自立」など様々なものがあり，自立概念も多様であることがわかる。

家庭科では，この中でも主に「経済的自立」「生活的自立」「精神的自立」の三つを取り上げてきた。

（2）依存を前提とした自立

最近では「自立」は「依存」を前提としているという考えが定着している。障がい者，高齢者を支援する福祉領域から，他の助けなしに一人の力だけで物事をすべて行っている人がいるのかという疑問が出され，「依存」を前提とした自立概念が定着してきた[2]。

障がい者・高齢者といったことにかかわらず，私たちは助けてもらいながら，それを前提に自分でできることを行い自立していることが多い。例えば，近眼や老眼のため眼鏡をかけて視界を獲得するように，様々な身体能力の低下を補助する道具を使用している人は多い。これは道具に依存することを前提とした自立で

ある。

　最近は車いすの人が電車を利用する場面も多くなった。街や駅がバリアフリーになり，これまで外出が困難だった人も，多少の支援に依存すれば自立して外出できるようになる。あるいはリストラなどで職を失ったとき，雇用保険の失業手当で生活を立て直すことも，自立につながる依存である。

　2013（平成25）年には「生活困窮者自立支援法」が制定され，生活困窮に陥った際にいきなり生活保護を受給してすべてを依存した生活になるのではなく，様々な弱い部分を支援しそれに依存しながら自立に向かうことができるようになった。これも依存を前提とした自立である。

　このように，現代社会においては，生活の困窮度合いに応じて様々な支援（依存）が受けられ，それにより自立できる人が増えてきた。依存を排除するのではなく，依存を活用しながら自立するというように，「自立」と「依存」は共存関係にある。

（3）共生ってどんなこと─自立から共生へ─

　序章で述べたように，現代社会では私的個別的生活枠組みの家庭の中だけで生活は営めない。家庭の周りには様々な「生活共同」「地域での生活共同」があり，それらに依存して生きている。

　この共同の枠組みは，誰が支えているのだろうか。生活の共同組織の多くはそれを利用している人たちが支えている。例えば地域の育児・教育に関する子ども会はそれを利用する保護者たちがその組織を支えている。利用者たちは自分の子どもの育児・教育を保護者として自立的に行うだけでなく，地域の共同の組織に支えてもらいながら，同時にその組織を支えながら，地域の子どもたちの育児・教育をも担っているのである。

　世帯が小規模化し生活の営みを個別家庭内だけで担えなくなった今日では，こうした共同のしくみを支え，その共同を利用することによって自身の個別世帯内での生活の営みが自立的に行われる。

　共同を支える担い手となることで真に自立しているといえよう。「自立」と「共同」は生活の営みを支える両輪である。

　現代では地域や社会の生活を支える共同のしくみに依存して生活が成り立っており，したがって，生活を営む力は，個々人の生活を自立的に営む力に加えて，地域や社会の生活を共同で担っていく能力が求められる。現代では，個と共同の両者の自立の担い手となる生活者を育成していくことが，家庭科に要請される。

3．個々人の選択で創られる生活は何をめざすのか

（1）生活の豊かさの象徴としての耐久消費財

　生活の営みの主体者である家族の規模や関係が変化し，家庭の周辺に地域共同ができ，それらも含めて生活が営まれていることはすでに述べた。また生活に必

要な財・サービスの多くは，企業など社会で生産され提供され，それを入手（購入）して生活を営んでいることを示した。

かつては，技術革新にともなって大量の生活財が企業などから供給され，それらをたくさん購入し保有することが，生活の豊かさを象徴するものとして捉えられてきた。

図1－2にみるように，1960年代の高度経済成長期には，耐久消費財の急速な普及がみられる。1953年に電化元年といわれて登場したいわゆる三種の神器（電気掃除機（後に白黒テレビ），洗濯機，冷蔵庫）は，1970年代はじめ頃までに普及率は90％前後となり，おおよそ一家に一台持つに至った。1960年代にはいわゆる「3C」といわれた，自動車，ルームエアコン，カラーテレビが急速に普及していった。

1990年代以後は，パソコンやデジタルカメラ，携帯電話，スマートフォンなどのITC関連の生活財の普及率が高まっているが，かつての三種の神器や3C時代といわれたような，画一的にある種の生活財を所持して豊かさの象徴を示すような物品はなくなった。

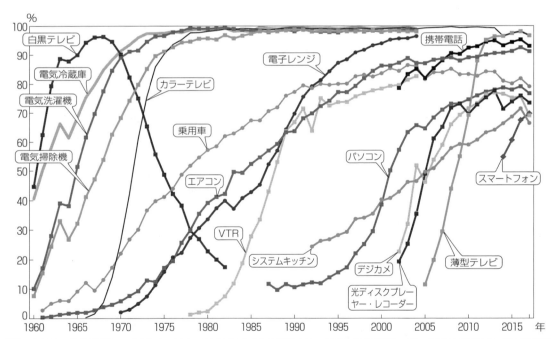

（注）2人以上の世帯が対象。1963年までは人口5万人以上の都市世帯のみ。1957年は9月調査，58〜77年は2月調査，78年以降は3月調査。05年より調査品目変更。多くの品目の15年の低下は調査票変更の影響もある。デジカメは05年よりカメラ付き携帯を含みます。薄型テレビはカラーテレビの一部。光ディスクプレーヤー・レコーダーはDVD用，ブルーレイ用を含む。カラーテレビは2014年からブラウン管テレビは対象外となり薄型テレビに一本化。

図1－2　主要耐久消費財の世帯普及率の推移（1960年〜2017年）
資料）内閣府：消費動向調査，2017

(2) モノ消費からコト消費への変化

近年では，モノ（財）消費からコト（サービス）消費へと変化したといわれている。

図1-3の家計の支出割合を，車やパソコン，DVDなどの財の購入と，旅行や通信，観劇などのサービスの購入に分けてその割合をみると，財の支出が減り，サービスの支出が増加している。すなわち，かつてはステータスシンボルとしてあまり使用しない高級車を所持していることがあったが，現在では車所持にお金をかけるより，必要なときにレンタカーというサービスを利用して旅行などを楽しむことにお金を使用する生活への変化を示している。

図1-3　家計の消費支出（財・サービス別）
資料）消費者庁：平成25年版消費者白書，2013，図表1-1-3より筆者作成

(3) 一人一人が創るそれぞれの生活スタイル

前述のように，車を買うか，レンタカーを借りるかといった選択は，個々の生活者の意思決定に基づいて行われることであり，それの積み重ねが，その人の生活のスタイルを創っていく。自家用車かレンタカーかというだけでなく，朝食を，昼食を，夕食を何を食べるかといった選択，何をどのように着るか，どのような家にどのように住まうか，誰と一緒に住むか，どのように仕事を分け合い協力するかなどは，生活者が個々の意思決定に基づいて選択したその集積が，その人のライフスタイルになる。

学習指導要領の家庭科の2017（平成29）年改訂の要点において，「（ウ）社会の変化への対応」で掲げられている四つの視点の一つに「自立した消費者の育成に関する内容の充実」がある。日々の生活の中で，様々な配慮事項を踏まえて何を購入するかという選択を消費者として行うことは，まさに，自立した消費者としての姿であるといえる。これが生活を営む主体的な生活者と重なっていく。

ここでは，誰と暮らしているか，収入は世帯全体でいくらか，社会で何が供給されているか，その中から何を選択するか，モノに価値を置くか活動に価値を置くか，環境問題など社会的な課題にどう関わるか，地域の人々とどう関わるかなど，様々な要因に対する判断基準を持って最終的に自分の判断の下に，自身の生活を創っていく。これが個々人の生活スタイルの創造であり，生活の営みそのものである。

(4) 生活者の主体的な選択に与える社会的背景

前述のように，私たち生活者は，それぞれの生活場面で様々な選択をする。こうして個々の生活スタイルを創造しているが，それは生活者の主体的な判断だけで決めることができ，そこで形づくった生活スタイルは，主体的な意思決定を十

分に反映することができるのだろうか。

　例えば，結婚をするかしないかは人生最大の選択であり，自身の主体的な意思決定で決めていると考えたい。しかし，この結婚さえも，必ずしも本人の主体的な意思だけで決まるものではなさそうである。

　図1-4にみるように，雇用形態が正規か非正規かによって，未婚率が相違している。男性では50歳代以降を除いてどの年代も，非正規就業者のほうが正規就業者より未婚率が高い。日本では，非正規就業者は賃金が正規就業者より低いことが大きな要因としてあげられる。また生涯にわたる就業保障はなく，その就業は不安定で，将来を保障されない。

　男性の場合，結婚イコール生涯にわたって妻子を養うことを期待される日本では，こうした不安定雇用である非正規就業者は，結婚から排除される可能性が高く，未婚率が高くなると考えられる。

　逆に，女性は正規より非正規就業者のほうが，30歳代，40歳代の未婚率は低い。女性の場合は，結婚相手から期待が男性と真逆となり，こうした逆の結果になると思われる。

　すなわち，結婚という選択においても，こうした社会的な状況が影響して，生活者の主体的な選択が必ずしも行えないことがある。

　こうした生活者の主体的な選択を妨げる様々な影響は多々ある。例えば，購入したいものが市場に出回っていない場合，市場にある範囲の中でしか選択できない。また選択したいものが手持ち金額より高額であれば選択できない。こうした様々な社会的背景を踏まえて，日常の課題を解決していきながら，それぞれの生活を創っていくことになる。

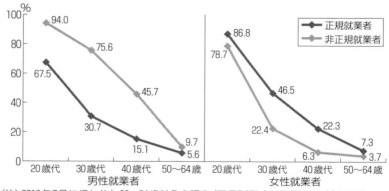

(注) 2010年7月に行われた20～64歳対象の調査（回収7,973人，集計7,413人）による。
　　正規就業者は一般社員または正社員など，非正規就業者はパート，アルバイト，派遣・嘱託社員など。

図1-4　正規・非正規別の未婚率（2010年）
資料）厚生労働省：社会保障を支える世代に関する意識等調査報告書

４．家庭科の見方・考え方にみる四つの視点からの生活の創造

　家庭科の見方・考え方では，①協力・協働，②健康・快適・安全，③生活文化の継承・創造，④持続可能な社会の構築等の四つの視点で捉え，生活の創造していくことが示された。前述したように，毎日の生活の営みの中で選び取っていく生活スタイルを，これらの四つの視点から改めて見直したい。

（1）協力・協働による生活の創造

　前述したように，私たちの生活は様々な生活の共同から成り立っている。生活の共同の営みは協力・協働を抜きに成り立たない。協力・協働は個別の世帯内の問題から地域社会，世界全体の問題までそのレベルは様々である。

　世帯内では生活の営みにおける夫妻の協力・協働が不可欠であり，また子どもたちも含んだ協力・協働によって生活は成り立っている。また生活は地域社会での共同が必然であり，住まいの共同管理や子ども会・地域スポーツチームなどの運営などの協力・協働があって，私たちの生活は成り立っていることはすでに述べた。小学校家庭科を学ぶ児童にあっても，これらの活動に参画していく場面は様々あり，その活動の実践を通して，協力・協働によって生活が成り立っていることを学ぶ機会をつくっていきたい。

（2）健康・快適・安全を踏まえた生活の創造

　生活の営みとは，明日また元気に活動できるように，健康でより豊かな人間活動力を産み出すことを目的としている。毎日の食事は，健康を維持する最も重要な営みである。

　夏涼しく冬暖かい衣環境や住環境は，私たちの生活を快適にし，人間の健康を維持するために，また明日の質のよい人間活動力を産み出すために重要である。

　安全な食事の準備や安全な住環境，地域環境の保全は，私たちの健康にとって重要であるばかりでなく，私たちの生活の質をも左右する。災害国日本では，震災や大洪水などで住まいを失うことが頻繁に発生する。こうしたとき，いかに安全な環境が私たちの生活を守ってくれ，安心して生活を営んでいくことができているかを再認識できよう。

（3）生活文化の継承・創造を含んだ生活の創造

　前述したように，毎日の生活の営みが一人一人の生活スタイルを創り，その一人一人の生活スタイルの集積が生活文化である。その生活スタイルは社会の状況に影響されながら行われており，したがって地域ごとに生活スタイルは独自の特徴を持っている。このように日々の生活の積み重ねによって生活文化を継承しており，さらによりよい生活を工夫し創っていく中で生活文化を発展させている。

（4）持続可能な社会の構築をめざした生活の創造

　2015年に国連で採択された「持続可能な開発のための2030アジェンダ／SDGs（sustainable development goals）」では，持続可能な世界を実現するための17のゴール（以下「G」）を示している。17のゴールとは，1．貧困をなくそう，2．飢餓をゼロに，3．すべての人に健康を福祉を，4．質の高い教育をみんなに，5．ジェンダー平等を実現しよう，6．安全な水とトイレを世界中に，7．エネルギーをみんなにそしてクリーンに，8．働きがいも経済成長も，9．産業と技術革新の基盤をつくろう，10．人や国の不平等をなくそう，11．住み続けられるまちづくりを，12．つくる責任つかう責任，13．気候変動に具体的な対策を，14．海の豊かさを守ろう，15．陸の豊かさを守ろう，16．平和と公正をすべての人に，17．パートナーシップで目標を達成しようである（終章参照）。貧困撲滅から始まる17のゴールは，私たちの生活の営みとそれぞれと不可分に結びついており，それぞれのゴールを踏まえて生活を営んでいくことが必要である。

5．家庭科の学びの可能性

（1）主体的で対話的な深い学びを実現する家庭科の学び

　主体的で対話的な深い学びを実現するように，表1－1に示したみそ汁の授業を6年生で行った。

　この授業ではみそ汁の作り方を教師が教えない。1次では，児童はこれまでの経験知を結集して班で話し合いを重ね，一つの作り方を確認する。そこでまとまった各班のみそ汁の作り方でみそ汁を作る。なお，みそ汁の実は汁ができたところに入れればよいだけのワカメと麩を使い，調理では煮干しとみその量と煮る時間を中心としたみそ汁作りを行う。各班で作った違った味のみそ汁を味見し，一番おいしかったみそ汁に手を上げ，多くの児童がおいしいと評価したものが決定したところで，各班の作り方を発表する。こうして教師が教えるのではなく，各班で対話しながら自分たちで主体的に作り方を探り，おいしいみそ汁の作り方を見つけ出していくことにより，深い学びが生まれた。

　同じような学びは，家庭科では多く取り組まれる学習形態である。家庭科では正解がないことが多いので，それぞれの考えを批判的に検討し，独自の見解を形

表1－1　「おいしいみそ汁の作り方」の授業の概要

1次	試し調理	みそ汁の作り方（煮干しの数，煮出し時間など）を班で話し合って決め，その方法でみそ汁を作り，各班の味見をしてどの班のおいしかったかを手を上げ，各班のみそ汁の作り方を発表しどんな作り方がおいしいかを認識する。
2次	味比べ	煮干しの数や煮出し時間を変えたみそ汁を作り，全員で味見をし，その中から好きな味に手を上げ，おいしいみそ汁の煮干しの量や煮出し時間などの作り方を確認する。
3次	確認調理	2次で確認できた作り方に沿ってみそ汁を作る。

成していく。すなわち家庭科は常に他の意見を参考にしながら，それらと自分の意見を交差させ，対話させながら，自らが答えを探っていく主体的な学びが展開されることが多い。

学習指導要領にある「主体的で対話的な深い学び」は，家庭科の学びと親和性があることから，さらにその特徴を発展させた学びを展開させていきたい。

▌（2）課題解決力の育成

家庭科では中学校で「生活の課題と実践」，高等学校でその発展として「ホームプロジェクトと学校家庭クラブ」を実践してきた。ここでは生活の中から解決すべき課題を取り上げ，その解決の道すじを探り，実践して生活を改善していく取り組みである。小学校ではよりよい生活を創るために「工夫する」ことが，これまでの学習指導要領にも盛り込まれており，これが課題解決的な学びの小学校での実践となっていた。

2017（平成29）年告示の学習指導要領で強調された課題解決能力の育成は，これまでの家庭科で蓄積された学びを実践することに尽きる。先のみそ汁の試し調理でも，「おいしいみそ汁づくり」という課題に取り組み，答えを与えるのではなく自分たちで答えを見いだしていく学びは，課題解決的な学びであるといえる。なお，これまでは学習のまとめとして取り組むことも多かったが，まとめに限らず，毎時の学習の場面で課題解決を図る学びの実践が必要である。

▌（3）自立的に生活を営む力を身につけるための学習の道すじ

自立的に生活を営むためには，まず生活の中でどんな課題があるか，それを解決すべく主体的に取り組むことで，生活が改善されていき，かつ自分らしい生活スタイルが構築されていく。これは自立的に生活を営む力である。それは課題解決的な授業実践を通じて，育まれる。

そのために，次のプロセスを経て学んでいく。

① 生活の課題を見つける
② なぜその問題が起こっているのかを探る
③ 問題の原因（なぜ）を踏まえて，解決の糸口や方法を見いだし，実践していく

まず，生活の課題を見つけ出し，それを具体的につかむことが必要である。自身の生活をよりよくしていくには，まずそこにある問題を発見することが必要である。そのためには多様な生活の仕方や多様な人々の意見を収集し，常に自分の生活，あるいは周りの生活を批判的に検討することが求められる。そうすることによって，自分の生活を客観的に相対的に分析し，そこに潜む問題を見つけることができる。

次に，なぜ問題が起こっているか，その原因を探ることである，科学的に分析する，実験してみる，試してみる，調査をしてみる，いろいろな人の意見を聞いてみるなどの，探索のあらゆる方法を駆使していくことによって，「なぜ」をだ

んだん解き明かす。

　「なぜ」がわかれば，問題の背景が明らかになり，その背景を一つずつ取り除いていけば，解決していくことができる。このように，明確に，多様な方面からその道すじを探っていくことが必要であろう。

　自分自身の改善で終わる問題は，比較的簡単に解決に向かう。多くの生活問題は周りの人々にも協力をしてもらわなければならなかったり，社会の仕組みが変わらなければならなかったりすることも多い。その場合には，まず身近な人に自分の意見を伝え，賛同者を増やすことである。周りに協力者を募るには，まず勇気を持って提案してみることが最も必要とされる。賛同が得られない場合には，自分の考えが必ずしも最良の方法ではない可能性もある。こうした試行錯誤を繰り返しながら，解決に向けて一歩ずつ歩いていく。こうして困難を乗り越えていく積極性こそ，2017（平成29）年告示の学習指導要領で述べられた，学びを人生や社会に生かそうとする人間性である。

　これまでの家庭科が培ってきたこれらの学びの道すじを生かして，2030年に向けて求められる家庭科の学びを発展させていきたい。

課　題

・あなたが考える「自立した人」の姿とはどのような姿だろうか。はじめは男性，女性ごとに考え，続けてそれらを統合した，性別に関わらない人間として理想とする自立の姿を描いてみよう。また，障がいのある人の自立とはどのような姿かを示してみよう。
・あなたは家庭科を通じて，どのような子どもたちを育てたいだろうか。そのために，どのような家庭科の授業に取り組みたいだろうか。あなたが理想とする家庭科の授業を考えてみよう。

＜引用文献＞
1）厚生労働省社会保障審議会福祉部会：第9回福祉部会参考資料「社会福祉事業及び社会福祉法人について」，2004
2）伊藤セツ：「依存」のパラダイム，福祉環境と生活経営（日本家政学会生活経営学部会），朝倉書店，2001，p.11

第2章	家庭生活の社会的変化と家庭科教育の歴史

1. 戦前の家庭科前身

（1）江戸時代

　日本の学校制度の始まりといわれる寺子屋は，江戸時代に誕生した。武士など
の支配階級の子弟が通う藩校などと異なり，町人や農民などの庶民を対象とした
教育機関である。寺子屋に通うのは，算術を習う男子が多く，女子は少なかった。
女子には「婦徳としての針道」が重視され，機織り・裁縫の技術習得は必須であ
ったため，地域のお針師匠のもとで習った。「婦徳としての針道」には，裁縫技
術のみならず，裁縫習得を通して女子としてのあり方・生き方をも修業する意味
が込められている（表2-1）。

　日本と西欧を比較すると，西欧ではより調理技術が重視され発達してきたのに
対し，日本では裁縫技術がより重視され発達してきた。それには自然環境が関係
している。西欧では比較的寒冷地域にあり，農作物の収穫が限定され，牧畜に頼
らざるを得なかった。そのため家畜の調理技術や保存技術を発達させた。一方，
日本では，温暖な気候のため稲をはじめ農作物の収穫は容易であったが，四季が
あるため被服や住まいによる工夫が必須となり，地域ごとの知恵や技を発達させ
てきた。そのため裁縫技術の習得が重視され，技術の程度が女性の評価となった。

表2-1　江戸時代の女子教育—女子の修養としての裁縫—

　　女子は早く女功を教ふべし。女功とは織り，縫い，紡ぎ，灌ぎ，洗ひ，又は
食を整ふるわざを言ひ，女人は外事なし。かやうの女功を務むるを以てわざと
す。殊に縫物するわざは習はしむべし。早く女の業を教へざれば，夫の家に行
きて業を務むることならず。人に譏られ笑はれるものなり。父母たる者心を用
うべし。（女大学）

（2）明治時代から戦前まで

　1872（明治5）年に学制*1が頒布され，すべての子どもは男女とも学齢に達
すると小学校に入学しなければならない"国民皆学"を原則とし，義務教育が制
度として確立した。

　しかし，当時の社会状況においては生活のために裁縫が必須の技能であったこ
とや，裁縫の婦徳としての社会的価値が強く，反対に女子への学問不要意識のた
め，女子のための裁縫教育への要求は強く，裁縫伝習所などの私塾に通うものが
依然として多く女子の就学率は極めて低かった。1877（明治10）年当時の就学率

＊1　日本の近代学校
制度は，1872（明治
5）年の学制頒布に始
まる。近代国家，近代
学校，近代家族が互い
に支え合うものとして
制度化された。

は，男子50％，女子23％にとどまった。男女共通教育は政府に財政的余裕がないままとられた消極的措置であり，男子の教育に重点が置かれていたことによる。しかし，1879（明治12）年には，実学を重視するとともに女子の就学率を上げることも目的に，小学校女子用科目として裁縫科が加えられた。女子の就学率は，1897（明治30）年の50.9％から1907（明治40）年には96.1％に急増した。

1886（明治19）年には小学校令が制定され，尋常小学校（6〜9歳）の「裁縫」は地域の自由裁量に任されたが，高等小学校（10〜13歳）では女子の「裁縫」が必修（毎週3時間）となった。また同年，中学校令により各都道府県に中学校が設立され，中学校は男子のみを対象とし，女子の教育は女学校や高等女学校でなされ，男女で異なる学校制度が発達していった。1891（明治24）年には高等女学校は中学校と同一水準の学校と認められ，次々と高等女学校が設立された。高等女学校では，国語や歴史，数学，理科などのほか，家事・裁縫が教えられた。また，1908（明治41）年には，女学校から高等師範学校の女子部を経て女子高等師範学校が設立され，英語教育に加えて「西洋裁縫」などが教えられた。

1890（明治23）年に教育勅語が公布され，家国一如，忠孝の徳を国民教育の中心に据えた国家主義的な教育体制に傾斜していき，その大きな流れの中で，裁縫科も性格を変えていった。明治憲法と教育勅語体制のもと，女子に対する教育の基本理念としての良妻賢母主義教育思想*2が構築され，強力に推し進められた。裁縫や家事の教育は技能伝達だけではなく，これに「貞操の美徳」「婦徳の涵養」という精神教育を結合させることが法規上明記された。国家の支配体制の安定を図るために，修身科において家族秩序を国民に強力に教え込み，家制度を強化するために良妻賢母主義教育を位置づけ，その良妻賢母主義教育の要としての役割を家事・裁縫教育にもたせた。家族国家観と結びついて，裁縫や家事は家を治めるために必要であり，女性がそれらをすることは国家への貢献であるとされ「家事科報国」「裁縫科報国」をいわれた。国家を支える世代を超えた家の存続・繁栄のためには，家庭の中で本分を尽くす女性の存在が必須であった。「個人主義思想を排し日本婦人本来の従順，温和，貞操，忍耐，奉公等の美徳」を備えていることが当時の理想的な女性とされた。

その後，1931（昭和6）年の満州事変の勃発から第二次世界大戦までの15年間は，戦時体制下の教育となった。1941（昭和16）年に国民学校令が公布され，小学校は国民学校に改められた。裁縫科と家事科は，音楽や習字，図画とともに芸能科に属することになり，裁縫科は芸能科裁縫，家事科は芸能科家事と名称を変えた。国家主義，皇道思想と結びついて，家族的国家観と家父長的家庭観に立った女子の婦徳の涵養と斎家報国の精神をめざし，「銃後を守る家庭生活いかんが，国家の荒廃を左右する」と考えられた。1942（昭和17）年には家事を含む授業を重視する通達が出され，「女子の勤労奉仕にすぐるものなし」として，学校を工場化して軍服製作を課した。家事科や裁縫科をとおして，家制度下の良妻賢母を養うという女子教育の性格を一段と強めるものとなった。このような教育を行うことで，家事科や裁縫科は戦争に加担したとみることもできる。

＊2 当時の良妻賢母とは，夫や舅姑に従順な妻，国家・天皇のために命をささげられる健全な臣民を育てる母である。

2. 戦後から高度経済成長期

（1）家庭科の誕生

　第二次世界大戦後，連合国軍総司令部（GHQ：General Head Quarters）が設立され，そのもとに置かれた民間情報教育局（CIE：Civil Information and Education Section）により，男女平等を基本とする現在の教育制度が築かれた。女子教科としての家事科や裁縫科は廃止される。1947（昭和22）年には，教育基本法，学校教育法が制定され，さらに文部省から学習指導要領一般編（試案）が出され，小学校6年・中学校3年の義務教育がスタートした。戦後を象徴する教科として，民主的な社会建設を担う社会科と民主的な家庭建設を担う家庭科が新設された。1947年の学習指導要領一般編には「上のほうから決めて与えられたことを，どこまでもその通りに実行するといった画一的な傾きのあったのが，今度はむしろ下の方からみんなの力で，いろいろと作りあげていくようになって来た」と書かれている。この時点での学習指導要領は，教師自身が自分で授業を検討するための参考書の類の性質であった。

　家庭科の設置には，前身の家事科・裁縫科が女子教育を通して戦争に加担したことから，当初CIEの反対意見があった。そのため，家事科・裁縫科とは異なることを明確にして，「家事科と裁縫科の合科ではない」「女子教科ではない」「技能教科ではない」という三否定のもとにスタートした。

　学習指導要領家庭科編（試案）の「はじめのことば」には，「家庭科すなわち家庭建設の教育は，各人が家庭の有能な一員となり，自分の能力にしたがって，家庭に，社会に貢献できるようにする全教育の一分野である。この教育は家庭内の仕事や，家族関係に中心を置き，各人が家庭建設に責任をとることができるようにするのである」とある。家族の一員としての自覚を持ち，家庭生活に必要な知識や技能を習得し，小学校では5・6年生男女がともに学ぶ必修教科，中学校では職業科の農業，工業，商業，水産，家政からの選択履修教科，高校では実業科の農業，工業，商業，水産，家庭科からの選択履修教科となった。家庭科は，小・中・高を通じて家族の人間関係の学習に重点を置き，家庭生活の民主化と充実向上を図ることができる能力を男女の別なく習得されることをめざしていた。

　小学校では男女がともに学ぶ理念のもとで現在と同じ履修形態であったが，製作物が男女で異なり，女子は前掛けやシャツ，運動服，寝巻などの製作，男子は清掃用具や台所用品，運動具などの製作・修理であった。内容構成は，男女が担う役割が異なることを反映したものであった。

　当時の日本社会はまだ物資が不足しており裁縫の技能・技術の必要性があったことや，性別役割分業意識，また家庭科を教える教師は前身の家事科・裁縫科の教師であったこと，民主的な家庭や社会に対する認識不足等から，徐々に理念と現実の齟齬が現れ出した。

24　第2章　家庭生活の社会的変化と家庭科教育の歴史

（2）高度経済成長と家庭科

　その後，教育課程は幾度か改訂されるが，1958（昭和33）年に教育課程が全面的に改訂された。1958年告示より，学習指導要領から「（試案）」の文字がなくなり，文部省（現・文部科学省）の告示として発行され法的拘束力を持つものとなった。学習指導要領に基づいて教科書が検定され，官制の研修会等を通じて学習指導要領の内容を普及・徹底させてきた。

　小学校では家庭科の男女共修が維持されたが，教育内容は衣食住を中心とした技能習得に重点が置かれた（表2-2）。中学校では職業・家庭科は発展的に解消し，「技術・家庭科」が誕生した。性別役割分業を当然視し，進路や特性に応じた"教育的配慮"*3から，男子は生産技術を，女子は家庭生活技術を中心に学習するという「男子向き」「女子向き」という性別コースが設けられた。「女子向き」の教育内容からは「家族」「家庭経営」は削除され，家事処理技能が前面に出された。

　高等学校では男女とも選択科目であったが，当初から男女ともに必要としながらも女子の履修が期待され，女子の履修率が7割程度であることを懸念した家庭

*3　男女は身体的，精神的にも異なるところがあるので，基本的に平等であるという基礎の上に立ちながら，それぞれの特性に応じた教育が必要であるとする考え方である。

表2-2　学習指導要領にみる小学校家庭科の単元および領域の変遷

1947（昭和22）年（試案）	1951（昭和26）年	1956（昭和31）年	1958（昭和33）年	1968（昭和43）年
第5学年 1　主婦の仕事の重要さ 2　家族の一員としての子供 3　自分のことは自分で 4　家庭における子供の仕事 5　家事の手伝い 第6学年 1　健康な日常生活 2　家庭と休養 3　簡単な食事の支度 4　老人の世話	1　家族の一員 2　身なり 3　食物 4　すまい 5　時間・労力・金銭・物の使い方 6　植物や動物の世話 7　不時のできごとに対する予防と処置 8　レクリエーション	家族関係 生活管理 被服 食物 住居	A　被服 B　食物 C　すまい D　家庭	A　被服 B　食物 C　すまい D　家庭

1977（昭和52）年	1989（平成元）年	1998（平成10）年	2008（平成20）年	2017（平成29）年
A　被服 B　食物 C　住居と家族	A　被服 B　食物 C　家族の生活と住居	1　家庭生活と家族 2　衣服への関心 3　生活に役立つ物の製作 4　食事への関心 5　簡単な調理 6　住まい方への関心 7　物や金銭の使い方と買物 8　家庭生活の工夫	A　家庭生活と家族 B　日常の食事と調理の基礎 C　快適な衣服と住まい D　身近な消費生活と環境	A　家族・家庭生活 B　衣食住の生活 C　消費生活・環境

科教師たちは女子必修を求める請願書を提出した。1960（昭和35）年の改訂では原則として女子のみ「家庭一般」4単位が必修となり，主婦準備教育という性格が一層明確となった。女子のみ家庭科を履修することになったことから男女の履修単位数を合わせるため，男子は体育を女子より2単位（高校3年間では4単位）多く課せられることになった。その後，女子のみ家庭科必修は30余年続くことになる。家庭科の女子のみ履修は，顕在的カリキュラム*4としてジェンダー再生産に大きな影響を与えた負の遺産といわざるをえない。

　背景には，日本経済の飛躍的発展と世界的な科学技術の競争，それを支える性別役割分業体制の必要性があった。

　1950年代後半以降の日本経済は，世界的な好況の中で，飛躍的な発展を遂げた。朝鮮戦争以降の輸出増加による外貨蓄積を契機として，独占資本が急速に復活し，産業界から教育に対する要望が強まった。これらの動きにさらに拍車をかけたのは，米ソの科学技術競争を象徴する1957（昭和32）年のスプートニク・ショック*5である。科学技術の振興が国家的目標となり，1957年には中央教育審議会答申「科学技術教育の振興方策について」が公表された。高度経済成長期は工業中心社会であり，産業界は経済的復興の担い手である労働者を男性に，そしてそれを支え家事・育児・介護の担当を女性に期待した。産業界は政治に協力を要請し，国は所得税の配偶者控除や年金保険料免除などの主婦（男性雇用者の妻）優遇政策をとっていった。こうした役割を担う男女の特性論に基づいて，男子は日本の工業を支える技術者（職業従事者）として，女子は家事・育児・介護を担い家庭を守る主婦として養成する役割と，性別役割分業観に基づいた，いわゆる近代家族を一つのモデルとする家族観の普及の役割を，技術・家庭科および家庭科が担うことになった。戦後，新教育の理念であった男女平等教育と民主的な家庭建設という課題は失われてしまった。

*4 顕在的カリキュラム

　制度的，形式的なフォーラムカリキュラムである。隠れたカリキュラムとは無意図的で日常性の中に埋め込まれた因習やメッセージである。

*5 スプートニク・ショック

　ソ連による人類初の人工衛星スプートニク1号の打ち上げ成功の報により，西側諸国に走った衝撃や危機感を指す。

表2−3　高度経済成長期の小学校教科書の記述

> 　家庭は，わたしたちが生まれ，育ってきたところです。
> 　父や母をはじめ，祖父母，きょうだいなどが楽しくくらしています。昼の間は，しごとに出たり，学校で勉強したりしている家族も，夕がたには，みんな家庭に帰ってきて，くつろぎます。
> 　家族は，それぞれ立場や役割がちがいますが，みんなが力をあわせて，楽しい家庭をつくるように，努力することがたいせつです。
> 　…（略）…多くのばあい，しょくぎょうとしてのしごとには，父がせきにんをもち，家庭でのしごとは，母がうけもっています。
> 　母をたすけて，家庭でのしごとを家族みんなで分けあってすれば，しごとがよくはかどり，家庭の生活もいっそう明るくなります。

出典）新しい家庭科5年，東京書籍，1962

3．家庭科の男女共修以降

（1）男女共修の実現

　中学校の性別履修・高校家庭科の女子のみ履修が行われていく中で，京都や長野などでは，独自に男女が家庭一般2単位をともに学ぶ取り組みが実施された。また，1974（昭和49）年には「家庭科の男女共修を進める会」が発足し，家庭科教育関係者のみならず弁護士や議員，保護者など様々な立場の人たちが関わり，市民運動としての広がりをみせ始める。さらに，世界に目を向けると，国連は男女平等な社会の実現に向けて，1975年の国際女性年世界会議で「世界行動計画」を採択し，女性の地位向上と男女平等に向けた問題解決のための行動がとられるようになった。1976～1985年を「国連女性（婦人）の10年」とし，中間年の1979年には「女子に対するあらゆる形態の差別の撤廃に関する条約」（女子差別撤廃条約）を採択した。日本は条約に抵触する国籍法，雇用関連法，教育課程の改正を行って，1985（昭和60）年に条約を批准した。国籍法では父系優先主義から父母両系主義へ改正し，雇用関連法では男女雇用機会均等法を制定した。

　教育課程では，高校家庭科の女子のみ必修，高校体育の履修単位数および種目（格技・ダンス）の男女の違いが，女子差別撤廃条約第10条の「同一の教育課程，同一の試験，同一の水準の資格を有する教育職員並びに同一の質の学校施設及び設備を享受する機会」，そして「すべての階級及びあらゆる形態の教育における男女の役割についての定型化された概念の撤廃」に抵触したため改正された。

　こうした中で中学校技術・家庭科では，1977（昭和52）年告示の学習指導要領で，「男子向き」「女子向き」から，男女全員が少なくとも1領域を技術系列および家庭系列を履修する「相互乗り入れ」を導入することになった。

　1989（平成元）年告示の学習指導要領により，家庭科は小学校・中学校・高等学校すべての学校種において男女がともに学ぶ教科となり，1994（平成6）年度に完全実施された。中学校では，「家庭生活」「食物」「木材加工」「電気」の4領域が男女共通履修領域に設定され，他の選択領域の履修は各学校の裁量に任された。当初，選択領域は男女別学の学校があったが，早々に別学履修は解消されていった。高校では，男女ともに「家庭一般」「生活技術」「生活一般」（いずれも4単位）の3科目の中から1科目を選択必修することになった。

　中学・高校の家庭科の男女共修が始まる前後には，男子が家庭科を学ぶことに対する賛否や，初めて男子に教える家庭科教師たちの不安，スキルや知識の男女差，家庭科教師や設備の不足などが議論になったが，始まってみると，生徒たち自身はすぐに当然のこととして受け入れていった。能力や意識においても，ことさら男女差が問題になることはなく，家庭科教師たちは男女が学ぶ家庭科の検討を重ね，実践を蓄積していった。

（2）授業時数の減少

　家庭科の男女共修完全実施から４年経った1998（平成10）年告示の学習指導要領では，学校週５日制が導入され，ゆとりの中で「生きる力」を育むことが重視された。「生きる力」は次のように示されている。「我々はこれからの子供たちに必要となるのは，いかに社会が変化しようと，自分で課題を見つけ，自ら学び，自ら考え，主体的に判断し，行動し，よりよく問題を解決する資質や能力であり，また，自ら律しつつ，他人とともに協調し，他人を思いやる心や感動する心など，豊かな人間性であると考えた。たくましく生きるための健康や体力が不可欠であることは言うまでもない。我々は，こうした資質や能力を，変化の激しいこれからの社会を［生きる力］と称することとし，これらをバランスよくはぐくんでいくことが重要であると考えた」（1996（平成８）年中央教育審議会答申「21世紀を展望した我が国の教育の在り方について」）。この「生きる力」と「ゆとり教育」を重視し，子どもたちの体験を充実させるカリキュラムとして「総合的な学習の時間」が新設された。「総合的な学習の時間」が加わるため，家庭科も他教科とともに授業時数と学習内容の部分的削減がなされた。小学校の授業時数は，前要領までの５・６年生ともに年間70時間から，５年生60時間，６年生55時間へと減少した。中学校の授業時数は１・２年生70時間，３年生70〜105時間から１・２年生70時間，３年生35時間へ大きく減少した。高校の授業時数は，「家庭一般」（４単位）・「生活技術」（４単位）・「生活一般」（４単位）中１科目選択必修から，「家庭基礎」（２単位）・「家庭総合」（４単位）・「生活技術」（４単位）中１科目選択必修へと変更した。もともと他教科に比べて授業時間数の少ない中で削減される影響は大きく，家庭科教師の配置減や，実習などの体験を伴う十分な授業時間確保の困難さや多忙化などが引き起こされた。

　2008（平成20）年・2009（平成21）年告示の学習指導要領では，家庭科の授業時数に増減はないが，選択授業で家庭科関連の学習をすることが多かった中学校では実質的な授業時数減となった。また，高校（2009年告示）では２単位科目は残置された。男女共修スタート時点では，多くの学校は４単位必修としたが，近年では２単位を選択する学校が多くなり，家庭科に期待される教育内容の増加に反して，学習に必要とされる十分な時間を確保できない状況にある。

（3）今日の社会と家庭科

１）国家，社会の要請

　2008（平成20）年告示の学習指導要領では，「生きる力」を育むことを基本理念としながらも，学力低下等のゆとり教育の反省から基礎・基本の習得が強調された。2003年に実施されたOECD主催の学習到達度調査（PISA：programme for international student assessment）で日本の順位が下がったことから，日本の子どもたちの読解力や活用力，思考力・判断力・表現力などの学力低下が指摘された。特に，全教科で言語活動を重視することが記載された。

2008年・2009年改訂の全体に関わる主な重点事項としては，基礎的・基本的知識・技能，思考力・判断力・表現力，主体的に取り組む態度，言語力の育成・活用，理数教育，道徳教育，伝統や文化，食育の推進，環境・消費に関する学習，少子高齢化等への対応，問題解決的な学習等があげられている。伝統や文化，食育，環境・消費，少子高齢社会などの教育内容は，家庭科がもっとも関連のある教科といえよう。また，家庭科は，教科のねらいや学習対象・学習方法などの点から問題解決的な学習を行いやすい教科であり，実践が蓄積されている。

家庭科では，中学校での幼児とのふれあい体験活動の必修化や「生活の課題と実践」が新設された。「生活の課題と実践」では，各内容の学習をふまえ生徒の興味・関心に即して課題を設定し，その解決をめざした問題解決的な学習を行うとされている。その後の2017（平成29）年告示においても，重視される内容は引き継がれている（詳細は第3章）。特に，ESD*6や高齢化対応，問題解決学習等においては，より重視されている。

家庭科は，今日的に重要な課題や必要な能力に大きく関わる教科であるが，前述したように授業時数が伴っておらず，家庭科教師たちの苦悩は続いている。

2）家庭科へのバッシングとその後

国連女子差別撤廃条約の家庭科男女共修への影響については先に述べたが，その後，日本では1999（平成11）年に男女共同参画社会基本法が制定された。2000（平成12）年に第1次男女共同参画基本計画が策定され，「男女平等を推進する教育・学習」の具体的施策として「家庭科教育の充実」が明記された。教科として取り上げられたのは家庭科のみである。その後の基本計画の策定では家庭科のみを記載することはなくなったものの，家庭科が男女共同参画に関する教育の担い手である認識は変わらない。

一方で，21世紀に入る少し前から，男女共同参画社会やジェンダー・フリー教育，家庭科の男女共修，家庭科教科書，性教育等への批判・攻撃（バッシング）が始まった*7。この現象は欧米でも起こっており，ジェンダー・バックラッシュ（逆流）と呼ばれている。地方行政の男女共同参画推進施策や図書館の蔵書に及ぶまで激しく攻撃する動きが全国に吹き荒れ，教育や行政関係者の間に，男女共同参画やジェンダーについて取り上げることを自粛する動きが広まっていった。

バッシングは政治家や全国組織を巻き込んだ大きな力をもつ集団により起こされている。イデオロギーの核には強力な復古主義的ナショナリズムがあり，それと新自由主義が結びついた動きである。彼らは男女特性論・二元論や性別役割分業の維持を強固に主張し，教科書や取り組みの一部を取り上げて，曲解して自分たちの主張を広めようとしている。しかし，もはや男女平等や男女共同参画の課題は，世界のすべての人々の課題となっており，彼らの主張は国際的な潮流を否定することになり，外交上の問題にも発展しかねない。このイデオロギーを推し進めようとする者たちは，家族・家庭をこれまで国家が期待してきたものに押し止めようとし，国家政策を支える家族・家庭であることを求めている。

バックラッシュの顕在的な動きよりややさかのぼる1996（平成8）年度教科書

*6 education for sustainable developmentの略。「持続可能な開発のための教育」と訳されている。世界における環境，貧困，人権，平和，開発といった様々な課題を自らの問題として捉え，身近なところから取り組むことで課題の解決につながる新たな価値観や行動を生み出し，それにより持続可能な社会を創造していくことを目指す学習や活動。

*7 家庭科へのバッシングについては，八木秀次，高橋史朗等による執筆がある。

検定では，高等学校家庭科の教科書18点（冊）の申請本のうち4点が不合格になり，全国紙新聞（1997年6月27日）に大きく取り上げられるほどの話題となった。不合格理由の一つは，多様な家族を取り上げ過ぎているといわれた[*8]。家族の変化を受け入れがたい立場の意図が大きく反映されたものと推察される。

　このように，家族・家庭のとらえ方や家族・家庭と国家政策との関係には，様々な立場のイデオロギーが入り込み，これまでしばしば対立や葛藤が起こってきた。また，今後も起こることが予想される。

　その後2015（平成27）年には，「女性の職業生活における活躍の推進に関する法律」（女性活躍推進法）が制定された。301人以上の労働者を雇用する企業や行政などの雇用主は，①自社の女性の活躍状況の把握・課題分析（採用者に占める女性比率，勤続年数の男女差，労働時間の状況，管理職に占める女性比率），②行動計画の策定・届出，③情報公表などが義務付けられた。つまり，職場が女性の活躍状況により評価されるようになった。また，厚生労働省は「育てる男が，家族を変える。社会が動く」というビジョンを掲げて，2010（平成22）年よりイクメンプロジェクトを開始した[*9]。女性の能力が発揮されている企業やワーク・ライフ・バランスがとれている企業は経営状況がより良好であることや，長時間労働は生産性が悪いこと，女性の就労割合が高い国ほど出生率が高いことは，今や国際的常識になりつつある。女性の社会的活躍は，男性の働き方・くらし方とパラレルであり，今日では男性も女性もワーク・ライフ・バランス[*10]が求められている。「日本の経済発展に女性の活用が不可欠」といった側面が強調されることには注意を要するが，多様性（ダイバシティ）を尊重し，性別にかかわらず一人一人が健康に能力や個性を発揮できる社会づくりは大きな課題となっている。

　戦後，男女共修の理念のもとに「民主的な家庭建設の教育」を掲げて小・中・高校の家庭科が誕生したが，高度経済成長期には中学校技術・家庭科（女子向き・男子向き）ができ，高校家庭科が女子のみ必修となった。しかし，1990年代前半には180度といえるほど大きく理念を変更し家庭科は男女ともに必修となった。ただし，2000年代前半には高校2単位科目が出現し，その後小中高とも授業時数の減少が大きな課題となっている。

　以上のように，家庭科は他教科以上に政治や社会から影響を受けながら推移してきた。一つには，家庭科教育が学習対象としている家庭を中心とした生活は，当然ながら社会との相互作用によって成り立っていることがある。また，家庭生活や家族のあり方にはイデオロギーが絡み，国家政策等が介入しやすいことがある。教育内容が，時代の変化に応じて社会的に要請される一方で，その要請が国家の意向として直接的に特定の価値を押し付けられることも起こりうる。家庭科の授業やカリキュラムを構想する際には，そのことを自覚し教育の目標や内容を吟味する姿勢が重要であろう。歴史に学びながら，相対化する力や批判的に分析する力を備え，自ら実践を創り出す教師であってほしい。

*8　今日の家族の多様化については，第6章を参照のこと。

*9　イクメンとは，子育てを楽しみ，自分自身も成長する男性のこと。または，将来そんな人生を送ろうと考えている男性のこと（厚生労働省HP）。

*10　ワーク・ライフ・バランスについては，第6章を参照のこと。

30　第2章　家庭生活の社会的変化と家庭科教育の歴史

表2−4　家庭科をめぐるおもな動き

1945（昭和20）年	連合国総司令部（GHQ）内に民間情報教育局（CIE）を設置
1947（昭和22）年	教育基本法，学校教育法の制定
	「学習指導要領家庭科編（試案）」発行
1958（昭和33）年	中学校「技術・家庭科」に改称し，男女別教育内容・履修形態
1960（昭和35）年	「高等学校学習指導要領」の告示により「家庭一般」の女子のみ必修
1973（昭和48）年	京都府立高校で男女共修「家庭一般」実施
	長野県立5校で男女共修「家庭一般」実施
1974（昭和49）年	「家庭科の男女共修をすすめる会」発足
	京都府立高校で「家庭一般」男女2単位必修
1975（昭和50）年	国際女性（婦人）年世界会議
	1976〜1985年を「国連婦人の10年」と決定
1977（昭和52）年	中学校技術・家庭科の「相互乗り入れ」
1979（昭和54）年	国連「女子に対するあらゆる形態の差別の撤廃に関する条約」（女子差別撤廃条約）採択
1985（昭和60）年	「男女雇用機会均等法」公布
	「女子差別撤廃条約」日本批准
1989（平成元）年	「小・中・高等学校学習指導要領」告示（中学校技術・家庭科4領域男女必修，高等学校家庭科男女必修（4単位））
1991（平成3）年	「育児休業法」の制定（その後改正）
1998（平成10）年	小・中・高等学校ともに授業時間数削減
	「高等学校学習指導要領」告示により高等学校2単位科目（「家庭基礎」）の誕生
1999（平成11）年	「男女共同参画社会基本法」の制定
2016（平成28）年	「女性活躍推進法」の制定

課　題

・日本社会の男女平等や男女共同参画に対する考え方の変化と，家庭科教育の変遷とを関連させながら，年表にまとめてみよう。
・家庭科教育の変遷にはどのような社会的背景・要因が影響してきただろうか。特に家庭科が男女別学になった背景，その後男女共修になった背景を調べてみよう。
・「家庭科の男女共修を進める会」の活動について調べてみよう。どんな課題や成果があっただろうか。

＜参考文献＞
・深谷昌志：日本女子教育史，梅沢悟（監修）世界教育史大系34　女子教育史，講談社，1977
・朴木佳諸留・鈴木敏子編：資料からみる戦後家庭科のあゆみ，学術図書出版社，1990
・常見育男：家庭科教育史，光生館，1959
・鶴田敦子：家庭科教科書バッシングを検証する，ジェンダー・フリー・トラブル―バッシング現象を検証する（木村涼子編），2005，pp.145〜164

第3章 学習指導要領の目標と内容構成およびその他教科との関連

1. 学習指導要領とは

　学習指導要領とは，文部科学省が学校教育法等の法令に基づいて定めた教育課程（カリキュラム）編成の基準であり，学校段階ごとに教科等の目標・内容について示したものである。その目的は，どの地域・学校においても一定の水準の教育を担保することである。各学校は，地域や学校の実態に応じて，学校教育法施行規則で定められた標準授業時数に沿った教育課程を編成しなければならない。

　最初の学習指導要領は，1947（昭和22）年に「試案」として提出された。当初は，教師に対する"手引き"としての位置づけであったが，1958（昭和33）年の改訂以降は法的拘束力を持つようになった。ほぼ10年に一度のペースで改訂を重ねており，教科書検定の基準としての機能も有する。

　図3－1は，2017（平成29）年に告示された学習指導要領の改訂に関するスケジュールを示したものである。小学校は，2017（平成29）年3月31日に告示され，2018（平成30）年度から2年間の移行措置を経て，2020年度から全面実施となる。

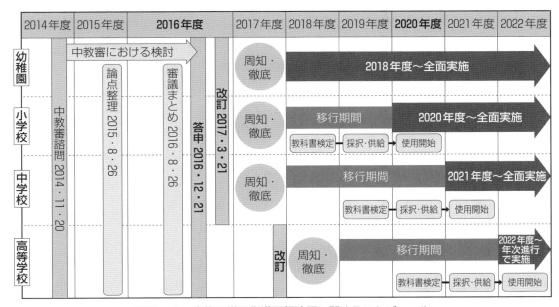

図3－1　今後の学習指導要領改訂に関するスケジュール
出典）文部科学省ホームページ

図3-2 21世紀に求められる資質・能力の枠組み

出典) 勝野頼彦研究代表：教育課程の編成に関する基礎的研究「社会の変化に対応する資質や能力を育成する教育課程編成の基本原理」, 国立教育政策研究所, 2013, p.26

このたびの改訂は, 国立教育政策研究所が実施した「教育課程に関する基礎的研究」（平成21年度～25年度）の報告書5（平成24年度プロジェクト研究調査研究報告書）で提案された「21世紀型能力」に基づいている（図3－2）。報告書によれば, 教育課程の編成, すなわち学習指導要領の改訂は, 以下の3点を共通認識とする必要があり, これらを「原理」として具体的な教育目標を設定するところから始められた。

・社会の変化に対応できる汎用的な資質・能力を教育目標として明確に定義する必要がある。
・人との関わりの中で課題を解決できる力など, 社会の中で生きる力に直結する形で, 教育目標を構造化する必要がある。
・資質・能力の育成は, 教科内容の深い学びで支える必要がある。

次節では, これらの「原理」に基づいて改訂された学習指導要領で求められる資質・能力等について整理する。

2. 学習指導要領で求められる資質・能力と見方・考え方

(1) 家庭科における資質・能力

新しい教育課程において, 育成すべき資質・能力は, 教育課程企画特別部会「論点整理（2015（平成27）年度）」で, 以下の三つの柱として提示された。これら三つの柱を踏まえ,「どのように学ぶか（アクティブ・ラーニングの視点）」および「学習評価の充実」が重視されるようになった。

・何を知っているか, 何ができるか（個別の知識・技能）
・知っていること・できることをどう使うか（思考力・判断力・表現力等）
・どのように社会・世界と関わり, よりよい人生を送るか（学びに向かう力, 人間性等）

「論点整理」では, 家庭科に関する児童生徒の意識や現状について, 次の4点を指摘している。
① 小・中・高校生のいずれも家庭科学習への関心や有用感が高い。
② 社会の変化に対応する能力が身に付いてきている。
③ 知識・技能を活用して生活の課題を解決する能力や実践力を身に付けることに課題がある。
④ 家庭や社会とのつながりを考え, 人と関わる力を高めることに課題がある。

2. 学習指導要領で求められる資質・能力と見方・考え方　33

表3-1　小学校「家庭」において育成を目指す資質・能力

知識・技能	日常生活に必要な家族や家庭，衣食住，消費や環境等についての基礎的な理解と技能
	・家庭生活と家族についての理解 ・生活の自立の基礎として必要な衣食住についての理解と技能 ・消費生活や環境に配慮した生活の仕方についての理解と技能
思考力・判断力・ 表現力等	日常生活の中から問題を見出して課題を設定し，課題を解決する力
	・日常生活の中から問題を見出し，課題を設定する力 ・生活課題について自分の生活経験と関連付け，様々な解決方法を構想する力 ・実習や観察・実験，調査，交流活動の結果等について，考察したことを根拠や理由を明確にしてわかりやすく表現する力 ・他者の思いや考えを聞いたり，自分の考えをわかりやすく伝えたりして計画・実践等について評価・改善する力
学びに向かう力・ 人間性等	家族の一員として，生活をよりよくしようと工夫する実践的な態度
	・家庭生活を大切にする心情 ・家族や地域の人々と関わり，協力しようとする態度 ・生活を楽しもうとする態度 ・日本の生活文化を大切にしようとする態度

　これを受けて公表された「審議のまとめ（2016（平成28）年）」において，小学校家庭科で育成を目指す資質・能力は，先述の三つの柱に照らして表3-1のように整理された。これが，次節で述べる目標・内容のベースになっている。

（2）主体的・対話的で深い学び ―アクティブ・ラーニングの視点―

　「論点整理」では，質の高い理解を図るための学習過程の質的改善を求めており，アクティブ・ラーニングの視点を重視し，主体的・対話的で深い学びの実現を目指している。

　ここでいう主体的な学びには，見通しをもって取り組むことや，自分の学習活動を振り返り，次につなげるなどの学習過程が求められている。また，対話的な学びには，他者と協働したり，交流したりする活動を通して，自分の考えを広げたり深めたりする過程の実現が期待されている。

　なお，ここでの「対話」の対象は，子ども（クラスメイトや他学年・他校・他校種の児童生徒など）のみならず，大人（教員，地域の人，専門家など）も含まれている。さらには，自分自身との対話や書物を通して先哲の考えに触れるなどの対話も想定されている。

　こうした学習過程を経ることで，深い学び，すなわち知識・技能の習得とその活用や問題解決的な探究活動の実現を目指す。

　主体的・対話的で深い学びの実現に向けた授業改善については，総則（第3教育課程の実施と学習評価）で以下のように記述されている。

　「特に，各教科等において身に付けた知識及び技能を活用したり，思考力，判断力，表現力や学びに向かう力，人間性等を発揮させたりして，学習の対象とな

る物事を捉え思考することにより，各教科等の特質に応じた物事を捉える視点や考え方（以下「見方・考え方」という）が鍛えられていくことに留意し，児童が各教科等の特質に応じた見方・考え方を働かせながら，知識を相互に関連付けて考えを形成したり，問題を見いだして解決策を考えたり，思いや考えを基に創造したりすることに向かう過程を重視した学習の充実を図ること」（下線筆者）

また，学習指導要領改訂の基本方針における③「主体的・対話的で深い学び」の実現に向けた授業改善の推進では，留意して取り組む項目の中で次の記述がある（項目オ）。

「深い学びの鍵として「見方・考え方」を働かせることが重要になること。各教科等の「見方・考え方」は，「どのような視点で物事を捉え，どのような考え方で思考していくのか」というその教科等ならではの物事を捉える視点や考え方である。各教科等を学ぶ本質的な意義の中核をなすものであり，教科等の学習と社会をつなぐものであることから，児童生徒が学習や人生において「見方・考え方」を自在に働かせることができるようにすることにこそ，教師の専門性が発揮されることが求められること」

次項では，家庭科における「見方・考え方」について述べる。

（3）家庭科における「見方・考え方」

家庭科における学習対象は，人の生活の営みに係る多様な生活事象である。そこで，家庭科における「見方・考え方」は，生活の営みに係るとされた。すなわち，人が，生涯にわたって自立し，他者とともに生きる生活を創造していくために，「家族や家庭，衣食住，消費や環境などに係る生活事象を，①協力・協働，②健康・快適・安全，③生活文化の継承・創造，④持続可能な社会の構築等の四つの視点で捉え，よりよい生活を営むために工夫すること」が求められているのである。

家庭科における「見方・考え方」に示される四つの視点は，相互に関連し合っているが，概ね図３－３のような捉え方がなされている。例えば，衣食住の生活に関する内容においては，②健康・快適・安全や③生活文化の継承・創造を，そ

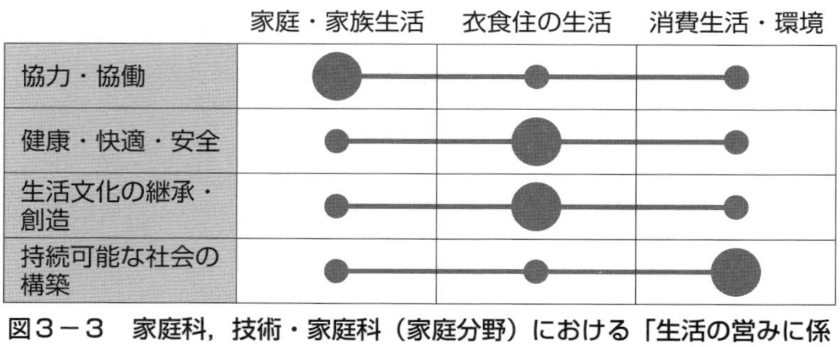

	家庭・家族生活	衣食住の生活	消費生活・環境
協力・協働	●	●	●
健康・快適・安全	●	●	●
生活文化の継承・創造	●	●	●
持続可能な社会の構築	●	●	●

図３－３　家庭科，技術・家庭科（家庭分野）における「生活の営みに係る見方・考え方」

出典）文部科学省教育課程部会：家庭，技術・家庭ワーキンググループにおける審議の取りまとめについて（報告），2016

れぞれ主として考察する視点（図3－3：大きい○印）とするが，①協力・協働や，④持続可能な社会の構築を図る視点を含まないというわけではない（図3－3：小さい○印）。教員が取上げるテーマや学習内容，題材構成などによって，どれを重視するのかは異なり，いずれかの視点を意識した授業づくりが求められている。

　なお，小学校では，「生活の営みに係る見方・考え方」のうち，①協力・協働は「家族や地域の人々との協力」，③生活文化の継承・創造は「生活文化の大切さに気付くこと」を視点として捉える。

3．目標と内容構成

（1）小学校家庭科の目標

　小学校家庭科の目標を表3－2に示した。改訂前と同様に，学年ごとではなく，第5学年と第6学年をまとめて「教科の目標」として表している。

　2017（平成29）年の改訂では，教科全体の目標を提示した後に，求められる資質・能力の三つの柱に照らして整理された。（1）は「知識及び技能」，（2）は「思考力，判断力，表現力等」，（3）は「学びに向かう力，人間性等」に係る目標である。

　（1）では，日常生活に関わる基礎的な知識・技能の習得を通して，生活についての自立の基礎を培う。（2）では，（1）で身に付けた知識・技能を活用して探究型の学習活動に取り組み，「思考力，判断力，表現力等」を育成することで課題解決力を養う。（3）では，（1）および（2）で身に付けた資質・能力を活用して家族や地域の人々と関わり，家庭生活をよりよくしようと工夫する実践的な態度を養う。

　なお，家庭科における実践的な態度には，「生活を楽しもうとする態度」や，「日本の生活文化を大切にしようとする態度」も含まれている。

表3－2　小学校家庭科の目標

> 　生活の営みに係る見方・考え方を働かせ，衣食住などに関する実践的・体験的な活動を通して，生活をよりよくしようと工夫する資質・能力を次のとおり育成することを目指す。
> （1）　家族や家庭，衣食住，消費や環境などについて，日常生活に必要な基礎的な理解を図るとともに，それらに係る技能を身に付けるようにする。
> （2）　日常生活の中から問題を見いだして課題を設定し，様々な解決方法を考え，実践を評価・改善し，考えたことを表現するなど，課題を解決する力を養う。
> （3）　家庭生活を大切にする心情を育み，家族や地域の人々との関わりを考え，家族の一員として，生活をよりよくしようと工夫する実践的な態度を養う。

（2）内容構成

　表3－3に，新旧学習指導要領の内容項目を示した。2017（平成29）年の改訂における内容構成の特徴は，以下の通りである。

1）小・中学校の系統性

　これまで，A～Dの四つの内容で構成されていたものが，小・中ともに「A　家族・家庭生活」「B　衣食住の生活」「C　消費生活・環境」の三つとされた。内容項目や指導事項も整理され，小・中の系統性がこれまで以上に明確にされた。

2）空間軸と時間軸の視点からの学習対象

　小学校における空間軸の視点は主に「自己と家庭」であり，時間軸の視点は「現在及びこれまでの生活」とされた。

3）育成する資質・能力

　それぞれの内容項目は，原則としてアとイの二つの指導事項で構成された。アは「知識及び技能」，イは「思考力，判断力，表現力等」に係る事項で，両者は関連させて取り扱うこととしている。

4）一部の題材の指定

　調理や製作において，一部の題材を指定した。

・「B　衣食住の生活」（2）「調理の基礎」ア（エ）：ゆでる材料として青菜とじゃがいもなどを扱うこととされた。

・「B　衣食住の生活」（5）「生活を豊かにするための布を用いた製作」：日常生活で使用する物を入れるための袋などの製作を扱うこととされた。

5）「家族・家庭生活についての課題と実践」の新設

　これまで，中学校で設定されていた「生活の課題と実践」を小学校から学習することにしている。家庭や地域と連携を図った「家族・家庭生活についての課題と実践」（A（4））を新設し，日常生活の中から問題を見いだして課題を設定し，習得した知識・技能を活用して課題を解決する力および生活をよりよくしようと工夫する実践的な態度の養成を図っている。

　なお，実践的な活動ができるよう配慮し，2年間で一つまたは二つの課題を設定して履修させることとしている。

6）社会の変化に対応した内容の見直し

　「A　家族・家庭生活」：少子高齢社会の進展や，家庭の機能が十分に果たされていないといった状況に対応して，異なる世代の人々との関わりについて扱っている。

　「B　衣食住の生活」：グローバル化に対応して，和食の基本となるだしの役割や季節に合わせた着方や住まい方など，日本の伝統的な生活文化について扱っている。

　「C　消費生活・環境」：持続可能な社会の構築などに対応して，自立した消費者を育成するために，買物のしくみや消費者の役割について扱っている。

3. 目標と内容構成　　37

表3－3　小学校家庭科　新旧内要項目一覧

新（平成29年告示）	旧（平成20年告示）
A　家族・家庭生活	**A　家庭生活と家族**
（1）　自分の成長と家族・家庭生活 　ア　自分の成長の自覚，家庭生活と家族の大切さ，家族との協力 （2）　家庭生活と仕事 　ア　家庭の仕事と生活時間 　イ　家庭の仕事の計画と工夫 （3）　家族や地域の人々との関わり 　ア（ア）　家族との触れ合いや団らん 　　（イ）　地域の人々との関わり 　イ　家族や地域の人々との関わりの工夫 （4）　家族・家庭生活についての課題と実践 　ア　日常生活についての課題と計画，実践，評価	（1）　自分の成長と家族 　ア　成長の自覚，家庭生活と家族の大切さ （2）　家庭生活と仕事 　ア　家庭の仕事と分担 　イ　生活時間の工夫 （3）　家族や近隣の人々とのかかわり 　ア　家族との触れ合いや団らん 　イ　近隣の人々とのかかわり
B　衣食住の生活	**B　日常の食事と調理の基礎**
（1）　食事の役割 　ア　食事の役割と食事の大切さ，日常の食事の仕方 　イ　楽しく食べるための食事の仕方の工夫 （2）　調理の基礎 　ア（ア）　材料の分量や手順，調理計画 　　（イ）　用具や食器の安全で衛生的な取扱い，加熱用調理器具の安全な取扱い 　　（ウ）　材料に応じた洗い方，調理に適した切り方，味の付け方，盛り付け，配膳及び後片付け 　　（エ）　材料に適したゆで方，いため方 　　（オ）　伝統的な日常食の米飯及びみそ汁の調理の仕方 　イ　おいしく食べるための調理計画及び調理の工夫 （3）　栄養を考えた食事 　ア（ア）　体に必要な栄養素の種類と働き 　　（イ）　食品の栄養的な特徴と組合せ 　　（ウ）　献立を構成する要素，献立作成の方法 　イ　1食分の献立の工夫 （4）　衣服の着用と手入れ 　ア（ア）　衣服の主な働き，日常着の快適な着方 　　（イ）　日常着の手入れ，ボタン付け及び洗濯の仕方 　イ　日常着の快適な着方や手入れの工夫 （5）　生活を豊かにするための布を用いた製作 　ア（ア）　製作に必要な材料や手順，製作計画 　　（イ）　手縫いやミシン縫いによる縫い方，用具の安全な取扱い 　イ　生活を豊かにするための布を用いた物の製作計画及び製作の工夫 （6）　快適な住まい方 　ア（ア）　住まいの主な働き，季節の変化に合わせた生活の大切さや住まい方 　　（イ）　住まいの整理・整頓や清掃の仕方 　イ　季節の変化に合わせた住まい方，整理・整頓や清掃の仕方の工夫	（1）　食事の役割 　ア　食事の役割と日常の食事の大切さ 　イ　楽しく食事をするための工夫 （2）　栄養を考えた食事 　ア　体に必要な栄養素の種類と働き 　イ　食品の栄養的な特徴と組合せ 　ウ　1食分の献立 （3）　調理の基礎 　ア　調理への関心と調理計画 　イ　材料の洗い方，切り方，味の付け方，盛り付け，配膳及び後片付け 　ウ　ゆでたり，いためたりする調理 　エ　米飯及びみそ汁の調理 　オ　用具や食器の安全で衛生的な取扱い，こんろの安全な取扱い
	C　快適な衣服と住まい
	（1）　衣服の着用と手入れ 　ア　衣服の働きと快適な着方の工夫 　イ　日常着の手入れとボタン付け及び洗濯 （2）　快適な住まい方 　ア　住まい方への関心，整理・整頓及び清掃の仕方と工夫 　イ　季節の変化に合わせた生活の大切さ，快適な住まい方の工夫 （3）　生活に役立つ物の製作 　ア　形などの工夫と製作計画 　イ　手縫いやミシン縫いによる製作・活用 　ウ　用具の安全な取扱い
C　消費生活・環境	**D　身近な消費生活と環境**
（1）　物や金銭の使い方と買物 　ア（ア）　買い物の仕組みや消費者の役割，物や金銭の大切さ，計画的な使い方 　　（イ）　身近な物の選び方，買い方，情報の収集・整理 　イ　身近な物の選び方，買い方の工夫 （2）　環境に配慮した生活 　ア　身近な環境との関わり，物の使い方 　イ　環境に配慮した物の使い方の工夫	（1）　物や金銭の使い方と買物 　ア　物や金銭の大切さ，計画的な使い方 　イ　身近な物の選び方，買い方 （2）　環境に配慮した生活の工夫 　ア　身近な環境との組み合わせ，物の使い方の工夫

出典）文部科学省：小学校学習指導要領解説（家庭編），2017，p.10

４．指導計画・配慮事項および他教科との関連

（１）指導計画

　内容の「Ａ　家族・家庭生活」「Ｂ　衣食住の生活」「Ｃ　消費生活・環境」に配当する授業時間数や履修学年については，児童や学校，地域の実態等に応じて適切に定めている。「Ａ　家族・家庭生活」（１）アは，第４学年までの学習を踏まえ，２年間の学習の見通しをもたせるためのガイダンスとして，第５学年の最初に履修させることとしている。

　その際，生活の営みに係る見方・考え方について触れるとともに，それぞれの学習内容「Ａ　家族・家庭生活」，「Ｂ　衣食住の生活」，「Ｃ　消費生活・環境」と関連させて扱うこととしている。

　なお，基礎的・基本的な知識および技能の定着を図るため，「Ｂ　衣食住の生活」（２）調理の基礎および（５）布を用いた製作については，第５学年・第６学年の２年間にわたって取り上げ，児童の生活経験等を踏まえた上で段階的に学習できるよう計画することとしている。

　学習内容「Ａ　家族・家庭生活」「Ｂ　衣食住の生活」「Ｃ　消費生活・環境」は，（１）アのガイダンスを除いて指導の順序を示すものではない。また，それぞれの内容を独立させて題材を構成することを意味しているものでもない。したがって，目標を達成し資質・能力を身に付けるために，内容・項目の指導の順序を工夫し，指導事項ア，イとの関連を図って題材を構成する。２年間を見通して適切に題材を配列して，効果的に学習できるよう年間の指導計画を作成することとしている。

（２）配慮事項

　生活環境が多様化している状況の下，家庭科は，生活そのものを扱うため，児童のプライバシーには十分に配慮することとしている。

　また，2017（平成29）年の改訂では，インクルーシブ教育のシステムの構築を目指し，障がいのある児童に対する配慮についても示された。家庭科においては，特に安全面での配慮が重要である。例えば，集中力が持続しなかったり，器具等の操作が困難だったりする場合，道具や材料を必要最小限に留めるなど，学習環境を整える必要がある。また，学習に対する関心を持ちにくい場合には，注意事項や手順を視覚的に捉えられるようなカードなどの教材・教具を活用するとしている。

　なお，児童の生活経験が全体的に希薄になったことを考慮して，包丁やアイロンなどの用具の使用には十分に配慮し，安全に作業に取り組めるよう，作業スペースを確保する必要がある。

　調理実習などで食品を扱う際には，事前に食物アレルギーの有無を確認するとともに，保管の場所・時間・温度や手洗い等，衛生面にも十分に配慮が必要であ

る。なお，小学校においては，調理経験が少ないことを考慮して，生の魚や肉は扱わない。卵については，新鮮なものを選び，加熱調理するようにする。

（2）他教科等との関連

食育の推進については，2017（平成29）年の改訂でも充実が求められている。したがって，他教科等（生活科，社会科，体育科，特別活動，道徳，総合的な学習の時間）や野外炊飯などを含む学校行事，学校給食などと関連させ，指導の充実を図る。その際，健康・安全などの視点から栄養教諭や養護教諭と連携し，効果的な学習が展開できるようにする。

消費生活，環境，伝統文化，防災等のように，教科横断的に取り上げられる学習については，関係する教科等（生活科，社会科，理科，特別活動，道徳，総合的な学習の時間）および文化祭や避難訓練などの学校行事や地域の行事・取り組みなどとも関連させて扱うこととしている。

課　題

・学校行事等と家庭科を関連させた授業についてイメージしてみよう。
　　例）学校給食と食生活
・家庭科と総合的な学習の類似点と相違点について整理してみよう。

| 第4章 | # カリキュラムマネジメント
―学習指導案と年間指導案の作成―

1. 指導案とは何のために書くのだろうか

　学習指導案には，様々な情報が書かれている。それは，授業をする人が授業を設計するときに考えていたことを表したものだからである。教員を目指す場合には教育実習や大学の授業で学習指導案を書く機会がある。はじめは作成するのに時間がかかるし，どのようなことを書けばよいのかわからないであろうが，実習などの経験を通して徐々に慣れていく。

　学習指導案にはいくつかの目的がある。一つ目の目的は授業の設計を考えるためである。授業の設計では児童のこれまでの既習事項や考え方，これから必要とされる知識・技能・考え方を予測し，それらの学びを確実にするために教師が行う手立てや授業の流れ，評価内容・評価方法を整理して設計にあたる。

　二つ目の目的は，授業を見ていただく人に，自分が考えた授業設定や授業の計画・ねらいを理解してもらうことである。特に教育実習のときには，自分自身がどのような授業をしたいと考えているのか，児童の実態や考え方をどのように理解し，授業の中でどのようなことを学んでもらいたいのか，さらにどのようなことで児童の学びを評価するのかなどについて，指導していただく方や参観していただく人にわかってもらう役割がある。これは教師になって研究授業を行うときも同じである。指導案は授業者からの授業の説明文と言い換えることもできる。

　三つ目の目的は，授業後に実践を振り返るためである。授業実践後に，自分自身で児童の学びや授業者の発問や授業の流れや板書はどうであったかなどと振り返る。そのときに授業がスムーズに進まなかった場合の原因はどこにあったのかを指導案から探ることができる。このような努力をすることで授業の流れがスムーズになったり，児童の学びを確かなものにしたりするなどの効果がねらえる。

　授業は，同じ内容を取り扱うにしても児童や授業者，児童の既習事項などによって授業の流れや教師の手立てが変わってくるため，同じ授業を行うのは困難である。そのため指導案は，どのような授業をするのか考えるために必要である。

2. 指導案の内容とその注意点

（1）指導案ではどのようなことを書いたらよいのだろうか

　指導案には①単元名（題材名），②授業場所・日時・授業者，③単元の目標，④単元設定の理由（教材観），⑤児童の実態（児童観），⑥単元計画，⑦本時の目標，⑧本時の展開，⑨板書計画などが入っているものが多い。しかし都道府県や

市町村，学校単位でも書く項目の呼び方や形式が異なることがあるので，指導案を書くときには学校や教科の形式に沿って作成する。

指導案には，①～⑨までのすべてを入れた指導細案と①②③⑦⑧など授業の目的と流れがわかるように簡易化した指導略案と呼ばれるものがある。指導略案は，自主的な研究授業や小規模な授業研究会などに使われることが多い。指導細案が正式な指導案であり，多くの人が参観する授業研究会や教育実習研究授業，指導主事訪問などの場合に用いられる。細案では①～⑨以外にも，座席表にこれまでの児童の思考傾向や本時までの学習の流れなど，授業をよりわかりやすくするための資料や，当日使うワークシートなどの資料をつける場合もある。では，具体的に①～⑨ではどのようなことに気をつければよいのだろうか。

①単元名（題材名）では，どのような内容を学習するのかわかりやすく短い言葉で書く。単元名は大きなまとまりで学習内容「食事とからだ」のように複数時間勉強する場合に使う。題材名では「ご飯とみそ汁をつくろう」のように，教材そのものを示す場合に使う。

②授業場所・日時・授業者では，授業する場所「家庭科室」や「5年○組教室」，授業をする日時「○年○月○日○曜日○校時」，授業者は授業を行う人の名前を書く。さらに2名以上で授業を担当する場合には，2名とも名前を書くが主になり授業を進める人が前に，補助的な人は後ろに書くことが多い。また授業者が指導案に責任を持つために押印をする。さらに授業対象者について「5年○組○名」などと書くこともある。

③単元の目標では，学習指導要領に基づき，具体的に単元目標を記述する。評価観点との関連性も鑑み，この単元で扱う内容やその根拠を明らかにする。

④単元設定の理由（教材観）では，単元や題材を選んだ理由と，単元や題材の学習を通してどのような力を身につけさせたいのか，どのような力が身につくと考えているのか，家庭科や他教科の学習内容との関連性を考慮して書く。

⑤児童の実態（児童観）では，第一に一般的な児童の様子や世の中の現状を述べて，第二にこの授業に至るまでに対象児童が行ってきた家庭科を含む学校教育や学校行事での経験を書く。第三に単元の授業を通して，身につけさせたいと考えている考え方や能力・技能などを書く。

例えば「この学級では話し合いを行うことが上手で…」という書き方ではなく，「小学生の生活経験が乏しくなってきたといわれて久しいが，この学級の児童は家庭で家事を手伝っている様子がみられる。しかし，家庭科のはじめの学習でコンロを使ったときに，ガスコンロを使った経験があると答えた児童は○名であり，家庭ではIHヒーターが普及していることが推測された」などと書くことが望ましい。このようにこの単元で身につけさせたい能力や技能を取り上げた理由について具体的に日常生活や学校生活の様子を書く。

⑥単元計画では，単元の全体像を示す。どのような内容に何時間をかけ，本時はそのどの部分に当たるのかわかりやすく書く。いくつかのまとまりができる場合には，小単元として1次・2次と分け，それぞれに何時間をかけるのかを書く

42　第4章　カリキュラムマネジメント―学習指導案と年間指導案の作成―

一般的な学習指導案の形式

学習指導案 第○学年	①（単元名）〇〇〇〇	②〇〇年〇月〇日〇曜日〇校時 授業場所：〇年〇組教室　　授業者：〇〇〇〇

1：③単元の目標（単元や題材などと使われることも）

　〇〇〇〇……

2：④単元設定の理由（教材観）

　〇〇〇〇……

3：⑤児童の実態（児童観）

　一般的な子どもの実態や生活実態，クラスの子どもたちのその単元に関わる既習事項，単元に関わる実態など……

4：⑥単元計画（全○時間）

次	時	ねらい	学習活動	評価規準
1	1・2			
	1（本時）			
2	1			
	1			

5：⑦本時の目標

　評価観点と対応させる。

6：⑧本時の展開

（展開例）

時間	学習内容と予想される児童の反応	指導上の留意点	評価

7：⑨板書計画

　　（表中の丸数字は，本文中の丸数字と対応している）

場合もある。

⑦本時の目標では単元の目標とは異なり，1時間分の目標を書く。評価観点である「関心・意欲・態度」「創意工夫」「技能」「知識・理解」に対応させるとよい。

⑧本時の展開では，時系列に学習する内容がわかるように書く。所要時間・学習活動・予想される児童の発言や行動・指導上の留意点・評価観点なのであるが，教師の発問を書く場合もある。また本時の展開が指導案の最も大切な部分であり，時間をかける必要もある。さらに，指導上の留意点は学習内容をしっかりと身につけさせるために教師が行う意図的な行動である。「指名する」「板書する」といった授業をする上でどのようなときも誰でも行うことは書く必要はない。「○○の事例を挙げて理解を深めるようにする」「前時での発言を思い出させ，関連について考えさせる」といった内容が書かれる。特に家庭科の場合は，実習において安全に活動するための留意点が含まれることが特徴である。評価については，展開の中に入れて表記する場合と⑧の後に別項目として表記する場合がある。その場合には，評価項目との対応とどのようなもので評価を行うのかを書く。

⑨板書計画では，1時間の授業が終わったときに，どのような内容がどこに書かれているか書く。児童の発言は予想されるものであるが，本時の学習目的などについてはわかりやすく書くようにする。さらに掲示資料などがある場合には，どこに貼りどの程度の大きさを想定しているのかわかるように書く。

（2）授業の流れをつくるとは

1）授業のめあてにはどのようなことに注意をするとよいか

1時間の授業では学習におけるめあて（主課題）があり，そのめあてを達成するように授業の流れを組んでいく。小学校の授業におけるめあては，児童が「学習したい」と考えたことを中心に作成したほうがよいとされている。しかし，児童が「学習したい」ことばかりをめあてにして授業を組むと，教科のねらいや習得すべき知識・技能が身につけられないこともあるので，実際には教師が児童に「次はこれについて学習したい」と思えるように工夫をしていることもある。

一方で単元全体のめあても別にあるため，単元と1時間の関連性を捉えながら単元全体のねらいを達成できるように1時間ごとのめあてを設定する必要がある。

さらにめあてが児童にわかりやすい言葉・内容でない場合には，教師の意図とは違う学びの方向になることがあるので注意する必要がある。

2）児童の反応を予想する

授業では，児童が主体的に参加できるような場にすることが求められる。授業中の教師の発問は，児童の思考を補助する役割を担う。具体的に教育実習が始まると，子どもたち一人一人の個性や特徴，趣味などを知ることができるので，どのような質問をすると誰がどのように答えてくれるか予想することができる。しかし実習前である場合には，自分が小学生だったときの教室の様子を思い出し，どのような友達がどんなときに何を答えていたか思い出すとよいだろう。

授業を組み立てるときには，児童が行うであろう反応や思考を想像しながら学習の流れを組み立てる。授業の代表的な流れは導入（5分程度），展開（30～35分程度），まとめ（10分程度）となる。一番大切なことは，まとめのときに児童がどのような言葉でまとめるかである。授業のめあてを考えるときも，まとめでの児童の思考を予想し設定するとよい。さらに展開での学びを確保するためには，誰がどのような内容で発言するか，それを聞いて誰が違う意見を言うのかについて予想することが大切である。

3）展開を考える

先ほども述べたが，1時間の授業は「導入」「展開」「まとめ」の順番で流れる。めあては「展開」に入るときに示されることが多く，めあてにそって授業は展開される。

授業の展開を考えるときに，まず導入部分の活動を，次に学習の主課題となるめあてを，その後めあてにそった展開を，最後にまとめ部分を考える人がいる。このような場合，導入部分にアイデアを詰め込んでしまったり，時間をとってしまったりすることがある。さらに展開の流れを多く考えすぎてしまい，まとめの時間がないこともある。もちろん，児童の興味や話し合いが白熱してまとめの時間がとれないことはある。しかしまとめの時間は，児童が自分の成長を自覚する場であり，他の児童の考えを理解するなど学習を振り返る大切な場であるため，できるだけ確保したい。

まとめの時間がとれないことがないようにするための授業の構成を考える方法の一つに，まとめから授業の流れを考える方法がある。その方法とは，はじめに，その授業が終わった後の児童の学びを設定する。次に学びを引き出すためのめあてを考える。最後にめあてにつながる導入を考えるということである（図4－1参照）。この方法をとると，導入に時間を取り過ぎることもまとめの時間がなくなることも少なくなる。

さらに授業を考えるためには，十分に児童の実態把握を行い，めあてや課題に対してどのような考えをするのか，教師の問いかけにどのように反応するのかなど児童と授業をつくり上げる意識を忘れずに検証する必要がある。

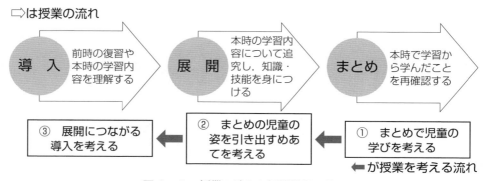

図4－1　授業の流れと授業構想の流れ

４）指導案事例

　指導案事例を下記に示した。この指導案例は５年生最初のオリエンテーション
の授業であるために，単元名ではなく題材名となっている。また１時間の授業の
ために単元の目標は本時の目標と同じ場所に記入されている。

学習指導案 第５学年	家庭科ってどんな勉強をするのかな？　　○○年○月○日○曜日○校時 授業場所：○年○組教室　　授業者：小野恭子

１．題材について

（１）題材観

　５年生から始まる家庭科のオリエンテーションを兼ねた単元である。そのために家庭科ではどのよう
な学習をするのか，これまでの学習との関連性について児童が自らの経験をもとにとらえる必要がある
と考えている。一方で家庭科に対する児童の印象は，調理実習・被服実習といった活動を伴う内容が強
く，家庭生活一般について学習する印象は薄い。したがって，２年間の学習で生活に関わる基礎的知
識・技能を身につけ，さらに自分自身の生活を設計していくためには，現在の自分の知識技能を認識し，
これから学習する素地をつくる必要がある。素地をつくることで，より家庭科の学習内容を身につけ，
自分自身の生活設計や，地域の一員としての自覚を持ち行動できるようになるといえる。

　したがって，本題材を通して，これまでの学習経験や家庭での生活経験とこれからの学習をつなげ，
２年間の学びとさらに中学校・高等学校・社会人と続くその後の自分の成長の目標を持つことをねらう。

（２）児童観

　児童は５年生から始まる家庭科に対してよい印象を持っている場合が多い。その一方で「何かを作っ
て食べられる教科」や「布を使って何かを製作する教科」と印象付いているため，栄養についてや家庭
生活についての学習があるなどの内容まで理解している児童は少ない。本学級の児童らも５年生から始
まる家庭科学習において大変興味を持ち，昨年まで見聞きしてきた家庭科室での調理実習の様子や校内
に展示されたエプロンやランチョンマット等の製作物から，「家庭科では実習ができて楽しそう」「早く
やってみたい」という思いを持っている。

　４年時までの各教科や領域の学習では，用意された教材を示された手順で製作したり，課題を図書や
インターネット検索によって調べ，新聞等にまとめて報告したり感想を述べたりする表現活動を経験し
てきている。しかしながら，身につけた知識や技能を生かした実践の継続，身近な生活や実態から生ま
れる新たな課題の設定・追求・取り組みという点では，主体性・意欲の面でやや物足りなさが感じられ
る。

　これまで道徳や総合的な学習の時間，生活科等で扱ってきた「家族への思い」や「家庭や地域の一員
としての役割」に関する学びについては，それらを一つ一つつなげながら自分の成長として振り返った
り，「家族にしてもらう自分」から「一人でできる自分」への変容を期待して知識や技能の習得をめざ
したり，「できるようになったことを家族のために生かしたい」という目標を持って取り組んだりと
いった，児童が主体となって学んだことを実践したくなるような意識化の学習場面を積極的に設定して
こなかったため，それらが総合的に実生活に生きて働く力として，まだ十分に発揮されていないと感じ
る。

　学習対象が「家族」「家庭生活」「地域の一員としての生活」である家庭科の学習を通して，自分の成
長を家族や友達とともに確かめ，喜び合うという体験や実感を持たせることは自己有用感を育む上で大
変有効であり，児童らにぜひ，味わわせたいものである。本題材が家庭生活を見つめるきっかけとなり，
身近な生活の中から課題を見つけて解決していく主体が自分自身であることに気づかせ，２年間の学習

の見通しを持たせたい。

２．題材および本時の目標

- ・これまでの学習や生活経験を踏まえて，家庭科の学習内容を理解することができる。（知識・理解）
- ・２年間の家庭科で学習する内容について家庭生活と結びつけて考えることができる（関心・意欲・態度）

３．題材および本時の評価基準

- ・一日の家庭生活における仕事内容を理解することができる。
- ・家庭生活における仕事の役割分担について理解することができる。
- ・家庭科の学習について２年間の見通しをもつことができる。
- ・自分の生活経験や学習経験と家庭科の学習内容を結びつけることができる。

４．指導計画

　　第１次　家庭科ってどんな学習をするのかな？……１時間

５．本時の展開

時程	主な学習活動と予想される児童の反応	留意点と評価
導入 5分	○家庭科の学習で何をやるか想像する。 ・料理をする。 ・布で何かを縫う。 ・エプロンを作る。 ○自分ができる生活技能について確認をする。 ・簡単な料理だったらできる。 ・風呂掃除や玄関掃除だったらできる。 ・献立を作ることはまだできない。 ・針と糸は使ったことがないから，できない。	・家庭で行われているものと結びつけるように助言し，イメージを働かせさせる。 ・自分が自信を持ってできることは何かワークシートに記述させることで，自己認識をさせる。 ・できないことだけでなく，できること，手伝ってもらえるとできることなど肯定的に確認するように声をかける。
展開1 10分	一日の生活を思い出し家庭科で学習する内容を知って目標を立てよう ○家での一日の活動を思い出し，家庭科の学習の結びつきを考える。 ・朝ご飯，いつもは親が作ってくれるけど，自分で作れるものは何かな？ ・ボタンが取れたら一人でつけられるようになりたいな。 ・掃除はどのようなやり方があるのかな。 ・お使いはするけれど，買うときにどのようなことに気をつければよいのか知りたいな。 ・家では，洗濯は洗濯機でやっているけれど家庭科ではどのように洗濯をするのかな。 ・冬の寒いときには，どのような工夫をすれば暖かく過ごせるのだろう。	・家庭での生活行動と学習とを結び付けさせるために，キーワードを示し考えさせるようにする。 ◎自分の生活と家庭科の学習の結びつきを理解しているか。（発言・ワークシート） ・教科書の目次を使って，どのような内容を学習するのかについて確認をする。 ・生活経験が少ない児童には，一日の活動を思い出させ，家庭科の学習と結びつけるようさせる。
展開2 20分	○一人暮らしをするとしたら，どのようなことをしなくてはいけないのか話を聞き知る。 ・ごみ捨ても自分でしなくてはいけないんだ。 ・買い物もどのようなものを買えばよいのか考えなくてはいけない。 ・今まで家族にやってもらっていたけどやることがたくさんだ。	・一人暮らしの場合にはどのような生活行動をとるのか，ワークシートに一人暮らしをしている人の一日を物語として挿入し，理解を深められるようにする。 ・一人で生きるために必要な生活技能について触れることにする。 ・目標は具体的なものでも，抽象的なものでもよいこととする。

まとめ 10分	○2年間の家庭科の目標を立てる ・自分で料理が作れるようになりたい。 ・裁縫で作品を作れるようになりたい。	◎自分なりに，家庭科の学習における目標を立てられているか（ワークシート・発言） ・家庭科の学習では安全・衛生的に活動する必要があることを説明し，理解させる。 ・2年間だけでなく，一生を見通せる児童には人生設計の目標でもよいこととする。

6．板書計画（省略）

※これは，1時間の題材における指導案事例であるが，実際には単元計画とその評価なども入る。

3．観察した授業を指導案として起こしてみよう

（1）観察した内容の何を指導案に書くのか，記録から教師の支援を見分けよう

　授業を観察して記録をとっていると表4－1のように書くのが一般的である。観察記録の中ではTを教師，Cを児童として記録する場合がある（表4－1の記録事例も同様である）。記録を読むと授業でのやりとりが手に取るようにわかり，教師がどのように話しているのか（何を話しているのか），それに対して児童がどのように答えているのかが詳細に記録されている。しかし，観察記録のすべてを指導案に書くわけではない。授業の流れがわかるように学習活動をまとめ，教師が何を意図して発言をしているのかその意図をくみ取るなど，内容を精査して指導案にしていく必要がある。

　表4－1の観察記録は導入から展開に移る場面の約5分間である。挨拶の後，T2では教師が前回の授業での活動内容を思い出すように促している。それに対してC2・C3が挙手をしないで発言しているのを受けて，T3，T5でC4とC5を指名している。また，C5の発言の後，さらにC5に対してT6でその理由を述べるように促していることがわかる。よって，観察記録に書かれている教師の発言T3・T4・T5は児童とのやりとりであるため，指導案に書く必要はない。しかしT6の発言は，児童の発言を受けさらに質問をしていることから「理由も発言するように促す」という教師の支援に分けられる。今度はT8の発言で，「今回みんなが考えるのは」と言っているように次に考えることの投げかけをしており，これをきっかけに展開の内容にと移っていく。このことからT8の発言は導入から展開に移るための指示であることがわかるため，T8の発言内容を展開での学習活動として指導案に書き入れることになる。

　これらの記録をもとに指導案の「本時の展開の一部」を再現したものが表4－2である。

48　第4章　カリキュラムマネジメント―学習指導案と年間指導案の作成―

表4－1　授業観察記録事例（Cは児童を，Tは教師の発言を指す）

C1：気をつけ，これから一時間目の授業を始めます。
T1：（略）エコストアーを考えよう，見学のときのプリントを配りました。
　　　（略）
T2：実際に行って，見てきたよね。どんなこと気がついた？　思い出せる？
C2：あー。
C3：国産のものを多く使っている。
T3：はい，C4君。
C4：うーん，まあ，ええと，バラ（売り）のものが多かった。
T4：うん，バラ（売り）のものがあった。
［板書］
T5：他に。はい，C5さん。
C5：店は，なんか，昨年のデータをもとに（注文）してた。
T6：うん，それは何のための工夫だったの？
C6：余ったり（しないように）…。
T7：そうだったね。
（中略）
T8：4年生の社会科では，お店でどんな工夫をして，スーパーマーケットの
　　　人たちが，（どのように）働いてるかってこと（を学ん）だよね。だけ
　　　ど今回みんなが考えるのは，買う側だよ。買う人だよ。
C7：買わせる側じゃない？
T9：買わせるじゃなくてね。

表4－2　授業観察記録から作成した指導案例（本時の展開の一部）

	主な学習活動と予想される児童の反応	教師の支援
導入	○前時の活動内容を思い出す。 ・ばら売りの商品がたくさんあった。 ・仕入れの仕方に工夫していることがわかった。	活動を思い出せるようにワークシートを配布する。 前時で気がついたことについて，理由を発言するよう促す。
展開	○消費者として商店の工夫を考える。 ・ばら売りの方が一人暮らしだったら買いやすい。 （略）	（略）

（2）指導案に起こしてみるとわかること

　授業観察をすると，児童と教師の会話や児童同士のやりとりの多さにおどろく。またその会話の中で授業が進んでいくことがわかる。小学校の授業では教師の一方的な説明や指導は少なく，児童の考えを引き出しながら，児童同士の学び合いの場を設定し，児童の考えを整理しながら進められる。観察記録では，会話を記録することが多いため膨大な情報になることもあるが，その中の会話すべてが計画的に行われているわけではない。児童が何を考えているのか，発言やワークシートへの記述からその場の判断で考え，説明を加えたり，時間配分を変更したり

することもある。とっさの判断で変更されたのか，計画的に進められていたのか
を知るためにも授業記録から指導案を作成してみることが効果的である。

　一方で，指導案を作成してみると，自分が授業者であったらどのように指示を
出すか，授業の流れをどのようにつくるかということを考察することができる。
また観察時にはわかりにくかった，授業のめあては何で，めあてに向かうまでの
導入部分ではどのような工夫があり，児童の考えがどのようにどこで変化してい
ったのか，それをどのように授業者が支援していたのかを客観的に分析すること
ができる。もし可能であれば，観察した授業の授業者が授業前に作成した指導案
と授業後に作成した指導案，さらに授業記録を比較してみると，どうして授業前
後で違いが起こったのか，その原因も明らかにすることができる。

4．授業をつくるために準備する教材や板書計画とは

（1）教材準備の方法と種類

　授業で児童の学びを補助するための物として，教材がある。教材とは，学習内
容そのものを指す場合と，学習を補助するために活用する物を指す場合がある。
どの教科でも補助のために使われることが多いものとしては，掲示資料，視聴覚
資料などがある。

　教材準備では小学校家庭科の２年間の学習を見通して，教材を考え，選び，準
備し，活用方法を考えなくてはならない。例えば「ご飯とみそ汁」の学習でお米
が吸収することを視覚的に理解させるために，米をビーカーに入れ，水を注ぎ変
化を見る実験がある。この実験では米の膨張がわかりやすいようにビーカーの大
きさや米の量，実験時間などを考慮して準備をする必要がある。一つの実験を行
うためにも様々な項目に配慮が必要であるため，予備実験なども必要である。他
にも家庭科で活用される学習を補助する教材には，布や建物模型といった実物や
裁縫に慣れていない児童のために，実習の段階別サンプルなどが使われることも
ある。

　児童の実態に合わせて教材を準備するがその際に考えるポイントとして，①安
全性，②わかりやすさ，③手に入りやすさ，④授業時間内で行える，⑤児童の興
味・関心を持たせられる，などがある。さらに，他教科での学習内容との関連性，
中学校・高等学校家庭科での学習内容との関連性なども考慮するとよい。授業に
おける教材のヒントは，家庭科教育に関する雑誌や専門書，教育センターのデー
ターベース，教師用指導書等から得ることができる。

（2）板書計画の重要性と計画の立て方

　授業を構成する一つの要素として，板書がある。板書は児童がその時間の学習
問題を追求するために大切な役割を果たしている。授業中は児童が「今何を考え
ればいいのか」「なぜ今の活動をしているのか」などを確認するものでもある。
また児童の発言や気づきを含めて書かれるため，授業後の板書は１時間の授業の

第4章　カリキュラムマネジメント―学習指導案と年間指導案の作成―

| 家庭科で学習内容を知って目標を立てよう |

〇月〇日

家庭科で勉強すると思うことは？

・さいほう

・料理

・ミシンを使って何かを作る

今の自分ができることは何？

・げんかんそうじ

・かんたんな洗たく物をたたむ

・クッキー作り

一日の生活ではどんなことをしているかな

・洗顔（歯みがき）

・着かえ（洗たく・ぼたんつけ）

・食事（調理・片づけ・買い物）

・勉強

・遊び

・習い事（洗たく・送り迎え）

・ふろ（そうじ）

みんなが立てた目標

・家庭科の勉強をがんばって，料理ができるようになりたい。

・針でぬったことはないけど，けがをしないようにがんばりたい。

・洗たくとかお母さんにやってもらっているけど，自分でできるようになったらお母さんも助かると思う。

図4－2　板書計画例

流れや学習の成果を見ることができる記録写真のようなものである。板書はいろいろな児童の意見や考えを適当な場所に記述していくのではなく，最後に児童が見たときにわかりやすくすることが求められる。さらに，児童が読みやすい字の大きさや色使い，掲示物の掲示位置などを計画的に配置し，学びの定着に役立せる。板書計画を立てるときには，指導案の展開を見ながら「いつ」「どんな場所で」「どこへ（黒板のスペース）」「どんな内容をどれだけ，どのように」などを考えながら紙に書き出してみるとよい。いくつかのパターンを用意し，授業対象である児童の実態に合ったものを選択することが望ましい。

板書計画例を図4－2に示した。この板書計画例は，p.45で示した指導案事例における板書例である。黒板の使い方は様々であるが，授業が終わったときにどのような流れであったか，またその中で児童が何を考えていたのか，ポイントは何であったかがわかるようにまとめるとよい。

板書計画例では黒板を3か所に分けて構成している。左側が導入，真ん中が展開，右側がまとめである。これによって，児童は，今何を考えなくてはいけないのか理解することができる。導入では教師の問いかけの後に児童の意見を端的にまとめて板書している。授業のめあては四角で囲むことで，注目をさせる目的がある。さらにまとめでは，発言した児童の言葉をそのまま書くことで，児童の意見を認め，授業に対する興味や次時へのやる気を起こす効果が期待できる。また家庭科に関するポイントの言葉には下線（色つき）をつけ，児童に注目してもらいたいことを強調している。児童の既習事項の漢字などを確認すると，より見やすい板書を意識することができる。

5．2年間の指導計画

（1）指導計画の必要性

　小学校家庭科は，5年・6年の2年間で115時間の標準授業時数がある。これは学習指導要領で定められていることである。2年間に学習する内容や目標も学習指導要領によって定められている。

　この学習指導要領をもとにして，各学年・各教科・各学校で年間指導計画を立てることが求められる。年間指導計画は，子どもの実態や学校のねらいをふまえながら学年別，学期別などに作成される。これをもとにして，時間割が決まることになる。

　家庭科は，2017（平成29）年に告示された学習指導要領において，これまでの4領域から「A　家族・家庭生活」「B　衣食住の生活」「C　消費生活・環境」という3領域を学ぶことになったが，小学校と中学校の領域は共通のものもあり，5年間の指導を見通した指導についても視野に入れて，年間指導計画を立てていく必要がある。

（2）指導計画の立て方

　指導計画は，年間を通した指導内容を計画するものである。学校単位で作成することになるが，3学期制であるか2学期制であるのかや，夏期休業が長い地域なのか冬期休業が長い地域なのかなど，いくつかの条件によって計画は異なってくる。さらに，学校行事を中心として授業を組み立てるのか，地域の行事と連動させていくのかなど，学校の経営方針に左右されることもある。

　2017（平成29）年に公表された学校基本調査の結果では，小学校では約15％程度の複式学級があるが，複式学級においては5・6年生が合同で家庭科の授業を行うこともあるため，2学年での時数の違いなども考慮して指導計画を立案する必要がある。

　2学期制の指導計画の場合には，学期をまたがって行う単元計画となることも多いために，学習の継続性や評価についても考慮していく必要がある。冬休み休業が長い地域では，6年生の3学期の時数が少なくなるため，1学期の時数を増やすなどの工夫が必要である。さらに，複式学級においては2学期に5年生と6年生で授業時数が異なるので，どのように指導するのかについても工夫していくことが必要となる。

　指導計画は立てるだけでなく，1年が終了した時点で実際の授業実践内容と計画とを比較し，次年度に向けて改善していくことが必要不可欠である。

52　第4章　カリキュラムマネジメント―学習指導案と年間指導の作成―

表4－3　学校行事を考慮した年間指導計画例（3学期制の場合）

月		第5学年	第6学年
4	1学期22時間	家庭科の学習―2年間を見通して―（1） わたしと家族の生活（1） はじめてみようクッキング（6） ①クッキングはじめの一歩 ②ゆでてみよう ③野菜をゆでておいしく食べよう はじめてみようソーイング（8） ①針と糸にチャレンジ ②行事で使うワッペンを作ろう かたづけよう身の回りの物（4） ①身の回りに目を向けよう ②整理・整とんをしよう ③物を生かす工夫をしよう ※行事（遠足）：ワッペンをつかってみよう やってみよう家庭の仕事（2） ①できることを増やそう ②家族に協力して仕事をしよう チャレンジコーナー	私の生活時間（2） ①生活時間をみなおそう ②共に過ごす時間をつくろう いためてつくろう，朝食のおかず（8） ①朝食を考えよう ③いためてみよう ※行事（野外活動）：みんなで食事をつくろう クリーン大作戦（5） ①そうじのしかたを見直そう ②そうじのしかたをくふうしよう 暑い季節を快適に（7） ①すずしい住まい方をくふうしよう ②すずしい着方をくふうしよう ③洗たくをしてみよう チャレンジコーナー
5 6 7			
9 10 11 12	2学期22時間	わくわくミシン（11） ①ミシンぬいにチャレンジ ②計画を立てて，つくってみよう 食べて元気に（11） ①なぜ食べるのか考えよう ②五大栄養素のはたらき ③3つの食品のグループとそのはたらき ④ご飯とみそ汁をつくろう チャレンジコーナー	楽しくソーイング（10） ①作品展に出すためにつくるものを考えよう ②計画を立ててつくろう ※行事（作品展）：みんなの作品を鑑賞しよう くふうしようおいしい食事（12） ①バランスのよいこんだてを考えよう ②身近な食品でおかずをつくろう ③楽しく，おいしい食事をくふうしよう チャレンジコーナー
1 2 3	3学期16時間	じょうずに使おう，お金と物（4） ①わたしたちの生活とお金 ②お金の使い方を考えよう ③買い物のしかたを考えよう 寒い季節を快適に（7） ①あたたかい着方をくふうしよう ②明るくあたたかく住まうくふう 家族のほっとタイム（4） ①楽しく団らん ②つながりを深めよう 5年生の学習を振り返り6年生の学習へ（1） チャレンジコーナー	共に生きる生活（10） ①わたしたちの生活と地域 ②わたしの気持ちを伝えよう ③考えよう，これからの生活 成長したわたしたち 中学生に向かって（1）

※6年3学期は「3学期11時間」

出典）開隆堂出版：平成27年度用／小学校家庭科年間指導計画作成資料をもとに筆者加筆

5. 2年間の指導計画　　53

表4−4　寒冷地の地域性に考慮した指導計画例

月		第5学年		第6学年
4		家庭科の学習―2年間を見通して―（1） わたしと家族の生活（1） はじめてみようクッキング（8） ①クッキングはじめの一歩 ②ゆでてみよう		私の生活時間（2） ①生活時間をみなおそう ②共に過ごす時間をつくろう いためてつくろう，朝食のおかず（8） ①朝食を考えよう ②いためてみよう
5	1学期24時間	③野菜をゆでておいしく食べよう はじめてみようソーイング（8） ①針と糸にチャレンジ ②たのしい小物づくり かたづけよう身の回りの物（4） ①身の回りに目を向けよう	1学期22時間	クリーン大作戦（5） ①そうじのしかたを見直そう ②そうじのしかたをくふうしよう
6		②整理・整とんをしよう ③物を生かす工夫をしよう やってみよう家庭の仕事（2） ①できることを増やそう		暑い季節を快適に（8時間） ①すずしい住まい方をくふうしよう ②すずしい着方をくふうしよう ③洗たくをしてみよう
7		②家族に協力して仕事をしよう チャレンジコーナー		チャレンジコーナー
9		わくわくミシン（10） ①ミシンぬいにチャレンジ ②計画を立てて，つくってみよう		楽しくソーイング（10） ①つくりたいものを考えよう ②計画を立ててつくろう
10	2学期28時間	食べて元気に（11） ①なぜ食べるのか考えよう	2学期22時間	くふうしようおいしい食事（12） ①バランスのよいこんだてを考えよう
11		②五大栄養素のはたらき ③三つの食品のグループとそのはたらき ④ご飯とみそ汁をつくろう じょうずに使おう，お金と物（4）		②身近な食品でおかずをつくろう ③楽しく，おいしい食事をくふうしよう 共に生きる生活（9）
12		①わたしたちの生活とお金 ②お金の使い方を考えよう ③買い物のしかたを考えよう チャレンジコーナー		①わたしたちの生活と地域
1		寒い季節を快適に（7） ①あたたかい着方をくふうしよう ②明るくあたたかく住まうくふう		②わたしの気持ちを伝えよう ③考えよう，これからの生活 ④成長したわたしたち
2	3学期8時間	家族のほっとタイム（3） ①楽しく団らん ②つながりを深めよう	3学期6時間	中学生に向かって（1）
3		5年生の学習を振り返り6年生の学習へ（1）		

出典）開隆堂出版：平成27年度用／小学校家庭科年間指導計画作成資料をもとに筆者加筆

54　第4章　カリキュラムマネジメント―学習指導案と年間指導案の作成―

表4－5　複式学級の年間指導計画例

月	A年度	B年度
4 5 6 7	**1学期22時間** 家庭科の学習―2年間を見通して―（1） わたしと家族の生活（1） はじめてみようクッキング（8） ①クッキングはじめの一歩 ②ゆでてみよう ③野菜をゆでておいしく食べよう かたづけよう身の回りの物（3） ①身の回りに目を向けよう ②整理・整とんをしよう ③物を生かす工夫をしよう 暑い季節を快適に（8） ①すずしい住まい方をくふうしよう ②すずしい着方をくふうしよう ③洗たくをしてみよう チャレンジコーナー	**1学期21時間** 家庭科の学習―2年間を見通して―（1） 私の生活時間（2） ①生活時間をみなおそう ②共に過ごす時間をつくろう いためてつくろう，朝食のおかず（8） ①朝食を考えよう ②いためてみよう クリーン大作戦（5） ①そうじのしかたを見直そう ②そうじのしかたをくふうしよう じょうずに使おう，お金と物（4） ①わたしたちの生活とお金 ②お金の使い方を考えよう ③買い物のしかたを考えよう チャレンジコーナー
9 10 11 12	**2学期24時間　5年生のみ29時間** 楽しくソーイング（11） ①針と糸にチャレンジ（5年生のみ） ①ミシンぬいにチャレンジ ②つくりたい物を考えよう ②計画を立てて，つくろう ③楽しく使おう たべて元気に（11） ①なぜ食べるのか考えよう ②五大栄養素のはたらき ③3つの食品のグループとそのはたらき ④ご飯とみそ汁をつくろう やってみよう家庭の仕事（2） ①できることを増やそう ②家族に協力して仕事をしよう チャレンジコーナー	**2学期24時間　5年生のみ29時間** くふうしようおいしい食事（11） ①バランスのよいこんだてを考えよう ②身近な食品でおかずをつくろう ③楽しく，おいしい食事をくふうしよう はじめてみようソーイング（4） ①針と糸にチャレンジ（5年生のみ） ②楽しい小物づくり わくわくミシン（9） ①ミシンぬいにチャレンジ ②計画を立てて，つくってみよう チャレンジコーナー
1 2 3	**3学期10時間** 共に生きる生活（9） ①わたしたちの生活と地域 ②わたしの気持ちを伝えよう ③考えよう，これからの生活 成長したわたしたち（1）	**3学期10時間** 寒い季節を快適に（6） ①あたたかい着方をくふうしよう ②明るくあたたかく住まうくふう 家族のほっとタイム（4） ①楽しく団らん ②つながりを深めよう 成長したわたしたち（1） チャレンジコーナー

出典）開隆堂出版：平成27年度用／小学校家庭科年間指導計画作成資料をもとに筆者加筆

課題

・家庭科の指導案や年間計画にはどのようなものあるか調べて特徴をまとめよう。
・他教科の指導案と家庭科の指導案を比較して，家庭科の指導案の特徴をまとめよう。
・家庭科の教材を実際に作って，その教材を使った指導案を作成してみよう。

＜参考文献＞
・東京学芸大学附属大泉小学校：教育実習の手引き，2001
・石橋裕子・梅澤実・幸範編著：小学校教育実習ガイド，萌文書林，2015
・橋本美保・田中智志監修／大竹美登利編著：家庭科教育，一藝社，2015
・文部科学省：平成29年度学校基本調査速報，2017,

| 第5章 | 授業計画と学習の改善につなげる授業評価の意味と方法 |

1. 家庭科の学習を評価する

（1）誰にとっての何のための評価か

　評価は誰のために，そして何のためにあるのだろうか。ここでは，学習者にとっての評価と指導者にとっての評価の二つについて考えてみよう。

　学習者にとっての評価は，児童が「何を」「どの程度」到達することができたかを把握することを目的とし，教師が行う教育行為の一つである。教師が児童の学習活動を見える形にすることで，児童が自分の学習活動を振り返り，「何を」「どの程度」身につけたのかを児童自身が把握することで，学習課題を明確にし，次の学習課題の目標を設定することができる。また，児童の学習の様子や到達度を家庭にも伝えて，児童の学習活動への理解や支援を得ることが重要となる。そのための具体的な方法として，通信簿（通知表）がある。通信簿は，設定された学習目標（「何を」）に対して，「どの程度」身につけることができたのかを客観的な評価基準（規準）に照らして測定し，数値化あるいはラベル化したものであり，これを評定と呼ぶ。児童の学習到達度を示す記録として，学習指導要録がある。指導要録は，通信簿と異なって，文部科学省から提示された様式に沿って記録し，外部に対する証明の際の公簿となるもので，どこの学校でも作成しなければならない。通信簿と指導要録は，いずれも教師が作成する児童の評価に関する記録であるが，その目的や機能が異なっている。

　一方，指導者にとっての評価は，教師が教えたことを児童がどのくらい理解したのかを把握し，教師の授業改善につなげるという目的を持つ。教師は，日々の教育活動の中で，子どもの姿を観察することを通じて自身の授業評価や授業改善を行っている。児童の発言や学習記録など日々の学習活動の様子から，学習内容の理解や深まりが十分でないと感じたとき，自分の授業を振り返り，適切な教材を用いたか，よりよい指導法はなかったのかなどその要因を考察し，授業改善を図っている。児童の「楽しかった，もっとやりたい」といった率直な声や，夢中になって学びにのめり込む様子はその授業が順調に進んだことの証左であり，教師にとっての評価であろう。このように教師の日々の指導は，児童の学習評価と密接に関わっている。

（2）相対評価から到達度評価へ

　評価が「良い」という場合，この評価をどう解釈すればよいのだろうか。学習内容を「良く理解している」という見方もできるし，他の児童と比べて「良くで

きる」と理解する場合もある。また，その児童が以前と比較して「良くなった」という解釈もあろう。日々の学習活動の中で，評価主体（教師，児童），目的（何のため），時期（授業前，中間，単元の終わりなど）などによって様々な評価が行われ，いかなる場面の評価も教師と児童の双方にとって教育的な意義がある。

　評価は，相対評価と到達度評価（絶対評価）の二つに大別される。相対評価は，集団の中でどの位置にいるかという相対的な位置づけを示すものである。例えば，100人中20番目，Ａ（上位20％内）などの表し方がある。全員が満足のいく学習目標に達していても達していなくても，必ず相対的位置が決まり，したがって全員がＢということはない。

　一方，到達度評価は，学習の目標に照らして達しているかどうかを評価する方法である。習得してほしい学習の到達目標を評価規準という。その評価規準への到達程度をＡ，Ｂ，Ｃの段階で表し，その段階のよりどころを評価基準という。

　現在は，到達度評価による評価方法が当たり前となっているが，1998（平成10）年の学習指導要領改訂の際に教育課程基準の改善が議論され，それまで行っていた相対評価は到達度評価へと改訂された。相対評価では測ることができない児童一人一人の学習目標の達成度などを重視することにより，児童の学習内容の定着と教師のきめ細かな指導を充実するねらいがあった。到達度評価は，教師が設定した学習目標に沿ってその到達度を評価するため，学習目標の枠組みを定めてしまうことにより，児童の学習活動が画一化することが危ぶまれ，その枠組みに当てはまらない児童の評価をどうするのかなどの課題を残している。このような課題を踏まえ，児童一人一人のよい点や可能性，進歩の状況などにを評価する個人内評価が重視され，量だけでなく記述などによる質的評価も増えている。

（3）到達度評価による評価

　学習の目標に沿ってその到達度をみる学習評価においては，2008（平成20）年告示の学習指導要領で示された学力の３要素[*1]に基づき「関心・意欲・態度」，「思考・判断・表現」，「技能」，「知識・理解」の四つの観点から学習の評価基準が定められている。さらに各教科の特性に応じた観点が示され，小学校家庭科の学習評価は「家庭生活への関心・意欲・態度」，「生活を創意工夫する能力」，「生活の技能」，「家庭生活についての知識・理解」で示されている。この四つの観点は，2017（平成29）年告示の学習指導要領においては「知識・技能」，「思考力・表現力・判断力等」，「主体的に学習に取り組む態度」の三つの観点に整理された（表5－1）。

　また，家庭科では，単元や題材などの括りで学習を行うため，学習内容のまとまり[*2]ごとに評価規準に盛り込むべき事項が示されている。例えば家庭生活と家族の学習内容で評価規準に盛り込むべき事項は表5－2である。表には空欄がみられるように，学習内容によりすべての観点を網羅する評価規準の設定ができない場合もある。また，学習内容の特性，児童の実態などを踏まえて，ある観点に重きを置く場合もある。評価規準の作成にあたっては，学期や年間など大きな

＊1　2007（平成19）年改正学校教育法において示された「基礎的な知識，技能」，「これらを活用して課題を解決するために必要な思考力，判断力，表現力など」，「主体的な学習に取り組む態度」の三つの学力概念。

＊2　2017（平成29）年告示の学習指導要領は，学習内容のまとまりが「A家族・家庭生活」，「B衣食住の生活」，「C消費生活・環境」の三つに整理された。

58　第5章　授業計画と学習の改善につなげる授業評価の意味と方法

表5－1　第5・6学年の評価の観点の趣旨

平成20年告示　学習指導要領の4観点			
家庭生活への関心・意欲・態度	生活を創意工夫する能力	生活の技能	家庭生活についての知識・理解
自分の成長と衣食住や家族の生活などについて関心をもち，その大切さに気付き，家族の一員として家庭生活をよりよくするために進んで取り組み実践しようとする。	衣食住や家族の生活などについて見直し，課題を見付け，その解決を目指して家庭生活をよりよくするために考えたり自分なりに工夫したりしている。	生活の自立の基礎として日常生活に必要な衣食住や家族の生活などに関する基礎的・基本的な技能を身に付けている。	家庭生活を支えているものや大切さを理解し，日常生活に必要な衣食住や家族の生活などに関する基礎的・基本的な知識を身に付けている。
平成29年告示　学習指導要領の3観点			
知識・技能	思考力・判断力・表現力		主体的に学習に取り組む態度

出典）国立教育政策研究所：評価規準の作成，評価方法等の工夫改善のための参考資料【小学校家庭】，教育出版，2014をもとに作成

表5－2　家庭生活と家族の評価規準に盛り込むべき事項

学習内容のまとまり		家庭生活への関心・意欲・態度	生活を創意工夫する能力	生活の技能	家庭生活についての知識・理解
家庭生活と家族	（1）自分の成長と家族	2学年間の学習に見通しをもち，自分の成長と家族に関心をもって学習活動に取り組み，家庭生活と家族の大切さに気付いている。			
	（2）家庭生活と仕事	家庭生活に関心をもち，家族の一員として家庭の仕事をしたり，家族に協力したりしようとしている。	家庭の仕事や生活時間について課題を見付け，その解決を目指して考えたり，自分なりに工夫したりしている。		自分の家族の生活を支える仕事について理解している。
	（3）家族や近隣の人々とのかかわり	家族や近隣の人々との関わりに関心をもち，家族との触れ合いや団らんをもったり，自分の家庭生活をよりよくしたりしようとしている。	家族や近隣の人々との関わりについて課題を見付け，その解決を目指して考えたり，自分なりに工夫したりしている。		家族との触れ合いや団らん，近隣の人々との関わりの大切さについて理解している。

出典）国立教育政策研究所：評価規準の作成，評価方法等の工夫改善のための参考資料【小学校家庭】，教育出版，2014をもとに作成

括りでとらえ，観点ごとの評価をバランスよく実施できるとよい。

　　実際の指導では，どのように評価規準を設定するのだろうか。表5－3に，第5・6学年の家庭生活と家族の指導計画と，題材ごとの観点別評価規準の設定例を示した。表5－2に示した学習内容のまとまりごとの評価規準を参考にして，

学習指導要領に示された目標や内容，学習指導要領解説の記述と併せて，評価規準を設定している。

また，評価基準については，観点別の学習状況の達成度を「十分満足できる」状況であればA，「おおむね満足できる」をB，「努力を要する」をCと三つの段階で判断する*3。この判断については，さらにどの程度の達成率であればAとするのかといった判定の基準を設けることが必要となってくる。実際の評価においては，この判定の基準を設定する必要があり，絶対評価に相対評価を加味した評価の基準（規準）の設定が行われていることも少なくない。相対評価から到達度評価へ改訂されたといえども，相対評価の考え方は根強く残っている。

教育成果の公表や児童の教育記録の開示の動きに伴い，現場では，学習評価の妥当性や信頼性が求められている。したがって，評価規準と基準の設定は，評価の客観性を示すために必要である。しかしながら，人間が評価するため，観点別の評価基準に応じた評価に客観性があるとは言い難いという指摘[1]もある。例えば，ある評価で児童全員がAとなった場合，教師は自身の判断した評価が適正なのかどうか，自身や児童の記録を振り返り，評価を再度見直すだろう。評価の実際は，設定された基準（規準）というマニュアルに沿えば適正な評価を行えるというものではなく，試行錯誤により行われている。

*3　観点別の学習状況を基にして各教科の学習状況を総括的に評価する評定では，小学校（第3学年以上）において数値（1，2，3）の3段階で評価を行う。

表5-3　2学年間を見通した家庭生活と家族の指導内容と観点別評価規準

第5学年家庭科　年間指導計画

題材名	学　習　内　容
わたしと家族の生活	○家庭の仕事を見つめよう 　・自分の成長と家族　家庭科で学習することガイダンス 　・家庭科の学習に関心を持ち，2学年間の見通しを持って学習に取り組もうとしている。【家庭生活への関心・意欲・態度】 　・衣食住などの学習活動を通して，自分の成長と家族に関心を持つ。【家庭生活への関心・意欲・態度】
やってみよう家庭の仕事	○お手伝いのコツを紹介しよう 　～夏休みの宿題「家庭の仕事こつコツカード」より～ 　・自分の分担する家庭の仕事に取り組もうとしている。【家庭生活への関心・意欲・態度】 　・家庭の仕事を見直し，自分の分担する仕事の計画について考えたり，実践を通して自分なりに工夫したりしている。【生活を創意工夫する能力】 　・家庭には，衣食住に関する仕事があり，自分や家族の生活を支えていることを理解している。【家庭生活についての知識・理解】
家族とほっとタイム	○家族でティータイム（ポップコーン・紅茶） 　・家族とのかかわりに関心を持ち，自分の分担する家庭の仕事に取り組もうとしている。【家庭生活への関心・意欲・態度】 　・家族と過ごす場や機会を楽しくすることについて考えたり，工夫したりしている。【生活を創意工夫する能力】 　・家族とのかかわりが大切であることを理解している。【家庭生活についての知識・理解】

（次頁へ続く）

第5章　授業計画と学習の改善につなげる授業評価の意味と方法

第6学年家庭科　年間指導計画

題材名	学　習　内　容
わたしの生活時間	○生活時間を考えよう ・自分の時間を家族のために使おう〜家族協力プロジェクト〜 ・自分や家族の生活時間を調べたり，見直したりして，家族の生活に協力したりしようとしている。【家庭生活への関心・意欲・態度】 ・自分の生活時間調べを通して，有効な使い方を考えたり自分なりに工夫したりしている。【生活を創意工夫する能力】
共に生きる生活	○わたしの気持ちを伝えよう ・家族へのプレゼントづくり（あるもの利用でプレゼント） ○わたしたちの生活と地域 ・等々力小のみんなへ伝えたい，エコ＆マナー標語 ・家族とのかかわりに関心を持ち，気持ちを伝えたり，話し合う場や機会を持ったりしようとしている。【家庭生活への関心・意欲・態度】 ・地域の人々とのかかわりにおいて快適に生活するための方法について考えたり，自分なりに工夫したりしている。【生活を創意工夫する能力】 ・家庭生活が地域の人々とのかかわりで成り立っていて支えあっていくことが大事であることを理解している。【家庭生活についての知識・理解】

出典）世田谷区立等々力小学校　福原敬子教諭実践資料

２．様々な評価方法の特徴と課題

（１）様々な学習評価の方法

　松下[2]によれば，学習評価は二つの軸（間接・直接／量的・質的）によって四つのタイプに分けることができるとされる。図5−1に示した四つの学習評価のタイプに沿って，調理実習の場面を例に評価を見ていこう。

　図5−2は野菜炒めの調理実習後に児童が記入するワークシートの一部である。「チェックしよう」は，学習者による自分の学びについての量的評価であり，図5−1中の②（間接／量的）に相当する。忘れ物がなかったか，調理器具を正しく使うことができたかなど六つの評価項目と，3段階（A，B，C）の評価基準を設定して，児童が学習を振り返ることができるようにしている。このような児童自身による学習評価を自己評価とも呼ぶ。また，調理実習の回数，児童の発達段階などに応じて様子を見ながら，児童自身だけでなく，他の児童にもチェックしてもらうように枠を工夫して相互評価を行ってもよい。

　「今日の授業で学んだこと」は，学習者による自分の学びについての質的評価であり，図5−1中の①（間接／質的）のタイプである。最初に「チェックしよう」にある六つの評価項目で自己評価させ，次に「今日の授業で学んだこと」を記述させ，学習目標を意識した振り返りができるように工夫している。また，このような自由記述による授業の振り返りでは，「チェックしよう」で測ることのできない，学習者のつまずきや学び得たことなどを確認できることもある。

次に，教師がこの振り返りのワークシートをどのように使用し，評価を行ったのか見ていこう。この題材においては，図5-2のワークシートを2回の調理実習後に使用した。1回目の調理実習後の振り返りワークシートは指導に活かす評価として，2回目の調理実習後の振り返りワークシートは記録する評価として活用することとした。

1回目は，キャベツだけを使って試しの調理実習を行い，材料に応じた切り方，炒め方，フライパンの使い方について学習した。実習後に図5-2のワークシートを使って振り返りを行い，次の実習の学習課題を明確にさせた。教師は，児童がどのくらい理解したのかを把握し，「チェックしよう」においてCをつけた児童への個別指導を行った。また，「今日の授業で学んだこと」の記述から十分に児童に伝えることができなかったと感じた内容を補強する指導を行った。

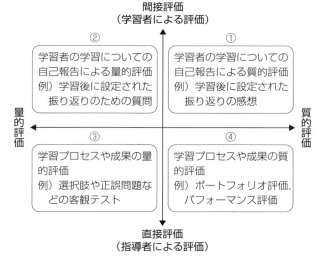

図5-1　様々な学習評価の方法

出典）松下佳代：アクティブラーニングをどう評価するか，アクティブラーニングの評価（松下佳代・石井英真編），東信堂，2016，p.18をもとに作成

2回目の調理実習では，1回目の試し実習での学習を踏まえて，持ち寄りの材料で野菜炒めの調理を行った。学習目標は「正しく安全に調理器具を使う」と「炒め物の作り方を知る」を設定した。実習後に再び図5-2のワークシートを使って振り返りを行った。この「チェックしよう」は，A，B，Cの自己評価をさせるが，児童の成績の評価には使用していない。なぜならば，学習者自身の評価を評定の手段として使った場合，回答者である学習者を教師が望む方向へ誘導してしまい，評価の妥当性や信頼性を損ないかねない[2]からである。

以上の評価方法は，調理実習時の学習者による間接評価であった。それでは，

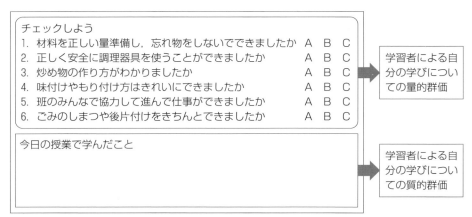

図5-2　調理実習後の振り返りのワークシート

62 第5章 授業計画と学習の改善につなげる授業評価の意味と方法

指導者による直接評価はどのように行ったのかさらに見ていこう。

この2回目の調理実習時において，教師が行った評価を図5-3に示す。ここでは，個々の児童について教師が気づいたことを書き込める欄と3段階（A，B，C）の評価が書き込める欄を設けている。教師が気づいたことを書いた記録は，図5-1中の④（直接／質的）にある学習プロセスや成果の質的評価に相当し，3段階評価は，同じ図中の③（直接／量的）にある学習プロセスの成果の量的評価にあたる。調理実習は班での実施が多いため，このように個々の児童の調理過程の状況を把握できるような評価シートなどを作成するとよい。

学習目標に沿って「材料を切る」「炒め物の作り方」「調理器具の使い方」の三つの場面で行動観察を行い，評価を実施した。その際，「材料を切る」では，野菜の洗い方や火の通りやすさを考えた野菜の切り方に重点を置いた。また，「炒め物の作り方」では，炒める手順，入れる野菜の順番，火加減などを観察のポイントとし，「調理器具の使い方」ではガスの使い方，フライパンの使い方を重視した。

3段階（A，B，C）の評価をどのように判断したのか，事例を見てみよう。「材料を切る」の観点では，児童Aはキャベツの大きさをそろえて切ることができているので，評価をBとし，児童Bは他の野菜や火の通りを考えて野菜の切り方を決めて，大きさをそろえて切っていることから評価をAとした。「炒め物の作り方」の観点では，児童Aは，火の通りの悪い野菜を選び，炒める順番を理解していることに加えて，班員の意見を聞いて味付けと盛り付けの工夫がなされていることから評価をAとし，児童Cは炒める材料の順番は理解していたが，火加

児童の行動観察において教師が定めた評価のポイント

- ・野菜の洗い方
- ・野菜の大きさをそろえる

- ・炒める手順
- ・炒める野菜の順番
- ・火加減

- ・正しく安全に調理器具を使う

班	児童	材料を切る		炒め物の作り方		調理器具の使い方	
1	児童A	キャベツの大きさがそろっている	B	火の通りの悪い野菜を選んで炒める。味付けと盛り付けの工夫がある	A	ガスを確認しながら点火	B
	児童B	他の野菜の大きさと火の通りを考えにんじんの大きさを決めている。大きさをそろえて切っている。	A	にんじんの次に入れる野菜を確認	B	フライパンを使用後油をふき取る	B
	児童C	水をためてもやしを洗っている	B	ベーコンを先に入れている。弱火のため水分が出すぎている	B	フライパンをよく熱しないまま油を入れている	C
	…						

図5-3　調理実習時に教師が行った児童の技能に関しての記録と評価

減について十分に理解していなかったことから評価をBとしている。

このように一つの授業においても様々な評価が行われ，教師だけでなく，児童自身または児童相互の評価を組み合わせることで具体的・客観的な評価になる。

現実的には，1回の調理実習で，一人の教師が複数の評価観点について行動観察を行い，個々の児童の状況を把握するのは難しい。例えば，今回の調理実習である一つの観点にしぼって行動観察を行い，次の調理実習時には別の観点に焦点を当てて記録するなど，複数回の調理実習にまたがって複数観点の評価を蓄積していくなど工夫して評価にあたることが重要である。安全・衛生面，実技指導を行いながら，評価を記録することが難しい状況においては，写真やビデオ等を使って，児童の学習プロセスを記録するなど，デジタル機器の活用も考えられる。

（2）新しい評価と家庭科

近年の教育改革において21世紀型能力やキーコンピテンシー（主要能力）といった新たな学力モデルが提案され，付随してこれらの能力を培う学び方やその評価方法についても議論されている。2017（平成29）年告示の学習指導要領においては，「何を知っているか」から「何ができるか」へ評価基準の改善が示された。この改善方針により，パフォーマンス評価やポートフォリオ評価など多様な評価の方法が議論されている。一方で，このような新たな評価方法の導入により，教員の負担が増加することについての懸念もある。近年の統計が示すように教員の労働時間が増加しており[4]，教員間での評価に関する情報共有，評価の共同開発，効率的な学習評価の見直しなどがますます重要になっている。

*4 文部科学省：教員勤務実態調査（平成28年度）の集計（速報値）より。

1）パフォーマンス評価

パフォーマンス評価とは，知識や技能の評価に重点を置く従来のテストと異なり，様々な現実的な状況や文脈で知識や技能を使いこなす能力を評価する。類似するものとして「真正の評価」がある。これはウィギンズ（Wiggins, G.）[3]が提唱した評価概念で，ペーパーテスト主導の評価観の転換をめざし，現実の世界で起こりうる様々な課題と行動（パフォーマンス）の課題を与えて，その解決の過程を評価するものである。これまでの評価観の問い直しや新しい評価枠組みの議論において注目されている。パフォーマンス評価は「真正の評価」論の重要な評価方法である[4]が，そこでは，レポートや作品，スピーチやプレゼンテーションなどの実技や実演，協同での問題解決などを質的に評価する。図5-1中（p.61）においては，④（直接／質的）に位置づけられる。知識やスキルを使いこなす（活用する，応用する，統合する）といった，より高次の能力を測ったり，学習のプロセスを評価するのに適している。

家庭科では，問題解決型の教育実践が数多く行われており，また，知識量や理解度を測るペーパーテストだけでなく，調理実習や被服実習での実技や実演，あるいは作品など成果物の質を評価することも多く，パフォーマンス評価は，家庭科においては親和性の高い評価であるといえよう。パフォーマンス評価は，パフォーマンス課題の設定が極めて重要である。学習課題は，学習者にとって学ぶ価

64 第5章 授業計画と学習の改善につなげる授業評価の意味と方法

値があり，深い理解を得ることができるような設定が必要となる。単に実技や実演がパフォーマンス課題になるのではなく，それが実際の自分の生活においてどのような意味を持つのか，あるいは活かされていくのかという一連の学習活動の設定が必要である。

2）ポートフォリオ評価

　パフォーマンス評価と同様にポートフォリオ評価も児童の学習過程や成果などを記録し，成長の過程や到達点，今後の課題を示す評価方法である。図5-4にポートフォリオ評価の事例を示す。図5-4に示す「ふりかえりシート」は，児童が毎時の学習の振り返りを記述し，学習で学び得たことを蓄積していく記録である。また，この「ふりかえりシート」には，「生活での活かし方」という項目があり，児童が学習して「わかった」ことを生活の中で「できる」ことに転換させる思考を育む評価の工夫がなされている。「ふりかえりシート」の記述内容の一例を見てみよう。身近な消費生活と環境の学習で，ある児童がワークシートに記述した内容を表5-4に示す。単元が進むにつれて，この児童の記述量が増加し，記述内容も思考の深まりや広がりがみられ，量的にも質的にも変容がみられる。このようにポートフォリオ評価では，児童の学習過程を可視化して，児童の到達度を測り，今後の課題などを明らかにしている。

3）ルーブリック

　パフォーマンス評価やポートフォリオ評価は，質的な評価であるので，客観性や信頼性の課題がある。したがって，客観性や信頼性を担保するためにルーブリックという評価指標が用いられる。ルーブリックは，あるべき規準を押し当てた評価でなく，児童と向き合いながら作り上げていく評価規準で，記述などに現れたパフォーマンスの特徴から評価規準を作成し，その程度や尺度（評価基準）で

ふりかえりシート		年　組　番　名前				班

＊取り組み，理解度についてはＡ・Ｂ・Ｃの3段階評価で書くこと。ていねいな字で書いて毎回提出しましょう。

日付	学習内容	取り組み	理解度	授業の感想・わからなかったこと	生活での活かし方	先生から

図5-4　家庭科におけるポートフォリオ評価の例

表5−4　ある児童のポートフォリオ例

日付	学習内容
10/3	物を買うするときは必要かどうかを考えることが大事だと思いました。ただほしいと思うだけで買ったりしてはいけないと思いました。
10/17	ふだん何気なく買い物をしているけど，私たちに物が届くまでには，環境の問題とかいろいろな人が関わっていて，そのことを考えながら買い物をすることが大事だと思いました。
10/30	買い物をするときに環境問題のことを考えてしたいけど，環境を優先することばかりを考えていられないこともあると思う。だから，学校で取り組んでいるPETキャップ回収など身近でできることなどに参加したりすることも大切だと思う。

表5−5　教師が考えたルーブリック

	評価規準
A	記述内容が増え，自分の消費行動を社会や環境との関わりで考えることができており，その課題解決に向けた具体的な方法を生活で実践しようとしている。
B	記述内容が増え，自分の消費行動について得た知識などを用いて具体的な記述が見られる。学んだことを生活で生かしてみようという意欲がみられる。
C	記述内容が減り，記述内容の深まりがみられない。

測る方法である。先に述べた身近な消費生活と環境の学習で用いた児童のポートフォリオから，教師は児童の記述内容を読み取り，表5−5に示したA，B，Cの三つの基準のルーブリックを作成し，評価を行った。表5−4に取り上げた児童は，単元が進むにつれて，記述内容が増え，記述内容の質も向上していることから，教師はこのルーブリックに照らし合わせAと判定している。ルーブリックは，複数の教員により作成されればより客観的な指標になるとされるが，一律に定められた規準があるわけではないので，評価の規準を定めたり，判定の基準を考える際には，教師が児童の授業での様子，児童の発言，他のワークシートに書かれた内容などを振り返りながら，評価を行うことが重要となる。

3．指導と評価の一体化

（1）評価を授業改善に活かす

　目標と評価は表裏一体であり，児童の評価は教師のためのものでもある。学習指導では，指導計画を作成し，それを実践して，児童の学習状況を評価するという一連の活動が行われている。また一連の学習指導を評価で終えるのではなく，評価を踏まえて，その後の指導の改善や新しい指導計画に活かしている。また，授業の中で行われる「ほめる」「励ます」などの指導も評価の一つである。このような児童に寄り添った声かけは，児童の学習や生活実践への意欲を高め，さらには自己効力感の向上や自尊感情の形成などにも関わっている。学習指導と評価を一体化することにより，教師の授業改善，個々の児童に応じた指導の充実がめざされている。

（2）児童の姿から評価方法を選びとる

　家庭科は生活を対象とする学習内容を多く含み，児童の家庭での経験の有無や頻度により，学習進度や定着の度合いなどについて個人差が生まれやすいこともある。したがって，児童一人一人の学習内容の確実な定着を図るためにも，日常的に学校生活だけなく家庭生活の様子を把握し，児童の実態に応じた多様な学習設定と学習評価が求められる。

　例えば，裁縫の基礎的な技術の習得が必要な児童と発展的な内容に挑戦していける児童がいる場合，個人差に対応しうる学習評価はどのように設定すればよいだろうか。まずは，教師による全体指導と個別指導の双方が必要になると思われるが，児童同士で学び合う場の設定により，児童の学習意欲を喚起することにつながり，児童が自ら自分の目標や課題を把握しやすくなる。このような場面では児童による相互評価が有効である。

　評価の客観性や厳密さがより重視されている状況下においては，日頃の生活や授業の中で教師が感じる手ごたえは，主観的で感覚的なものとして排除されやすい。定められた評価枠組みにとらわれることなく，児童と向き合うことで見えてくる適切な評価を選びとっていく力も教師に求められている。

課　題

・あなたが知っている評価方法をあげ，図5－1の様々な学習評価の方法に示された四つのタイプの評価に分類してみよう。また，その評価方法の特徴や課題についても考えてみよう。
・表5－3から題材を一つ選び，どのような評価方法を設定すればよいか話し合ってみよう。それぞれの観点別の評価基準に沿うように，評価を一つ作成してみよう。

＜引用文献＞

1）村越含博：あるべき評価と求められる評価のはざまで，教育10月号，かもがわ出版，2016，pp.73-80
2）松下佳代：アクティブラーニングをどう評価するか，アクティブラーニングの評価（松下佳代・石井英真編），東信堂，2016，pp. 3-25
3）Wiggings, Grant : A True Test : More Authentic and Equitable Assessment, The Phi Delta Kappan, Vol. 70, No.9, 1989, pp.703-713
4）田中耕治：教育評価論からみたアクティブ・ラーニング，アクティブラーニングの教育方法学的検討（日本教育方法学会編），図書文化，2016，pp.113-124

第6章 家族・家庭生活の教材を考える

1. 家族・家庭生活の現状と課題

（1）家族・家庭生活の変化

　社会の変化に伴い，子どもや家族を取り巻く生活環境は大きく変化している。
　松原は，家庭生活の構造的要因として，時間，空間，手段（衣食住の消費財），金銭，役割，規範の六つを挙げた[1]。家族の生活は個別化し，家族共通の「時間」が減少している。集合住宅の個室の普及による「空間」の変化や，携帯電話やパソコンに代表される個人所有の「消費財」などがその変化に影響を及ぼす要因となっている。経済発展により物の豊かさが実現される一方で，子どもの貧困が問題となっている（「金銭」）。また，共働き家庭が専業主婦家庭を大きく上回っているにもかかわらず（「役割」），旧態依然の性役割「規範」が根強く残ると同時に，生活に対する人々の意識が多様化している。さらに，生活の主体である家族に関しては，離婚・再婚が増加し，少子化，小規模化が進行している。
　家庭生活を対象とする家庭科の授業の構築には，社会全体の変化に加え，多様化する児童各家庭の現状を視野に入れることが肝要である。

（2）家族・家庭生活における現代の課題

1）様々な結婚の形と少子化

　人に一生があるように，家族にも一生があるという考え方を「家族周期」と呼ぶ。核家族をモデルとして考える場合，家族は結婚によって生まれ，新婚期，育児・教育期を経て，やがて成人した子どもが出ていくことにより再び夫婦二人となり，配偶者の死，本人の死によって，家族は終末を迎える。
　近年，家族の出発点といえる「結婚」の多様化が進み，夫婦のあり方は変化している。初婚年齢が上がり結婚していない若者が増えている。グローバル社会となり国際結婚の壁も低くなり，法律で認められない夫婦別姓を貫くなどの理由から届け出をしない事実婚，互いの生活の独立性を重視する「コミュータマリッジ（通い婚）」といった結婚形態をとる夫婦も現れている。わが国でも同性カップルが話題に上るようになってきた。

表6-1　完結出生児数

調査（調査年次）	完結出生児数
第1回調査（1940年）	4.27人
第2回調査（1952年）	3.50
第3回調査（1957年）	3.60
第4回調査（1962年）	2.83
第5回調査（1967年）	2.65
第6回調査（1972年）	2.20
第7回調査（1977年）	2.19
第8回調査（1982年）	2.23
第9回調査（1987年）	2.19
第10回調査（1992年）	2.21
第11回調査（1997年）	2.21
第12回調査（2002年）	2.23
第13回調査（2005年）	2.09
第14回調査（2010年）	1.96
第15回調査（2015年）	1.94

注：対象は結婚持続期間15〜19年の初婚同士の夫婦（出生子ども数不詳を除く）。

*1 完結出生児数
結婚持続期間15〜19年の初婚夫婦の平均出生子ども数で，最終的な出生子ども数とみなされる。

結婚の多様化に伴い，少子化も進んでいる。2010（平成22）年実施の出生動向調査では，「完結出生児数*1」が第二次大戦後初めて2人を切り，未婚化に加えて，夫婦が持つ子どもの数も急速に減少傾向にある（表6-1）。少子化が子どもの教育に及ぼす影響は大きく，家庭科教育もその例外ではない。

2）子どもの貧困と離婚，再婚

わが国の子どもの相対的貧困率は16.0％とOECD加盟国34か国中10番目に高く，OECD平均の11.5％を上回っている（2010年時点）。さらに，子どもがいる世帯のうち大人が1人の世帯の相対的貧困率はOECD加盟国中最も高い。低所得層に多くの母子世帯が含まれるためである。2011（平成23）年度の母子世帯の平均年収は291万円で，全世帯平均（548万円）を大きく下回った（厚生労働省：平成23年度全国母子世帯等調査結果報告，2011）。

親が離婚した未成年の子の数は23万人に上り，妻が全児の親権を持つ割合が圧倒的に高い（図6-1）。法律改正により，母子家庭への支援はこれまでの児童扶養手当中心の支援から就業・自立に向けた総合的支援となり，各自治体において母子家庭自立促進計画を定めている。このことから経済的困窮の深刻な実態がうかがえる。

*2 ステップファミリー
親の再婚等の理由により，一方の親のみと血縁関係にある子どもがいる家族。

一方，婚姻数における再婚（夫妻とも，どちらか一方を含む）は上昇傾向にあり，2005（平成17）年には25％を超え，2015（平成27）年は26.8％となっている。ステップファミリー*2の増加が推測できる。

家庭科では，児童各家庭の経済状況や親子関係を配慮した指導が求められる。

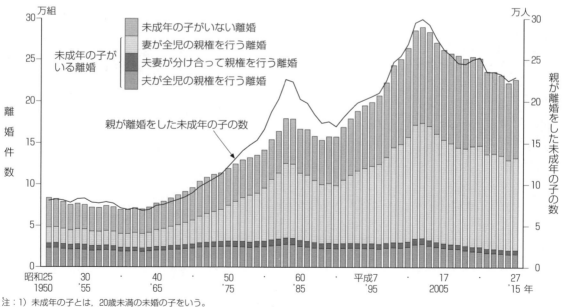

注：1）未成年の子とは，20歳未満の未婚の子をいう。
2）親権とは，未成年の子に対して有する身分上，財産上の監督，保護を内容とする権利，義務をいう。

図6-1　離婚件数の年次推移
出典）厚生労働省政策統括官（統計・情報政策担当）：平成29年我が国の人口動態，2017，p.35

（3）家事労働と生活時間

1）ワーク・ライフ・バランス

ワーク・ライフ・バランスとは「仕事と生活の調和」といわれ，「仕事」と育児や介護，趣味や学習，休養，地域活動といった「仕事以外の生活」との調和をとり，その両方を充実させる働き方・生き方のことである。

2007（平成19）年に官民の合意により策定された『ワーク・ライフ・バランス憲章』は，仕事と生活の調和が実現した社会とは，「国民一人ひとりがやりがいや充実感を感じながら働き，仕事上の責任を果たすとともに，家庭や地域生活などにおいても，子育て期，中高年期といった人生の各段階に応じて多様な生き方が選択・実現できる社会」としている。家庭科もまた，このワーク・ライフ・バランスの実現をめざす教育である。同憲章がいう，「働く人々の健康が保持され，家族・友人などとの充実した時間，自己啓発や地域活動への参加のための時間などを持てる豊かな生活」の実現には，児童が家庭科の学習において「家事労働」や「生活時間」について気づき，基礎的知識を得ることが第一歩となる。

2）子どもの家事参加とジェンダー

ワーク・ライフ・バランス実現のためには，家族の家事分担が欠かせない。小学校低学年以降の「お手伝い」が多い者ほど，大人になってからの「意欲」「コミュニケーション力」「自己肯定感」が高いとの調査結果もみられ[2]，家事労働は子どもの発達にとっても意味のある活動であることがわかる。

2016（平成28）年度全国学力・学習状況調査の小学生質問紙調査結果（公立）によると，8割以上が「家の手伝い」を「している」と回答し，2007（平成19）年度と比較すると4.4％増加した。日本の子どもたちは体力を使ったり，煩雑なお手伝いについてはあまりやらない傾向はあるものの[3]，総じて家庭の手伝いはよくしているといえる。しかし，そこには男女差，ジェンダー[*3]があることは否めない。夏休みの過ごし方への質問に「家のお手伝い」と回答した児童は，全学年で女子が男子を上回っており，6年生では男子26％に対し，女子は51％であった[4]。女子のお手伝いの頻度は男子より高く，特に技術を要するお手伝いの頻度が高いといった傾向は現在も常態化しており，子どもたちの家庭におけるジェンダー・バイアスの実態は大きな課題である。男子より女子に家事の期待度が高い保護者のジェンダー意識も見逃せない。

3）子どもの生活時間・生活習慣

2011（平成23）年総務省社会生活基本調査によると，小学生（10歳以上）の平均起床時間は6時38分，就寝時間21時57分，5年間でいずれも早くなり，一時の夜型化には歯止めがかかっている。しかし，小学生の半数以上が携帯電話を所有し（そのうちスマートフォンは27％），1日のインターネット利用平均時間は93.4分で年々増加している[5]。日常に入り込む情報機器により子どもたちの生活時間を圧迫している。

*3 ジェンダー
生物的な性差（セックス）に付加された社会・文化的性差。男性・女性としてあるべき姿を社会・文化から規定されること。

（4）家族との時間と地域との関わり

1）家族との関わり

　いじめ，不登校，引きこもり，少年非行などの近年の青少年の問題は，家族の問題と結び付けて論じられている。親子関係を良好に保つために重要な親子の接触時間は，近年減少傾向にある[6]。

　親子が一緒にいることを拒む要因として，長時間労働や，増加・長時間化する子どもの塾通いがあげられる一方，自宅にいながら一人で過ごす子どもが多いことが指摘されている。子どもの生活の個別化には，従来からのテレビに加え，パソコン，携帯電話などIT関連機器の急速な普及が大きな影響を及ぼしている。

2）地域における子ども

　都市化，過疎化や地域社会の連帯感の減少が進み，地域と子どものつながりが希薄化している。内閣府の生活選好度調査では，約6割が近所づき合いに消極的という結果がみられ，2000（平成12）年と2007（平成19）年を比較すると近所づきあいが疎遠になる傾向にあった。子ども会やスポーツ少年団などの青少年団体への加入率も低下傾向にある。親以外の大人が子どもに関わることと子どもの発達との関連を指摘する声が大きいものの，子どもたちが家族以外の人々と交流する機会が減少しているのが現状である。また，少子化が進行し，核家族に暮らす現代の子どもたちは，幼児や高齢者などの異世代との交流に乏しい。

　家庭科で，「地域の人々」との関わりについて学習することにより世代間交流を促し，地域のつながりを取り戻すきっかけとなるだろうと思われる。

2．小学校で取り上げるべき内容

（1）多様化する家族・家庭生活への対応

1）家族の多様化に伴う家族学習の難しさ

　従来より，家庭科における家族領域の指導の困難性が指摘されている。高等学校家庭科教師を対象とした調査では，困難さの理由として「家族に配慮の必要な生徒がいるから」「生徒の家族像が多様であるから」「ひとり親家庭の生徒がいるから」「プライバシーに関わるから」「児童養護施設入所者や里親・里子の生徒がいるから」が上位となった[7]。小学校でも，同様のことがいえよう。

　しかし，家庭科の目標である「生活をよりよくしようと工夫する資質・能力」を育成するためには，家族に関する基礎的・基本的知識を得るとともに，自身の家族について受け止め，課題を見つけ，解決することが第一歩となる。家族・家庭生活は避けて通れない重要な領域である。

2）家族・家庭生活に関する多様な価値を認める

　家族・家庭生活の実態や意識は多様化している。これまでのように，お父さん，お母さんがいて子どもがいる家族はもはや家族の典型ではなく，結婚して家族をつくることも，多様な生き方の一つといわれている。また，離婚に対する意識は

「人生をやり直す再出発点であり，夫婦関係がうまくいかなければ，子どものためにも離婚した方がよい」といった前向きな方向に変化する傾向にある[8]。また，生活行動も多様化している。

健康・快適・安全，持続可能な社会の構築等の普遍的な価値以外は，家族・家庭生活の学習において，ある一定の価値観を児童に示すことはできない。基礎的・基本的な知識を育み，様々な選択肢がある中で考えさせ，個々の児童の生活向上にとって，よりよい選択をさせることが家庭科の役割である。

3）配慮の必要な児童への対応と家庭との連携

ひとり親家庭，ステップファミリーの増加に加え，児童養護施設入所者や里親・里子の児童などの存在が家族・家庭生活領域の学習を難しくするという声がある。しかし，そのような生活の中にいる子どもたちこそ，自らの将来のために，家族・家庭生活について考える機会が必要であろう。

家庭科の学習にあたっては，全児童のプライバシーを十分に尊重した上で，教師はできる限り児童の個々の家庭の状況を的確に捉え，児童の実態を踏まえた指導をすることが肝要である。そのためには，日ごろから保護者との関係を重視し，理解と協力を得られるようにしたい。

例えば，学級通信・学級だよりに加え，定期的に家庭科通信・家庭科だよりを発行し，授業に必要な用具や材料の連絡，宿題に関する支援を依頼する。また，危険を伴い，担任一人では困難な家庭科の実習授業のために，保護者に家庭科支援ボランティアを依頼するなどの方法がある。

4）ジェンダー・バイアスの再生産を避ける

雇用の不安定化に伴い，共働きの必要性が高まっているにもかかわらず，家事分担は依然として，妻，母親に偏りがあるのが現状である。男女が学ぶ家庭科は，男女共同参画社会の担い手を育てる上でも重要な教科といえる。

ところが，そのような家庭科の授業において，ジェンダー・バイアスの再生産を行う懸念が払拭できない。学校における制度や慣行，教員の言葉や態度などを通して，無意識のうちに子どもたちに伝承され，影響を与えてしまう事柄を「隠れたカリキュラム」という。教師自身の女・男らしさ意識に基づく子どもたちへの働きかけが性別役割分業を助長してしまうおそれがある。例えば，「お家でお母さんはどのような家事を行っていますか？」などの発問は厳重に慎みたい。

（2）自分の成長と家族・家庭生活

「自分の成長と家族・家庭生活」は，家庭科最初の単元として取り扱い，これまでの学習を踏まえ，今後の家庭科の学習を見通し，他領域との関連を図るという，多くの条件が課されたガイダンス的内容である。

1年生時の生活科での家族についての学習や，入学以降の生活の振り返りから，自分の成長や，自分が家族に支えられてきたことを児童に気づかせる。そして，5，6年生の2学年の家庭科における衣食住や消費・環境の学習によってさらに成長した自分を予想させ，家庭科の学習に対するモチベーションを高める。

（3）家庭生活と仕事

　家族への聞き取りや生活時間の調査，授業における発表により，家庭には自分や家族を支える様々な家庭の仕事があり，互いに協力し，分担する必要があることを児童に気づかせる。また，自分にできる家庭の仕事について，身近な生活の中から課題を見つけ，仕事の仕方について考え，生活時間を工夫するなどして，実践できるようにする。児童の家庭における継続した実践に結びつくような指導を心がけたい。

　さらに，自分や友人の家庭の実態から，家庭の仕事には，個々の家庭により男女の偏りがあることに気づけば，児童がこれからの男女の生活のあり方を考えるきっかけになる。

（4）家族や地域の人々と関わり

1）団らんとは

　家族との「団らん」は，家族・家庭生活領域の中で，小学校のみに含まれる内容である。「団らん」とは，本来「まるい」という語源から，「集まって車座にすわること」の意味が生まれ，「集まってなごやかに楽しむこと。親密で楽しい会合」の意に発展したものである[9]。食事は頻度の高い家族の共同行動であることから，「食卓」は重要な家族団らんの場として位置づけられてきた。

　しかし，ひとり親家庭の増加や家族の生活時間のずれなどから，家族が食卓に集まることが難しい家庭も少なくない。家庭科では，個々の家庭の状況に応じた生活時間の工夫により，お茶やお菓子を食べながらの団らん，一緒に食事をする，さらには伝言板や情報機器での会話も含め，多様な家族コミュニケーションの手段を模索する。

2）異世代との交流，地域の人々との交流

　異世代交流が子どもの発達に好影響を及ぼすとの報告は少なくない[10]。異世代交流や地域の人々との交流により，高齢社会への理解や中学校家庭科の保育領域への接続ができる。

　快適で安全に生活するためには，地域の人々と協力し合うこと，高齢者の生活には地域の人々の支えが必要であることを，児童が自分の身近な生活からの気づきにより課題を見出し，課題を解決する方法を検討するような指導を行いたい。

3．教材を使った授業実践例

（1）家族・地域の人々，家庭の仕事カード，気持ちを書き込む吹き出し

1）教材の製作

　①　**家族カード**：厚紙を用いて，自分（男子・女子），父・母，祖父母，きょうだい（幼児・小中高校生），地域の人々（青年・高齢者）などを想定して家族の絵札を製作し，裏面にマグネットシートを貼る。

② **家事カード**：厚紙を用いて，家庭の仕事カード（表6－2）を製作し，裏面にマグネットシートを貼る。家事の項目は，あらかじめ記入するだけではなく，児童からの意見により新しいカードを作成する。

③ **気持ちを書き込む吹き出し**：シートタイプのホワイトボードを用いて，気持ちを書き込む吹き出しを作る。

表6－2　家事項目の例

総務省統計局「平成23年度社会生活基本調査」における家事に関する行動の内容例示		
炊事，食事の後片付け，掃除，ゴミ捨て，洗濯，アイロンかけ，つくろいもの，ふとん干し，衣類の整理片付け，家族の身の回りの世話，家計簿の記入，株価のチェック，株式の売買，庭の草とり，銀行・市役所などの用事，車の手入れ，家具の修繕		
NHK放送文化研究所「国民生活時間調査」における行動分類		
家　事	炊事・掃除・洗濯	食事の支度・後片付け，掃除，洗濯・アイロンがけ
	買　い　物	食料品・衣料品・生活用品などの買い物
	子どもの世話	子どもの相手，勉強をみる，送り迎え
	家庭雑事	整理・片付け，銀行・役所に行く，子ども以外の家族の世話・介護・看病

2）教材を用いた授業の展開例

　家事カードを用いて，家庭にはどのような仕事があるのか，衣・食・住・消費生活の仕事，仕事の頻度や難易度（技術を必要とするか否か）を分類し，家庭には様々な仕事があることに気づかせる。家族カードを用いて，その仕事を誰が担当しているか調べて発表し，自分にできる仕事を考えさせる。

　また，家族カードを用いて，家庭，地域に暮らす人々とどのように関わっているのかを考え，例えば，「お茶を入れて話しながら飲む」「挨拶をする」「夜遅くに大きな音量で音楽を聴く」などの行動により，その相手がどのような気持ちになるのかを吹き出しに書き込む。

（2）〇〇年前・後のわが家へのタイムトリップ[11]

1）教材の準備

　児童が生まれる以前，児童が生まれたときの家族について記入できるワークシート（表6－3）を用意する。

2）教材を用いた授業の展開例

　ワークシート記入に必要なことを，保護者に手紙にして書いておいてもらう。日本人の平均寿命について学び，自分が何歳まで行きたいかを考えさせ，グラフに示すことで，これから先に長い人生があることを実感させる。ワークシートに自分の家族のことを記入し，「家族」とは何か話し合う。将来自分はどこで誰とどのように暮らしているかを考えさせる。様々な家族があることを理解し，認める力をつけることを学習のねらいとしている。

74　第6章　家族・家庭生活の教材を考える

表6−3　わが家へのタイムトリップワークシート

○○年前・後のわが家へタイムトリップ

日本人の平均じゅ命は？　　　男性 _____ 歳　　女性 _____ 歳
あなたは何才まで生きたい？　 _____ 歳（下の数直線上に★印をつけよう）

0　11　20　30　40　50　60　70　80

☆今は西れき○○○○年。現在のあなたの家族について考えてみよう。
　わからないことは家族にインタビューして聞いてみよう。

いっしょに住んでいる人	年れい	学校や仕事は？	好きなこと・ものは？	家庭での仕事は？
自分				

☆☆あなたが生まれた20____年にタイムトリップしてみよう。そのときの家族は？

いっしょに住んでいた人	年れい	学校や仕事は？	好きなこと・ものは？	家庭での仕事は？
自分				

☆☆☆あなたが生まれるよりずっと前に行ってみよう。結婚する前のお父さんやお母さん
　　に会ってもいいし，おじいさんやおばあさんでもいいよ。

あなたが生まれる何年前？ _____
だれと会った？ _____
どこに住んでいた？ _____
だれと暮らしていた？

☆☆☆☆何年後の自分に合ってみたい？　上の数直線上に○をつけてみよう。
　　　そのときあなたはどこで何をしているか考えてみよう。

いっしょに住んでいる人	年れい	学校や仕事は？	好きなこと・ものは？	家庭での仕事は？
自分				

☆☆☆☆昔の自分や家族，未来の自分や家族のことを考えて，気がついたことは何？

4．家族・家庭生活の授業実践例

（1）ガイダンス授業の例

1）題材構成の視点と授業実践からの学び

　第5学年第1回目の授業は，その後2学年間の児童の家庭科への取り組みに影響を及ぼす重要な時間である。しかし，クラス替え直後の場合も多く，個々の児童が家庭でどのような活動をしているか，詳細に把握することが難しい。そこで，

シミュレーションゲームという，児童が打ち解ける楽しい活動を取り入れる。

　授業の目的は，ゲームにより，3日間自分一人で生活するとしたら，どのような知識と能力が必要か，また，生活していくためにお金が必要であることを理解させることである。楽しみながら家庭科の学習内容を理解し，教師も児童の実態を把握することができる家庭科の導入授業である。

2）授業例

学習指導案 第5学年40名	もし，3日間ひとりで過ごさなければいけないとしたら？	○○年○月○日○曜日○校時 授業場所：○年○組教室　授業者：小野恭子

【授業の流れ】

①自己紹介をしよう

　名前と好きな食べ物の発表を行う。児童の普段の食生活の様子をうかがうため，料理の名前を発表させる。

②これまでにやったことのあることは何かな？

　ゲームに関係することは伝えずに，児童にこれまでの経験をワークシートに書かせる（表6−4）。ゲームの公平性を保つために，修正できないように，ボールペンや赤鉛筆を使う。

③シミュレーションゲーム

　ゲームは，家族が3日間旅行に行ってしまい，1万円を使って一人で過ごさなくてはいけなくなったという想定で始める。1日に3回食事をとり，家の仕事を二つ行うことにした。食事と仕事は各々8枚のカードから1枚を引き，児童全員がカードに書かれている通りに生活しなければならない。毎回，違う児童がカードを引いて内容を発表し，ゲームを進めた。経験をしていない児童は，手持ちのお金が減っていく仕組みである（表6−5）。やり方がわかってくると児童はゲームに夢中になり，「いいカード引いてよ」や，「お金がどんどんなくなっていく」などの反応が出てきた。最も反応が大きく，様々な意見がみられたのは，児童が経験をしていない「ボタン付け」のカードであり，ボタン付けをできることの大切さに気づいたようである。児童の反応からは，児童が家庭でどのような会話をしているのか，また，家庭の家事の様子を垣間見ることができた。残金がなくなったのは，40名中経験の乏しい3名であり，実践者は，これらの児童に対する配慮の必要性を知ることができた。

表6−4　家庭での体験

洗濯物をたたむ	
掃除機をかける	
お茶を入れる	
自分で洋服を買う	
炊飯器でご飯を炊く	
上ばきを洗う	
お風呂を洗う	
休みの日の昼食を作る	
文房具を選び買う	
やかんでお湯をわかす	
食器を洗う	
ボタンを付ける	
お菓子を作る	
洗濯機で服を洗う	
家のゴミを捨てる	

食事カードの例

食事編2
食事をすることにしました。
家にあったインスタントラーメンを作ることにしました。
ただし，やかんでお湯を沸かした人だけが食べられます。
やかんでお湯を沸かしたことがない人は，ラーメンを食べに行くことに。
800円の出費

食事編3
食事をすることにしました。
ファストフードを食べることに。
ハンバーガーセットで500円の出費

家の用事カードの例

用事編2
友だちと遊んでいたら，水たまりにはまってしまった。
洋服は泥だらけに…。
洗濯機を使ったことがある人は，洗うことができる。
使ったことがないひとは，コインランドリーに
出費500円

用事編4
お風呂に入った。さて，次の日もお風呂に入りたいので，お風呂を洗っておくことに。
これまでにお風呂掃除をしたことがある人は，洗剤を使って，きれいなお風呂にはいることができる。
これまでにお風呂掃除をしたことがないひとは，洗剤のある場所がわからない，仕方がないから，スポンジと洗剤を買いに行くことに。
480円の出費

第6章　家族・家庭生活の教材を考える

食事編4
食事をすることにしました。
お米を見つけました。のりもあります。自分
　でおむすびを作ることにしました。
ただし、炊飯器でご飯を炊いたことがある人
　だけ食べられます。
炊いたことがない人は、おむすびを買ってき
　ます。450円の出費

用事編8
いきなり、新聞屋さんの集金がきた。
しかたがないので、3850円を支払う
　ことにした。
　3850円の出費

表6－5　シミュレーションゲームワークシート

それでは、ゲームをしてみましょう

　4月1日、今日は家族で2泊3日の海外旅行出発する日です。前日にちょっと持っていく荷物を選んでいて寝るのが遅くなってしまったあなたは、寝坊したかな？　と思って急いで起きました。

　しかし、家の中はしーんとしていて家族の姿はありません。時計を見ると何と2時を回っています。
テーブルの上にはこんな書置きが…
「さんざん起こしても起きません。飛行機の時間が迫ってきたので仕方がないので出発します。帰ってくるのは4日です。それまで必要なお金として1万円置いておきます。これを使って3日間過ごしてください。」

　さあ、ゲームを始めましょう。ゲームの進め方は、1日食事カード3枚と、家のカード2枚を引きますそのカードに従って、生活をしてください。

		やった行動	残金
1日	夕食		
	用事1		
	用事2		
2日	朝食		
	用事1		
	昼食		
	用事2		
	夕食		
3日	朝食		
	用事1		
	昼食		
	用事2		

---

④　授業の振り返りをしよう

　ゲーム後には、「お手伝いが大切なことがわかった」「もし自分がなにもしたことがなかったら、生きていくのにたくさんのお金がかかることがわった」などの感想が寄せられた。

　子どもたちは、このゲームを通して、生活するためにはお金が必要であることを感じ取っていた。

出典）小野恭子：もし3日間ひとりで過ごさなくてはいけないとしたら？　小学校での1回目の授業，家教連家庭科研究296，
　2011，pp.10-15

（2）内容の関連を図った授業の例

1）題材構成の視点と授業実践からの学び

　本題材は「自分の成長と家族」「家庭生活と仕事」「家族や近隣の人々とのかかわり」の関連を図った実践例である。家庭生活や自己の成長を見つめさせ、家族が自分にとってかけがえのない存在であることに気づかせ、児童が家族の一員としての自分のあり方についての思いを抱くようにすることで、よりよい家庭生活のために協力し、実践しようと知る態度を養うことをねらいとしている。

　児童と保護者を対象に行ったアンケートの実施が、本実践の特徴である。アンケートは、継続して家庭との関係を良好に保った上で、プライバシーに十分に配慮して行う必要がある。しかし、児童と保護者のアンケート結果の比較分析により、実生活に即した気づきと深い学びが得られている。

4．家族・家庭生活の授業実践例　　77

2）授　業　例

学習指導案 第6学年	ほっと家族，もっと家族	○○年○月○日○曜日○校時 授業場所：○年○組教室　　授業者：八重樫栄広

　子どもと家族各々，生活時間，よりよい家族，子どもが家族の一員としての役割を果たしているかなどについて調査した。家族に対して子どもは「明るさや温かさ」を重視する一方，保護者が「協力や助け合い，かかわり」を挙げている結果や，子どもと家族の生活時間の比較から，家庭の仕事に気づかせ，家族に協力するための生活時間の工夫を考えさせた。

<table>
<tr><th></th><th>時</th><th>学習活動と学習内容</th><th>指導上の留意点及び支援・評価</th></tr>
<tr><td rowspan="4">「ほっと家族　もっと家族」</td><td>1</td><td>◎家庭生活をよりよくすることについてイメージを膨らませる。
○現在の家庭生活を見つめ，家庭生活をよりよくするために必要なことを考える。</td><td>○家庭環境に配慮し，自分たちが考える家族について振り返ることができるようにする。
・家庭生活に関心をもち，家族の大切さに気付いている。　　　　　　　　　　　　　【関・意】A（1）</td></tr>
<tr><td>2</td><td>◎自分の生活時間を見直し，家族のためにできることを考える。
○自分の生活時間について見直す。
○自分が責任をもってできる仕事，できるようになった仕事の実践計画を立てる。</td><td>○家庭での生活時間の比較から，家族のために活動する時間，家族との触れ合いの時間を意図的にとれるように工夫する。
・自分の生活時間，家庭の仕事を見直し，自分が家族のためにできることについて考えている。
　　　　　　　　　　　　　　　　　　　【創・工】A（2）</td></tr>
<tr><td>課外</td><td>◎計画した仕事の実践を行う。</td><td>○工夫や改善点，家族からのアドバイスを記録する。</td></tr>
<tr><td>3</td><td>◎実践を交流する。
○実践を振り返り，継続していくための工夫について考える。</td><td>○取組の工夫や改善点について話し合い，継続していくための方法を考える。
・自分の分担する仕事に取り組み，家族に協力しようとしている。　　　　　　　　【関・意】A（2）</td></tr>
<tr><td>2次</td><td colspan="3">「感謝の花束を作ろう」（全7時間）</td></tr>
<tr><td>3次</td><td colspan="3">「自分の成長を実感しよう」（全3時間）</td></tr>
</table>

本時の流れ

<table>
<tr><th>過程</th><th>学習活動・学習内容</th><th>時間</th><th>指導上の留意点及び支援【評価】</th></tr>
<tr><td rowspan="2">見通す</td><td>1　2年間の家庭科の学習を通しての成長を確認する。

2　本時の課題を確認する。</td><td>8</td><td>・5年生当初と現在の自分を比較し，家庭科の学習を通してできるようになったこと，成長したことを振り返らせる。
・家庭生活をよりよくするために実践が生かされているかどうか見つめ直す。</td></tr>
<tr><td colspan="3" style="text-align:center">家族の一員として自分の生活を見直そう。</td></tr>
<tr><td rowspan="2">深める</td><td>3　家庭の仕事への取り組みの実態を把握する。
・実際に家庭生活で生かされているか現状を把握する。
・家族が生活のための時間をつくっていることに気付く。</td><td></td><td>〈手立て1〉
自分の生活を見つめ直す場の設定

・実態アンケートをもとに日常の仕事になっていない理由を考えさせるようにする。
・家庭の仕事の多くを担う家族の1日の生活時間と自分の生活時間を比較し，家族のために仕事をしていること，生活が家族の支えにより成り立っていることに気付かせる。</td></tr>
<tr><td>5　家庭生活をよりよくするために，自分が家族の一員としてできることを考える。
・生活時間を見直し，実践の見通しをもつ。</td><td></td><td>〈手立て2〉
家族への思いをいだかせる場の設定

・自分たちが考える「よりよい家族」についてもう一度確認し，そのために必要なことを考えられるようにする。</td></tr>
</table>

| まとめる・生かす | ・家族と共に過ごす時間を増やす。
・家庭の仕事を分担する。

6　学習のまとめをし，次時の学習の内容を確認する。
・実践できるように見通しをもつ。 | ・家事にかかる時間の目安を示すとともに，生活時間を見直させ，家族のために行動できることを考えさせる。
・手伝いと仕事の違いについて確認する。
・家庭生活をよりよくするためには，家族と共に過ごす（団らん）や家庭の仕事を分担し負担を軽減させるという視点があることに気付かせる。
・家族を支えることは，時間を工夫して家族のための仕事，生活を成り立たせるための仕事ができることであることに気付かせる。
◇自分ができるようになったことを振り返り，家族の一員として自分ができることを考えようとしている。【関心・意欲】

（発言・ノート） |

出典）八重樫英広：家族生活や自分の成長に思いやりや願いをいだかせる工夫―ほっと家族，もっと家族―，家庭科研究49，文溪堂，2016，pp.8-13

課　題

・近代以降，家族・家庭生活はどのように変化してきたか，第二次世界大戦前，高度経済成長期，2000年まで，2000年以降などの区分に分け，まとめてみよう。

・家族・家庭生活の変化に影響を及ぼす要因は何か，社会背景を調べてみよう。

・家族・家庭生活についての学習時に配慮すべき事項は何か，様々な家族の形と家族関係，暮らし方をあげて，考えをまとめよう。

＜引用文献＞

1) 青井和夫，松原治郎，副田義也編：生活構造の理論，有斐閣，1971
2) 国立青少年教育振興機構：子供の頃の体験がはぐくむ力とその成果に関する調査研究，2017
3) 子どもの体験活動研究会：子どもの体験活動等に関する国際比較調査，2000
4) 学研総合教育研究所：小学生白書Web版（2016年9月調査）
5) 内閣府：平成28年度青少年のインターネット利用環境実態調査，2017
6) 内閣府：平成20年度版青少年白書，2008
7) 小﨑恭弘：家族に関する授業の取り組みと困難意識について，日本家庭科教育学会・例会・セミナー研究発表要旨集，60（0），2017
8) 神原文子：離婚母子家庭の自立条件，家族のライフスタイルを問う（神原文子編），勁草書房，2004，pp.159-178
9) 新村出編：広辞苑第七版，岩波書店，2028
10) 樋口勝一：児童期の異世代交流体験が及ぼす効果に関する意識調査分析，日本世代間交流学会誌，6（1），2017，pp.59-68
11) 中西雪夫：○○年前・後のわが家へのタイムトリップ，家庭科の授業を作る―授業技術と基礎知識―小学校編（柳昌子・中屋紀子編），学術図書出版，2009，pp.76-78

第7章 食生活の教材を考える

1. 子どもの食生活の現状と課題

（1）子どもの食生活の実態

　毎日の食事は，人が生命を維持して活動するためには欠かせない[*1]。さらに，家族で食卓を囲んだ楽しい食事は，子どもたちが心身ともに健康に成長する上でも大切なことである。しかし，日本学校保健会による2014（平成26）年度児童生徒のライフスタイルに関する調査結果では，小学校5，6年生で「朝食を一人で食べる」のは男子22.4％，女子21.6％，「夕食を一人で食べる」のは男子7.1％，女子6.1％となっている[1]。

　現代の子どもの食の問題点として，一人だけで食べる「孤食」のほか，家族それぞれが異なるものを食べる「個食」，好きなものしか食べない「偏食」などがあげられる。子どもの好む食事は肉など動物性脂肪が多く野菜が不足しがちで，間食はスナック菓子や嗜好飲料を好み，栄養が偏りやすい。こうした食生活の乱れは，生活習慣病につながりやすい。2016（平成28）年度学校保健統計では，肥満傾向児の出現率（11歳）が男子10.1％，女子8.3％である。小児肥満は大人の肥満につながりやすく，子どもの頃からの生活習慣病対策が必要である。

　また，子どもたちの基本的な生活習慣の乱れは，学力や体力との関係が指摘されている。文部科学省の2015（平成27）年度「全国学力・学習状況調査」によると，朝食を食べないことがある小学校6年生は12.5％で，朝食摂取状況と学力調査の関係をみると，図7－1のように，毎日朝食を食べる子どもほど学力調査の平均正答率が高い。また，2015（平成27）年度「全国体力・運動能力，運動習慣等調査」（スポーツ庁）による朝食摂取状況と体力の関係をみても，毎日朝食を食べる子どもほど体力テストの合計点が高くなっている（図7－2）。

　さらに，2010（平成22）年度「児童生徒食事状況等調査」（日本スポーツ振興センター）によると，朝食を食べない子どもは「何もやる気がおこらない」割合が高く，気力が低下しており，学校生活への意欲に課題がみられている。

　しかしながら，子どもの食生活は子ども自身の問題だけでなく，家庭環境の影響が大きい。日本学校保健会による2014（平成26）年度児童生徒のライフスタイルに関する調査で，朝食を食べないことがあると回答した子どもの「朝食を食べない理由」は，約5％が「食事が用意されていない」をあげている[2]。また，近年，子どもの貧困が問題となっている。2012（平成24）年の厚生労働省「国民生活基礎調査」によると，子どもがいる現役世帯の相対的貧困率[*2]は15.1％で，子どもの約7人に1人は低所得の家庭である。厚生労働省の研究班が2013（平成

*1　人は，食物を摂取して消化・吸収して栄養素を体内に取り込み，分解や合成によって，生命維持や生活活動に必要な成分やエネルギーに変換している。

*2　相対的貧困率
　OECDの作成基準に基づき，所得中央値の半分に満たない者の割合を指す。

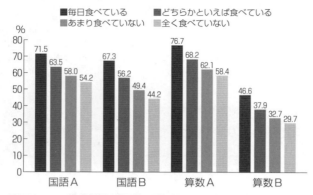

図7-1　朝食摂取と平均正答率との関係（小学校6年生）
出典）文部科学省：全国学力・学習状況調査，2015

図7-2　朝食摂取状況と新体力テストの体力合計点との関係（小学校5年生）
出典）スポーツ庁：全国体力・運動能力，運動習慣等調査，2015

25）年に小学校5年生を対象に行った調査によると，貧困世帯の子どもは，「休日に朝食を食べない」「家庭で野菜を食べる頻度が低い」「インスタント麺やカップラーメンを食べる」割合が高く，炭水化物が多く，たんぱく質やビタミン，ミネラルが不足して栄養に偏りがあることが明らかになっている[3]。

（2）食生活からみた環境問題

近年，食品ロスが社会問題となっている。食品ロスとは，まだ食べられるのに捨てられてしまう食品のことで，食品ロスを削減して，食品廃棄物の発生を減らしていくことが求められている。2015（平成27）年の国連サミットで採択された「持続可能な開発のための2030アジェンダ／SDGs」において，2030年までに小売・消費レベルにおける世界全体の1人当たりの食料の廃棄を半減させることが目標として設定されている。

*3　食料自給率
　国内の食料消費が国産でどの程度まかなえるかを示す指標。カロリーベースは，1人1日当たり供給熱量に対する1人1日当たり国産供給熱量の割合を示している。

日本の2015（平成27）年の食料自給率（カロリーベース）[*3]は39％で，先進諸国の中で最低の水準であり，大半を輸入に頼っている。しかし一方で，農林水産省の2014（平成26）年度の推計によると，日本の食品ロスは621万トンで，そのうち282万トンが家庭から出た食品ロスで45.4％を占めている。

国連WFP協会によると，世界の栄養不足人口は約8億人で，世界人口の9人に1人は飢餓に苦しんでいる。開発途上国の子どもの6人に1人が低体重で，5歳になる前に命を落とす子どもの数は毎年310万人にのぼっている。国連WFPによる世界全体の食料援助量（2014年）は約320万トンであり，日本の食品ロスの621万トンは，世界全体の食料援助量の約2倍に当たる。このような日本の現状について，身近なごみ問題だけでなく，グローバルな視点から自分たちの食生活を見つめ直す必要がある。

図7-3は，農林水産省の2009（平成21）年度「食品ロス統計調査」における「家庭で食品を使用せずに廃棄した理由」を示している。「食品の鮮度低下，腐敗

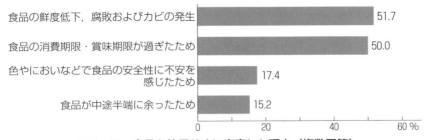

図7-3 食品を使用せずに廃棄した理由（複数回答）
出典）農林水産省：平成21年度食品ロス統計調査報告，2011

及びカビの発生」「食品の消費期限・賞味期限が過ぎたため」が食品ロスの大きな理由となっている。これらは消費生活とも関わりが深く，食品の知識を持って，食生活における計画的な購入と消費ができる消費者の育成が求められる。

（3）食文化の継承

日本人の伝統的な食文化である「和食」が，2013年にユネスコ無形文化遺産に登録されている。その背景には，一汁三菜を基本とする「和食」は理想的な栄養バランス[*4]として，健康ブームで世界的に人気が高まっている。一方で，国内では和食離れが進み，家庭で「和食」の食文化の継承が困難になっていること，また，和食には欠かせない米の消費量が低下して日本の食料自給率の低下につながっていることがあげられる。

日本における食生活の変化は高度経済成長以降著しく，1975（昭和50）年の外食率は27.8％であったが，2014（平成26）年には35.6％で，さらに調理済み食品や弁当等の中食も加えた食の外部化率は44.7％に達している[4]。毎日食材から調理して家族で食卓を囲んでいた食事スタイルが，外食産業の発達に加え，家族のライフスタイルの多様化で食の簡便化志向が高まり，親世代の調理技術も低下している。また，流通の発達で地域の食材や日本の四季を活かした旬に対する食材の意識も薄れ，郷土料理などの食文化の継承が困難になっている。

私たち一人一人が和食文化の伝承・発展の担い手であることを認識できるように，地産地消，地域の食文化にふれることを通して，子どもたちに体験的に食について考えさせたい。

（4）食育の必要性と家庭科

国民の栄養の偏り，生活習慣病の増加から，生涯にわたって健全な食生活を実現し，地域の食文化の継承，食料自給率の向上などを目指して，2005（平成17）年には食育基本法が制定されている。2016（平成28）年には過去5年間の食育に関する課題を踏まえ，第3次食育推進計画が決定され，食育の推進計画として，2020年までに，朝食を欠食する子どもを0％まで下げることを引き続き数値目標としてあげている。毎年6月は「食育月間」と定め，2016（平成28）年には，「食

*4 1980年頃の「日本型食生活」が，米を中心に主菜，副菜に加え，乳製品も加わり，栄養バランスがとれて理想的とされている（内閣府：平成18年版食育白書，2006，p.6）。

を通じたコミュニケーション」「望ましい生活リズム」「健康寿命の延伸につながる健全な食生活」「食の循環や環境への意識」「伝統的な食文化に関する関心と理解」「食の安全」の6項目を重点事項としてあげている。食育は，あらゆる世代の国民に必要なものであるが，特に子どもに対する食育は，生涯にわたって健全な心身を培い豊かな人間性を育んでいく基礎となる。

現在，食育は学校教育活動全体で行うべきとされているが，家庭科は食生活領域の指導を扱い，学校教育における食育の中核として，食育の推進に関する内容の充実が求められている。今後，地域，家庭，学校が連携して子どもたちが健全な食生活を実践することができるように，授業内容を工夫していかなければならない。将来，日本を支える子どもたちに，食の自己管理能力を育成し，食の大切さや感謝する心を養うことは，学校教育の課題といえる。

2．小学校で取り上げるべき内容

（1）食事の役割を知り，日常の食事を大切にする

1日3食，朝・昼・夜と規則的に食べることは，人間の生体リズムの上からも重要で，食べ溜めは利かず，欠食は体への影響が大きい（p.80，図7−1・図7−2参照）。食事の役割を知り，自分の食生活を振り返って，毎日の食事に関心を持ってきちんと食べようとする意識を定着させ，実践ができるようにする。また，食事は，栄養のために摂取するだけではなく，楽しい食事は家族や友達とのコミュニケーションの場ともなり，精神面への影響も大きい。そのためには，はしや食器の扱い方，話す内容などのマナーにも注意が必要であることに気づかせ，食事に対する感謝の気持ちを持って食事の場を工夫できるようにしたい。

（2）調理の基礎を習得する

*5　小学生の段階では，生の魚や肉の加熱不足が生じやすく，食品や調理器具等の衛生的な取り扱いが難しいためである。

*6　食物アレルギーの原因食品は，卵，乳製品，小麦，そば，えび，落花生，大豆など多岐にわたる。人によっては，摂取後短時間のうちに呼吸困難など急激なショック症状（アナフィラキシーショック）を起こす場合もある。

第5学年の家庭科で，初めて調理をする児童もいることが考えられる。調理の基礎を学ぶにあたり，調理に必要な用具や食器の安全で衛生的な取り扱いおよび加熱用調理器具の安全な取り扱いについて理解し，適切に使用できるようにする。そして，調理実習を通して，材料の洗い方，調理に適した切り方，味の付け方，盛り付け，配膳および後片付けが適切にできるようにしたい。

簡単な調理としては「ゆでる」「炒める」の調理方法を学ぶ。2017（平成29）年告示の学習指導要領では，「ゆでる」材料として青菜やじゃがいもなどを扱うことが指定されている。その他，日常の食事でよく使われる野菜，いも類，卵などを扱い，材料によってゆで方や炒め時間が異なることを理解できるようにする。また，小学校家庭科では，生の肉や魚は扱わない*5ことに注意し，児童の食物アレルギー*6にも配慮が必要である。食物アレルギーについては，事前に児童の食物アレルギーの情報を把握し，その食材を使わないだけでなく，児童の状況に応じて調理器具・用具への付着にまで細心の注意をする。

（3）日本の伝統的な日常食を取り上げて，和食のよさに気づく

　日本の伝統的な日常食である「米飯」「みそ汁」を取り上げて，和食のよさに気づくようにする。食育では食文化の継承が課題となっているが，「米飯」「みそ汁」もインスタント食品が多く出回り，家庭で継承しにくくなっている。

　米飯の調理では，固い米が吸水し，炊くことによりご飯になる一連の過程を科学的視点で実感を伴って理解し，炊飯できるようにする。近年，災害などにより電気やガスが止まっても，炊飯器を使わずに炊飯できる力が必要とされている。小学校家庭科で，炊飯に関する知識および技能を身に付けられるようにしたい。

　みそ汁の調理では，和食の基本となるだしの役割について，だしの有無で比較するなど実感を伴って理解できるようにする。また，みそ汁は，だしの種類，中に入れる実によって工夫ができることを理解し，だしのとり方や実の種類によって適切に調理ができるようにする。

（4）五大栄養素と体内での働きと，食品を組み合わせてとる必要性がわかる

　体に必要な五大栄養素[*7]の種類と体内での働きを知り（図7－4），毎日の食事で，五大栄養素を含む食品を組み合わせてとる必要性を理解できるようにする。そのためには，栄養素と食品，食事の関係がわかるようにしたい。栄養素は食品に含まれており，人は食品を調理した食事をとって消化・吸収して体内に取り込み，必要な栄養素を補っている。食品群により栄養的特徴があることを理解するため，食品を主に含まれる栄養素の種類により，「主にエネルギーのもとになる」「主に体をつくるもとになる」「主に体の調子を整えるもとになる」の三つのグループに分けることができるようにする。一つの食品だけで1日に必要なすべての栄養素を含んだ食品はないこと，また，食品に含まれる栄養素は一つではないことに留意する。例えば，牛乳にはたんぱく質や脂質，炭水化物，ビタミンも含まれるが，カルシウムの主な供給源として無機質を多く含む食品に分類している。

[*7] 栄養素とは，食品に含まれる成分のうち，体内に取り込まれて生命維持機能を果たす物質で，炭水化物，脂質，たんぱく質，無機質，ビタミンがあり，五大栄養素と呼ばれている。

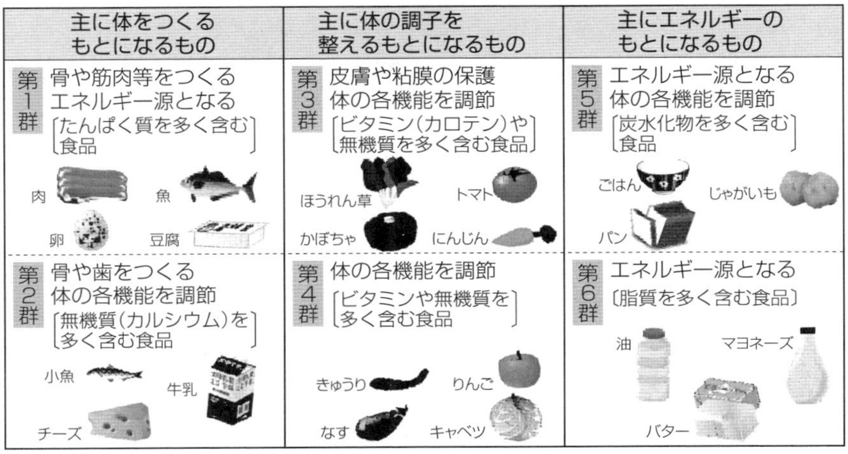

図7－4　三つの食品グループと栄養的特徴

(5) 栄養のバランスを考えた1食分の献立を考える

　小学校家庭科の食生活の最終目標は，食事の役割と食品の栄養的特徴を学んだ知識を活用して，三つの食品グループから栄養バランスのとれた1食分の献立を考えることができるようになることである。中学校では1日分の献立，高校では生涯を見通してライフステージに応じた献立へと発展していく。

　献立作りでは，献立を構成する要素として主食，主菜，副菜，汁物があることを理解して，栄養のバランスを考えて食品を組み合わせた1食分の献立を考えられるようにする。さらに，作成した献立は，実際に調理実習をして，家庭での実践に活かせるようにしたい。

3．内容を展開するための教材の具体的事例

(1) 食事の役割について実感を伴って考える教材

　食事は，児童にとって日々身近な出来事である。食事の役割について実感を伴って考えさせるためには，自分の食生活を振り返り，なぜ食べるのか，反対に食べないとどうなるかを考えさせたり，楽しい食事は精神面への影響も大きいことに気づかせたりしたい。しかし，食生活を振り返る際には家庭環境への配慮が必要となるため，様々な食事風景の写真や絵（図7−5），発展途上国の子どもたちの飢餓状態の写真などを教材に用いて話し合う活動（フォトランゲージ）から食事の意義に気づかせる方法もある。そして，児童が気づいたことが科学的視点で理解できるように，欠食による影響などデータや資料（p.80，図7−1・図7−2参照）で示したい。

図7−5　食事風景の絵

(2) 調理の基礎を習得するために必要な事前の教材準備

　調理実習をするためには，調理に必要な用具や食器の準備，扱う食品の選定など，事前準備の段階から安全・衛生に十分に留意しなければならない。さらに，調理実習時間においては，一人の教員で広い家庭科室で活動する多くの児童に指導を徹底することは，目が届かず危険を伴い至難の業である。そのため，事前の教材準備によって危険を防ぎ，また，調理計画の授業時間を設けて調理実習の手順（図7−6）を理解させることによってスムーズな実習につながる。

　例えば，調理用具の使い方，切り方，調理手順などを，掲示物や写真で示すことによって児童が自分で適宜確認できる。また，視聴覚教材を利用して作業手順などを動画で作成しておけば，事前の調理計画や実習当日に焦らずに指導にあたることができる。タブレット端末等のデジタル教材を各班に準備できれば，個に応じた技術の習得に役立つ。その他，事前の調理計画にあたっては，実習で自分が具体的に何をするのかを確認できるようなワークシートを工夫したい。

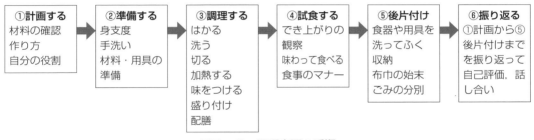

図7-6 調理実習の手順

(3) 伝統的な食文化にふれる地域教材の活用

2007（平成29）年告示の学習指導要領では，食育の充実への配慮，伝統的な生活文化を扱うことが重視されている。みそ汁の調理では，地域の伝統的な食文化や地域の食材を取り扱いやすい。

みその種類には多数あるが，全国的に地域で好まれるみそには特徴があることが多い[*8]。地域のみそを教材として取り上げ，調べ学習やゲストティーチャーとして地域の方を招いてみそ作りを一緒に行うなどの活動も考えられる。

また，みそ汁に入れる実には，地域の食材を扱い，伝統的な日常食を通して，地産地消のよさに気づかせたい。

(4) 栄養素と食品の関係を理解する教材

人が生きていくために必要な栄養素の種類と働きについて学ぶが，私たちは栄養素をそのまま摂取しているわけではない。体に必要な栄養素を食品としてとっていることを理解させ，食品が多く含んでいる栄養素と具体的に結びつける作業が必要となってくる。しかし，日頃の食事では，食材を加工した食品や調理された料理を食べているため，児童にとってすぐにイメージできない食材も多い。そのため，栄養素と食品の関係を理解する活動では，実物や食品カードを教材として準備したい。

食品模型や食品カードは市販の教材もあるが高価で，班ごとに準備するのは難しいことが予想される。しかし，食品の写真を用紙に印刷してパウチすれば，班ごとの食品カードを簡単に作成できる。さらに，裏側にマグネットを付ければ，児童が黒板で栄養的特徴から食品をグループ分けする活動などに活用できる。

教材作成にあたっては，近年，栄養教諭の配置が進んでおり，学校に栄養教諭がいる場合は，相談して一緒に教材を作成したり，授業においても食育の一貫として家庭科の授業をT.T（チームティーチング）で進める方法もある。

(5) 1食分の献立を考えるための教材

これまで自分で献立を考えた経験のない児童にとって，食品から分量や作り方を想像して料理を考えて献立を作成することはかなり難しい作業である。食材選び，食品の組み合わせ，調理方法，見た目や味のバランスなど，児童が考えなが

[*8] みその種類には，米みそ，豆みそ，麦みそなどがある。豆みそは東海地方，麦みそは九州地方に多い。

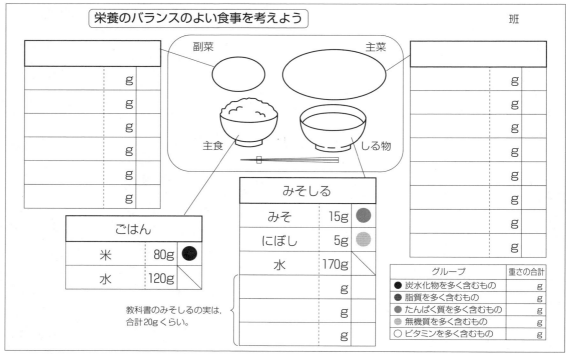

図7-7 「栄養バランスのよい食事を考えよう」ワークシート例
出典）中矢恵美香作成：愛媛大学教育学部附属小学校授業観察，2012

ら無理なく気づいていけるように工夫したい。そのためには，児童が実践可能な5，6年生の家庭科で学習するレベルの料理カードや料理一覧などを教材として準備したい。家庭科の教科書に掲載されている料理例の写真などを参考にするとよい。

また，献立を構成する要素である主食，主菜，副菜，汁物といった分類を用いて，栄養バランスのよい1食分の献立を考えることができるようにしたい。そのためには，図7-7のような配膳の形でワークシートを準備しておくと，献立を考えやすく，さらに食材を栄養的特徴をもとに食品グループに分ける活動が同時にできる。

4．教材を使った授業実践例

（1）給食献立と食品カードを使った授業実践例

食品や料理に対する知識が少ない児童が，食事における食品の栄養的特徴について理解していくにあたって，毎日食べている給食をもとに考えることによって共通認識でき，また実感しやすい。そして，栄養バランスの考えられた給食献立の食材が体内でどのような働きをしているのか分類することによって，給食への関心を高めることができる。

4．教材を使った授業実践例　87

学習指導案 第5学年	バランスのよい食事をしよう　〇〇年〇月〇日〇曜日〇校時
	授業場所：〇年〇組教室　授業者：中矢恵美香

1．題材の目標（省略）
2．題材指導計画（全3時間）
3．本題材の指導観（教材観，児童観省略）
　指導にあたっては，まず，自分たちが，日常どのような食品を食べているのかを調べさせる。その中で，たくさんの種類の食品を食べていることに気づかせ，食事への関心を高めたい。本時は，給食の献立を例にして栄養のバランスに注目させ，普段よく食べている食品を実際に分類してみる活動を通して，食品の栄養的な特徴を理解させる。その際，五大栄養素について知らせ，できるだけいろいろな種類の食品をとろうとする意識を持たせたい。次時の活動では，実際に自分が食べた食品を分類し，足りないグループの食品を調べるなど，食事のとり方をよりよくしていく方法を具体的に考えさせたい。
4．本時の指導（2／3）
　（1）目　　標：食品の栄養的な特徴がわかり，体内での主なはたらきによって分類することができる
　（2）準　　備：給食の献立表，食品カード，ワークシート
　（3）展　　開：

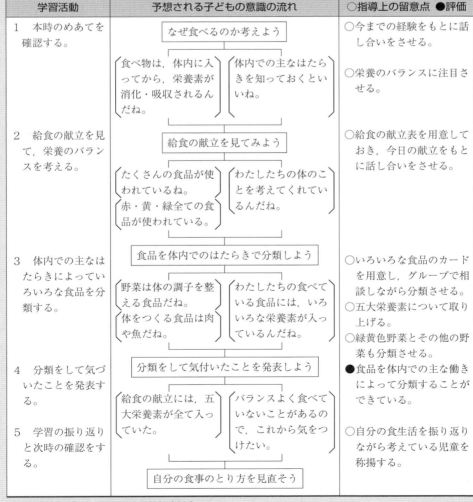

出典）愛媛大学教育学部附属小学校観察授業，2009

88   第7章　食生活の教材を考える

（2）栄養教諭とT.Tで進める授業実践例

現在，食育は学校教育活動全体で行うことになっている。そのため，家庭科の食生活分野の内容は，栄養教諭との連携，他教科や特別活動，地域との連携が取りやすい。地域の特産物を栽培して，家庭科で調理したり，地域の方をゲストティーチャーに招いたり，様々な活動ができる。学校全体で食育が進められるように，小学校5，6年生の家庭科を中心にして指導計画を工夫したい。

学習指導案 第5学年	元気な毎日と食べ物	○○年○月○日○曜日○校時 授業場所：○年○組教室　授業者：教諭T1・金子剛久 栄養教諭T2・神山佳子

1．指導計画

小題材	時間	学習内容・活動
どんな食品を食べているだろう	1	○毎日の食事に関心を持ち，食品を組み合わせて栄養を考えた食事をしようとする。 ・食事をとることのよさを話し合う。 ・食生活を振り返る。 ・既習事項を基に3つの食品群に分ける。
五大栄養素の働きと食品のグループ	1	○五大栄養素の種類と働きについて理解し，栄養を考えた食事をとることの大切さに気づく。 ・前時の学習をさらに細分化し，五大栄養素とその働きについて理解する。 ・栄養を考えて食事をとることの大切さについて考える。
バランスのよい食事をしよう	1	○バランスのよい食事について三つの食品群や五大栄養素をもとに理解する。 ・給食の献立を三つの食品群や五大栄養素に分ける。 ・給食の献立がバランスのよい食事であることに気づく。
	1	○バランスのよい食事について三つの食品群や五大栄養素，成長に必要な各自の摂取量について知る。 ・前時の学習を基にバランスのよい食事とはどんな食事かを考える。 ・自分に必要な摂取量があることを知る。
ご飯とみそ汁を作ろう	1	ご飯をたいてみよう ○精米活動を行う。 ・白米になるまでの段階を知る。
	① 本時	みそ汁をつくってみよう ○体にやさしく，おいしいみそ汁作りのコツを知る。 ・だしの種類，扱い方を知る。 ・みそ汁に緑の食品群のものを入れることの重要性を知る。
	2	○調理計画を立てる。 ・ごはんの炊き方，みそ汁の作り方，手順の確認をする。 ・調理の上で大切なコツを知る。 ・用具・器具の使い方等の確認をする。
	2	○調理実習を行う。 ・安全に留意して手順に沿って調理する。 ・振り返りを行い，家庭での実践への意欲を高める。
	家庭	○家庭での実践 ・家族にご飯とみそ汁をつくる。 ・みそ汁の具材は，食事のメニューとの栄養バランスで考えて行う。

4．教材を使った授業実践例　　89

２．題材の具体的な手立て

（１）栽培体験

　ベランダを利用し，草加市の特産物である「小松菜」や，ミニ大根などの冬野菜の栽培を行う。これを「みそ汁」を作る際の具材として利用する。自分たちの手で育てたものをいただくことによって農家の人の思いや命の大切さを感じられるようにする。

（２）精米体験

　５時間目の「ご飯をたいてみよう」の学習時にお米の精米活動を行う。稲穂についたお米が実際に食べられるお米に変わっていく過程を体験することを通じ，胚芽米や白米などの精米の違いを体験を通して理解できるようにする。またその際に，茶わんやはしの持ち方の指導を併せて行い，日本人としての食事のマナーを改めて考えられるようにする。

（３）家庭での実践

　学習終了後すぐに家庭での実践を予定している。家庭での実践を通し，日々，食事を作ってくださる方の苦労や工夫を知り，感謝する心を持てるようにする。そして，「自分にできることをやろう」とする実践的な態度の育成を図る。

　（中略）

９．本時の学習指導（6／10時）

（１）目標

　　・体にやさしい，おいしいみそ汁を作るためのコツを理解する。　　　　　　　　　　【知識・理解】

（２）展開

学習内容	時	学習活動	○教師の働きかけ評価　☆学力向上プランとの関連 ★「草加っ子の基礎・基本」に関わる内容・手立て	
			T１（担任）	T２（栄養教諭）
○日常の生活を振り返る	5	1　無形文化遺産に登録された「和食」に関する新聞記事を聞く。	○「和食」を支えているものが「みそ汁」であること，みそ汁の果たす役割について触れる。	○古くからみそ汁が日本人の生活に根付き，長寿の秘訣でもあることに触れる。
			★　日本の伝統的な食事のよさを感じさせる。	
	5	2　煮干しの入っているみそ汁と入っていないみそ汁を飲み比べる。	○ひと口だけ飲ませて，どっちがおいしいみそ汁かを聞く。	スムーズに課題につながるよう，リズムよく進める。
			☆　具体物を使い，興味喚起を図る。	
○課題の確認	2	課題　体にやさしい，おいしいみそ汁を作るためのコツを調べよう。		
○課題の解決	10	3　再度，試飲させ，二つのみそ汁の違いを考え，発表する。	○黒板側の４班を机間指導し，香り，味，その他を記入するよう助言する。 ○だしの果たす役割の大きさを感じさせる。	○教室後列の４班を机間指導し，香り，味，その他を記入するよう助言する。 ○だしにはうま味があり，うま味が加わることでみそ汁がおいしくなることを伝える。
	10	4　だしについて深める。		
		┌ だし ┐ ・煮干しを実習で使うことを知らせ，どのように使うのかを考えさせる。 ・実際に煮干しを食べさせ，苦味があることを感じさせる。それからだしを取る際には「腸（はらわた）」を取るように指導する。 ・煮干し以外にも昆布やかつお節からもだしがとれることを知らせる。		

				○煮干しを調理実習で使用することを伝える。	○一人に2尾ずつ煮干しを配布する。 ○腸を取る模範を行う。 ○昆布などの紹介をする。

	6	5　米飯とみそ汁の栄養バランスをもとに具を考える。	☆　煮干しの実食を行い，内発的な疑問・問いを持たせられるようにする。

みそ
・白みそ，赤みそ，合わせみそなど様々なみその種類があること。
・みそにはたんぱく質，米飯には炭水化物が多く含まれることを確認し，具には緑に属する野菜をいくつか取り入れ，栄養バランスを整えることを伝える。

○学習のまとめ	6	6　今日の学習を振り返り，みそ汁作りで大切なことをまとめていく。	○各自，自分で今日のまとめを書かせる。 ○手順の確認と小松菜などの収穫をすることを伝え，意欲を高めるようにする。
○次時の学習内容の確認	1	7　次時の学習内容を確かめ，意欲を高める。	

出典）草加市立高砂小学校：平成25年度埼玉県食育指導の向上授業研究協議会公開授業，2016

課　題

・子どもの食生活の実態や食生活の問題から，取り上げたい題材を考えてみよう。
・食事の役割について実感を伴って考えられる教材や，栄養素と食品の関係を理解するための教材を作成してみよう。
・作成した教材を用いて，問題解決的な学習となるような学習指導案の展開を作成してみよう。

＜引用文献＞
1）日本学校保健会：平成26年度児童生徒の健康状態サーベイランス事業報告書，pp.54-55
2）日本学校保健会，平成26年度児童生徒の健康状態サーベイランス事業報告書，p.53
3）農林水産省，aff；47巻5号，2016，pp.8-9
4）食の安全，安心財団附属機関外食産業総合調査研究センターによる推計

第8章 衣生活に関する教材を考える

1. 衣生活の現状と課題

(1) 衣生活の変化

1) 衣料の生産・流通の変遷

　昔の人々は身近にある素材を原料にして衣服を作ってきた。繊維から糸へ，糸から布へ，布から衣服へと加工するのは膨大な労力を要する作業であった。産業革命で動力を用いた力織機（りきしょっき）が発明され，布の生産力が急速に高まったが，衣服の生産は手仕事に負うところが多かった。やがて高度経済成長期を迎え，既製服が大量生産されるようになるが，その頃までは家族の衣服や寝具は家庭内で作られることが多かった。一着の衣服は大切に着用され，日常着は何度も仕立て直しをし，傷んでくれば布団や座布団にしたり，浴衣であればおむつにしたり，やがて雑巾になるまで活用した。布はそれほど貴重なものであった。しかし，現代社会では，布の生産，衣服の製作は家庭から離れ，工業製品として市場に流通するようになった。

　近年，衣料品の製造の多くは人件費の安価な海外で行われるようになり，そこでは劣悪な労働環境や児童労働，環境汚染の問題が顕在化している。そうした大量生産で流通するファスト・ファッション*1の風潮は，ESDの観点からも問題といえよう。そこで，エシカル・ファッション*2やフェアトレードが注目されるようになってきている。

　また，一方で衣類の中古市場が拡大している。日本では1970年代後半からフリーマーケットで衣類を含めた日用品を売買することが広まり始めたが，現在は中古衣類のリユースへの抵抗感がなくなってきている。

2) 衣服素材の変遷と進化

　人類が本格的に繊維を栽培・飼育によって確保し，布にしたのは1万年から数千年前といわれる。エジプト文明では亜麻，メソポタミア文明では羊毛，インダス文明やインカ文明では綿，黄河文明では絹が主に使われていた。19世紀後半に木材パルプから再生繊維が作られ，20世紀には石炭や石油からナイロンやポリエステルなどの合成繊維が作られた[1]。今では，化学繊維は私たちの暮らしに浸透し，衣類は私たちが手に入れやすい身近なものになった。現在では，私たちの衣服は石油原料の化学繊維が占める割合が大きくなっている。

　さらに新しい素材として，トウモロコシでんぷんを原料に作る生分解性のある脱石油系原料繊維やナイロンよりも柔軟で強い「合成クモ糸繊維」など，高性能な繊維の開発が進められている[2]。

＊1　ファスト・ファッション

　最新の流行をとり入れながら低価格に抑えた衣料品を，短いサイクルで世界的に大量生産・販売するファッションブランドやその業態。「早くて安い」ファストフードになぞらえて，2000年代半ば頃から呼ばれるようになった。

＊2　エシカル・ファッション

　生産者・生産地に倫理的に配慮をしたファッションをいう。生産者・生産地の環境問題，労働問題，社会問題に配慮した，良識にかなった素材の選定や購入，生産，販売をしていることを意味する。

（2）子どもたちの衣生活実態

児童生徒の家庭生活の意識と実態に関する調査[3][4]によれば，小学校6年生で「洗濯機で衣服の洗濯をする」ことを「しない」と「あまりしない」を合わせると，男子は85％，女子は73％であった。「洗濯ものをたたむ」ことについては「いつもする」と「ときどきする」を合わせると男子は35％，女子は64％であった。このように，小学生では日常的な衣服の手入れをする機会が少ないといえる。衣服の手入れの必要性に気づかせるとともに，家族・家庭生活の学習時に家族の一員として家事を担うことの意義について理解させることが大切である。

一方でローティーン女性向けファッション雑誌は1970年代に始まり，現在も複数の雑誌が出版されている。衣料マーケットの対象は低年齢化し，小中学生のファッションへの興味・関心も高まっている。児童生徒の服装に対する意識と着装行動についての調査[5]では，男子は小学5年生頃から衣生活への関心を持ち始めるのに対し，女子ではすでにそれは高まっており，もっと早い時期から関心が芽生えていることが示された。購入時に衣服を選択するのは小学校5年生だと女子は95％と高い値を示している。男子でも約6割が自分で選択し購入している。外出時の服装を自分でコーディネートする頻度は女子では「いつもする」が約7割，男子でも小学校6年生では半数が「いつもする」と答えている。前述の全国調査[3][4]で服を選ぶときに気にかけることを聞いたところ，小学校6年生では「着心地がよい」73％が最も多く，次いで「長く着られる」64％が多かった。第5位に「自分が格好良く見える」43％，第6位に「流行している」39％，第7位「かわいい」38％と続いた。男女ともに小学校高学年は衣生活への関心が高まる時期であるといえる。

学習指導要領では，衣服の主な働きに関して，小学校では「保健衛生上の働き」と「生活活動上の働き」について，中学校で「衣服と社会生活との関わり」について学ぶように示されている。小学校でも地域社会との関りを深める学習が求められており，今後はさらに地域の人々と関わる活動が増えることが想定される。地域の祭りなどの伝統行事に参加する場面や，地域の避難訓練に参加する場面なども考えられる。多様な学習活動に応じて，衣服の種類や組み合わせ，色などによって人に与える印象が異なることも理解させる必要がある。

2．小学校で取り上げるべき内容

（1）衣服の機能に関する基礎知識

衣服の機能は，保健衛生上の機能，生活活動上の機能，社会生活上の機能の三つがある（図8-1）。保健衛生上の機能とは，暑さ・寒さを調節したり，汗や汚れを吸い取って皮膚を清潔に保ったり，害虫やけがから身を守ったりする機能をいう。生活活動上の機能とは，身体の動きを妨げず，運動や作業などの活動をしやすくする機能をいう。社会生活上の機能とは，衣服によって所属する集団や

図8-1　衣服の機能

職業の表示をしたり，社会的な慣習・道徳儀礼上の慣習に従って気持ちを表現したり，自分らしさや個性を表現したりする機能をいう。小学校では保健衛生上の機能と生活活動上の機能を中心に扱う。

(2) 季節や状況に応じた日常着の快適な着方に関する基礎知識

季節や状況に応じた日常着の快適な着方を理解するためには，被服材料の種類と性能についての知識が必要である。

1) 被服材料の種類

被服材料には，繊維，皮革の他に補助的にプラスチックフィルムや金属，木質，ゴム等も用いられるが，主流は繊維である。表8-1に示すように繊維の種類は多く，それぞれに特徴がある。これらの繊維は単独で用いられるほかに2種類以上の繊維を混紡[*3]や交織[*4]して，それぞれの繊維の持つ長所を生かす工夫もされている。一般的な学校の制服には毛とポリエステルの混紡，ワイシャツには綿

*3　混紡
　混紡とは，2種類以上の繊維を糸にする前に混ぜることである。

*4　交織
　交織とは，織るときに2種類以上の糸を使うことである。

表8-1　主な繊維の種類と特徴

		繊維名	原料	吸湿	乾燥	防皺	防縮	耐熱	染色	その他
天然繊維	植物繊維	綿	綿の種子毛	◎	△	△	△	◎	◎	肌触りがよい
		麻	麻の茎または葉脈	◎	△	△	△	◎	◎	涼感がある
	動物繊維	毛	羊・山羊などの毛	◎	△	○	△	◎	◎	保温性がある
		絹	蚕の繭	◎	△	△	△	◎	◎	光沢がよい
化学繊維	再生繊維	レーヨン	木材パルプ	◎	△	△	△	◎	◎	水に濡れると弱い
		キュプラ	コットンリンター	◎	△	△	△	◎	◎	
	半合成繊維	アセテート	パルプ・酢酸	○	○	○	○	△	△	絹に似た光沢を持つ
	合成繊維	ポリエステル	石油	△	◎	◎	◎	○	△	帯電する
		アクリル	天然ガス・石油	△	◎	◎	◎	△	△	毛に似た性質を持つ
		ナイロン	製油	○	◎	◎	◎	○	○	柔軟である
		ポリウレタン	石油	△	◎	◎	◎	△	○	ゴムのように伸縮する

出典）日下部信幸：確かな目を育てる　図説被服の材料，開隆堂出版，1986，p.23

94 第8章 衣生活に関する教材を考える

とポリエステルの混紡が，体育着などのスポーツウエアはポリエステルなどの合成繊維が多く用いられている。

2）被服材料の主な性能

① **保温性**：保温性を高めるためには，熱伝導率が低い空気を利用することが大切である。空気は熱伝導率が低いため保温効果が高い。したがって，保温性を高めるためには，空気を効果的に取り込み，温められた空気を逃さないことが重要である。

　具体的には，以下の方法がある。

・重ね着をして複数の空気層を形成する。
・含気性*5の高い素材（毛のセーター，フリース等）を用いる。
・開口部（首，袖口等）をできるだけ小さくする。
・重ね着の最外部に通気性の低い素材を着用し，空気の通過を少なくする。

② **通気性**：通気性は布の織り方，糸の太さによって左右される。つまり，織り糸の間隙を空気が通過するため，繊維自体の通気性が低くても織り方によって通気性を高めることができる。

③ **吸湿性**：人間は不感蒸泄*6があるため，吸湿性のよい素材を用いた衣服を皮膚に一番近い最内部に着用することで快適に過ごすことができる。つまり，シャツやブラウスを一枚着て過ごすより，肌着を着た方が涼しく感じることができる。一般に，吸水性や吸湿性は天然繊維の方が大きく，合成繊維は小さいが，近年は合成繊維の改良が進み，加えて紡糸や織り方，編み方にも工夫が施され，吸水性・吸湿性を高めた素材が登場してきている。

*5 **含気性**
　含気性とは，空気を含有する性質である。含有する空気量を含気量といい，布の一定体積中の含気量の割合を含気率という。

*6 **不感蒸泄**
　人間は汗をかいていると感じないときにも，皮膚の表面から絶えず水分が蒸発している。これを不感蒸泄という。通常皮膚から１日におよそ630g出ているといわれる。

（3）日常着の手入れに関する基礎知識

　衣服を気持ちよく着るためには日常の手入れが必要である。適切な洗濯方法を理解し，衣服の補修としてボタンつけができるようにすることも大切である。

1）洗　　濯

　家庭洗濯は水，洗剤，機械力の三要素によって汚れを落とす方法である。衣服を長持ちさせるためには，衣服の素材や汚れに応じた洗濯水の温度，洗剤の種類や量，洗い方を選択する必要がある。

　洗剤を用いると水だけでは落ちない汚れを落とすことができる。洗濯用洗剤の液性は，弱アルカリ性と中性がある。アルカリ成分の影響を受けやすい羊毛や絹などのたんぱく質系の繊維には，中性洗剤が適している。使用に際しては衣服の取り扱い絵表示を参考にし，適切に取り扱うことが大切である。また，洗濯用洗剤の形状は粉末状，液体，固形と多様であり，近年は液体で界面活性剤濃度が高いものが主流となりつつある。メーカーや種類によって界面活性剤濃度が異なるため，手洗いによる汚れ落ちの比較実験を行う場合には，洗剤の使用量だけでなく多様な観点からの比較が必要である。

2）取り扱い絵表示

　取り扱い絵表示は1968（昭和43）年から日本工業規格（JIS）が定められ，用

2．小学校で取り上げるべき内容　95

表8－2　新旧JIS洗濯表示記号

旧		新		旧		新	
ドライ	パークロロエチレンおよび石油系溶剤でのドライクリーニング可	Ⓟ	パークロロエチレンおよび石油系溶剤でのドライクリーニング可	ヨワク	手絞りの場合は弱く，遠心脱水機では短時間で絞る		該当なし
ドライ セキユ系	石油系溶剤でのドライクリーニング可	Ⓕ	石油系溶剤でのドライクリーニング可		絞ってはいけない		該当なし
ドライ	ドライクリーニングはできない	⊗	ドライクリーニング処理ができない		該当なし		排気温度80℃以下でタンブル乾燥ができる
	該当なし	Ⓦ	ウエットクリーニング処理ができる		該当なし		タンブル乾燥できない
	水洗い（ウエットクリーニング）はできない	Ⓦ⊗	ウエットクリーニング処理はできない		つり干しがよい		つり干し乾燥がよい
40	洗濯機で液温40℃以下で洗える	40	洗濯機で液温40℃以下で洗える		日陰のつり干しがよい		日陰でのつり干し乾燥がよい
弱 40	洗濯機で液温は40℃以下，弱で洗える	40	洗濯機で液温は40℃以下，弱で洗える	平	平干しがよい		平干し乾燥がよい
		40	洗濯機で液温は40℃以下，超弱で洗える	平	日陰の平干しがよい		日陰での平干しがよい
手洗イ 30	液温30℃以下で，手洗いで洗える（洗濯機使用不可）		液温40℃以下で，手洗いで洗える	高	180～210℃でアイロン処理可		200℃以下でアイロン処理可
エンソ サラシ	塩素系漂白剤使用可	△	塩素系および酸素系漂白剤の漂白処理可	中	140～160℃でアイロン処理可		150℃以下でアイロン処理可
エンソ	塩素系漂白剤使用不可	△	酸素系漂白剤の使用可，塩素系漂白剤の使用不可	低	80～120℃でアイロン処理可		110℃以下でアイロン処理可
	該当なし	⊠	漂白処理はできない		アイロン掛け不可		アイロン掛け不可

いられてきたが，近年の市場のグローバル化に伴い，2016（平成28）年12月から国際規格に整合した新JISの洗濯表示記号に改訂された（表8－2）。

　衣服の耐用年数から考えて，当面は旧表示と併記して学習させることが望ましい。また児童の着用している衣服に多く用いられている素材を把握しておき，ポイントを絞って理解させる必要がある。

（4）布を用いた製作に関する基礎知識と技能

1）布の組織

　布は織物と編み物がある（表8－3）。Tシャツやスポーツウェアなどに用いられる編み物は伸縮性に富み，しわになりにくく着心地がよいが製作するには難

96　第8章　衣生活に関する教材を考える

表8-3　布の組織

織物組織			編み物組織		
三原組織			よこメリヤス		たてメリヤス
平織	斜文織（綾織）	朱子織	平編	ゴム編	トリコット編
ブロードなど	デニムなど	サテンなど	Tシャツ地など	セーターの袖口など	ランジェリーなど

しい素材である。

　児童の製作には，その扱いやすさから織物，中でも伸縮性が乏しい平織が適している。材料の布は印（しるし）が付けやすい，断ちやすい，ほつれにくい，縫いやすいなど，扱いやすくかつ丈夫で製作する物の目的や使い方に適したものを選ぶ必要がある。資源の活用の観点から不要な衣類を用いて製作実習を計画することは有意義である。しかし，Tシャツなどの編み物の衣服が多用される昨今であり，その活用は児童が製作することを踏まえ留意する必要である。

2）織物の成り立ちと布目

　織物は経糸（たていと）と緯糸（よこいと）を交差して織られている。和服布と洋服地では布地幅[*7]が異なる。経糸は布が織りあがるまで切れることなく織機に張られているために緯糸に比べて丈夫さが求められる。よって布は縦方向のほうが伸びにくく丈夫であり，実際に布を軽く引っ張ってみると布の縦と横を見分けることができる。布を用いた製作を行う際には，より丈夫な縦の布目をどの方向にするかを考え，適切に裁断する必要がある。

　また，布の中には経糸と緯糸の交差が直角でなく歪んでいる場合がある。その際は，裁断する前に地直し[*8]する必要がある。

3）針と糸の種類

　針には縫い針と待ち針がある。縫い針には太さと長さが異なる多くの種類があり，布地や手の大きさに応じて選ぶ必要がある。長針は主にしつけ縫い[*9]に用いる。待ち針には長待ち針と玉待ち針があり，曲線を縫う際には玉待ち針の方が扱いやすいが，長待ち針のほうが玉待ち針より転がらず紛失しにくく，児童には扱いやすい。

　糸は一般に厚い布には太い糸，薄い布には細い糸を用いる。糸の太さは番号で示されており，番号が大きくなるほど細くなる。手縫い糸はカード巻きが一般的であるが，巻き癖がついているので使用する前に指ではじいて巻き癖を伸ばすと縫っている途中でからむことが少なくなる。

4）2枚の布を縫合する方法

　2枚の布を縫合する方法には，手縫いとミシン縫いがある。手縫いの基本的な

＊7　布地幅
　和服の布地は反物と呼ばれる。一反は，きもの一着分の用布で幅36cm，長さ12mほどに織られたものが標準である。洋服地は90cm幅，110cm幅，140cm幅がある。綿素材の薄地の布は90cm幅と110cm幅が主流である。毛織物は140cm幅のものが多い。

＊8　地直し
　裁断の前に行う布地処理の一つ。仕立て後の布の縮絨，型くずれを防ぐためにアイロンと水を用いて布目を正しく整える。

＊9　しつけ縫い
　ミシンをかける前に二枚の布がずれないように粗い針目で縫うこと。ミシンで縫った後に容易に取り除けるように，しつけ糸という専用の糸を用いる。

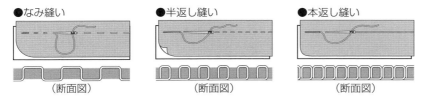

図8-2 2枚の布を縫合する方法

縫い方としては，なみ縫い，半返し縫い，本返し縫いがある（図8-2）。本返し縫いが最も丈夫であり，用途に合わせて縫い方を選ぶ必要がある。

ミシンで縫う前には必ず試し縫いをし，糸調子と縫い目の長さを調節する。良好な縫い目とは，上糸と下糸の絡み部分（縫絡点という）が布の重なりの真中にくるようにする。糸調子がよくないと縫い目の強度が低下する。

5）縫い代始末の種類

縫い代の断ち目はそのままにしておくと洗濯や摩擦によってほつれてくるため始末をする必要がある。その代表的で簡単な方法として手縫いではかがり縫い，ミシン縫いでは端ミシン，ジグザグミシンによる縁かがりなどがある（図8-3）。さらに簡便な始末の方法として，ピンキング鋏による始末がある。

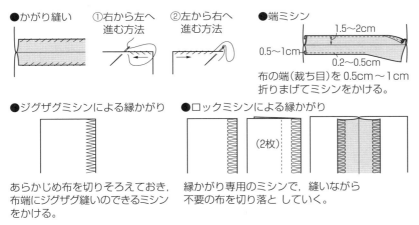

図8-3 縫い代始末の種類

6）布端の仕上げ方法

ランチョンマットの周囲やスカートやズボンの裾など，布端を仕上げるときに用いる基本的な縫い方を図8-4に示す。ミシンによる三つ折り縫いは簡単かつ丈夫な縫い方であるが，厚地には適さない。三つ折りぐけは和裁によく用いられる縫い方であり，糸が表に見えずすっきりした仕上がりになる。まつり縫いは，糸がゆるくかかるので表にひびきにくいが，丈夫さは劣る。どの方法も長所と短所があるので目的に応じて選ぶ必要がある。

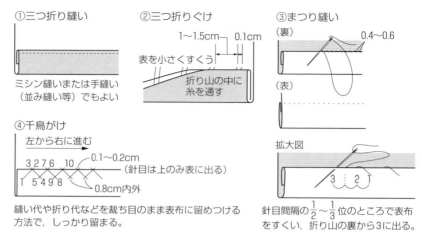

図8-4 布端の仕上げ方法

3．内容を展開するための教材の具体的事例

（1）衣服の着用と手入れに関する教材

1）衣服の働き

衣服の働きを理解させるには，学校行事の林間学校や遠足など屋外での活動で服装の配慮が必要な場面を用いると効果的である。また，地域の産業について学習する際に，職業に特有の衣服に注目させる活動も考えられる。

2）季節や状況に応じた日常着の快適な着方を科学的に学ぶ教材

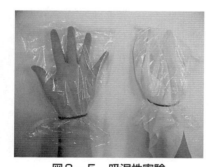

図8-5 吸湿性実験

① 吸湿性実験：布の吸湿性を実感する学習として，不感蒸泄を体感する実験は短時間で行うことができる（図8-5）。数分程度でビニル袋だけの方に水滴が見えてくる。体験者からどのように感じるかを報告してもらうとよい。

② 吸水性実験：様々な素材の衣類を並べてスポイトで1滴，水滴をたらして，水滴がしみていく様子を観察する。素材による違いがわかると汗をかきやすいときの衣服の選び方を考えることができる。また，汚れている布と清潔な布の違いを比較すると洗濯する必要性を実感することができる。

③ 保温性実験：季節に応じた日常着の快適な着方についての学習では，重ね着によって暖かく着ることを学習する。衣服内の温度を放射温度計[*10]で測定する実験で，重ね着の効果を理解できる。

*10 放射温度計
物体が発する放射から非接触で温度を測定する温度計。

3）日常着の手入れの仕方を科学的に学ぶ教材

① 衣服の汚れを可視化するニンヒドリン溶液によるたんぱく質検出実験：洗濯について学習する導入として，実験を行うと効果的である。

〈用いる教具〉
試薬（ニンヒドリン）・スプレー容器（50cc）１本
汚れが付着した衣類（Ｔシャツや靴下など）・アイロンとアイロン台
〈方法〉
　汚れた衣類にニンヒドリン溶液を噴霧しアイロンをかけると，たんぱく質に反応した試薬が紫色に変化する。衣類の汚れは主に人体からの垢・皮脂であり，たんぱく質汚れを可視化することができる。衣服の部位によって汚れ具合が異なることに気づき，部分洗いの必要性が理解できる。

② **洗濯実験・実習**：洗濯には，洗濯物の状態や汚れの点検，洗う，すすぐ，絞る，干すなどの手順がある。日常着の洗濯は一般的に電気洗濯機を用いることが多いが，衣服の汚れの状況によって事前に予洗いする必要がある。靴下やシャツの襟，食べこぼし汚れなどには，部分的なもみ洗いや洗濯板・洗濯用ブラシの活用が効果的である。日本では常温の水道水で洗濯する場合が多いが，油脂汚れは40〜60℃の液温で落ちやすくなる。汚れはどのように落ちるかを洗剤の量，水温を変えて比較し，効率的な洗い方について考えたり，手洗いの仕方を工夫する活動が考えられる。

③ **アイロンがけする際の布の耐熱性実験**：私たちは日常着を清潔に着るために，アイロンでしわを伸ばしたり衣服の形を整えたりする。また，縫い目を整えたり，仕上がりを美しくするためにアイロンがけを行う。布は多様な素材からできており，それぞれに適したアイロン温度がある。適温を守らないで使用した場合には，繊維を傷める場合がある。

　フェルトは布端の始末が不要で扱いやすいため，初めて縫う作品の素材として用いることが多い。しかし，ポリエステル100％であり，高温でアイロンをかけると溶けるため注意が必要である。そこで，アイロン使用の前にその安全な取扱いの指導と合わせ，布の耐熱性実験を行うと効果的である。

〈用いる教具〉
アイロン（底面にアルミホイルを巻き付けて汚れの付着を予防する）
アイロン台（白い画用紙等をおき，アイロン台の汚れの付着を予防する）
実験布（製作に使用する布や運動着，給食着などの素材を用意する）
放射温度計（アイロンの温度を計測する）
〈方法〉
　上記のように汚れ防止の措置を行ったアイロン台に，実験布を並べて置きアイロンをかける。徐々に温度を上げていき，布の変化を観察する。アイロンが高温になり，また素材によっては溶けて付着するものもあるため，教師による示範が望ましい。アイロン温度は放射温度計で適宜確認するとよい。

（2）生活文化への関心を高める教材

1）和服文化への興味・関心を高める手ぬぐいを用いた製作

手ぬぐいは伝統的な和服用の布地幅の布であり，伝統的な衣生活文化を知る上での導入となる。縫い代始末の必要がなく，手軽に巾着袋が製作できる。調理実習の際に頭を覆う三角巾代わりの被り物を，手縫いの練習として製作することができる（図8-6）。

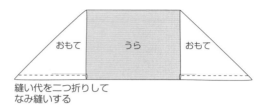

図8-6　三角巾の代用の製作

2）和服の基本形を活用した袖なし法被の製作

和服は直線立ち直線縫いが基本の衣服である。運動会などで着用する機会のある袖なし法被(はっぴ)は作業工程が少なく完成までの見通しが持ちやすい製作例である。

4．教材を使った授業実践例

（1）生活を豊かにするための布を用いた製作の授業例

1）授業実践からの学び

2017（平成29）年告示の学習指導要領で，「日常生活で使用する物を入れるための袋」が題材指定された。次の授業例では，巾着型袋の製作を題材として，ゆとりや縫い代の必要性を理解させるための丁寧な指導が行われている。

授業者は，縫う経験が少ないため5年次の学習では製作に自信が持てなかった児童らに対して，製作物の見本や製作の順序に応じた段階見本，試行用の教材（不織布）を準備し，児童が自身で製作に関する課題解決ができるように学習環境の整備を行っている。児童は好みの布を用いて，各自が必要と考えた巾着型袋製作を行うことで，意欲的に学習している。自分で作りたいものをそれぞれ作ることは，児童が望んでいることでもある[7]。児童の意欲的かつ多様な製作計画に対応していくためには，教師にもより高度な科学的な知識・技能の習得が求められる。

4．教材を使った授業実践例　　101

2）指導案例

| 学習指導案
第6学年 | 必要な大きさを考えて作ろう！
〜ミシンを用いた巾着型袋の製作〜寒い季節を快適に | ○○年○月○日○曜日○校時
授業場所：○年○組教室　　授業者：青山詩織 |

1．題材の目標

授業者は「生活を科学的に見つめる力」と「実践を実生活に活用する力」を指導目標にしている。科学的に見つめる力とは，完成品の観察・試作を通して縫い代の分量や必要性，布端の始末，余裕をもって出し入れするためのゆとりの必要性を「なぜこのようなつくりになっているのか」と探求する力である。後者は，製作してわかる手作りのよさへの気づき，手作りの物に対する愛着を感じたりすることを通して，自分の生活を豊かにする物の製作へと応用していく力である。

2．巾着型袋の「教材性」

巾着型袋は，基本的な巾着袋の他にナップザック型，肩掛け型，マチ付き型など様々な形に応用できる。選択の幅が大きく，児童各自が用途に合わせて選ぶことができ，生活に活用できる物の製作が可能である。

既製品があふれ，作るよりも買う方が安く手軽に手に入れられる時代であるが，試行錯誤して製作することで，必要な物をぴったりの形，好みの外観で作ることができるという「手作りのよさ」を感じることができる。また，製作の過程で，自分で作った物に対する愛着が生まれ，手作りすることの意義をより強く感じていくこととなるだろう。つまり，生活を豊かにする物を製作する技能や知識を学ぶことは，自らの手で生活を豊かにしていこうとする思いを高めていくことでもある。

3．指導計画（18時間）

学習内容	配当時間
1．巾着型袋の製作手順や縫い代，ゆとりの必要性を考える	6
2．必要な布，ゆとり，縫い代の見積もりと製作計画	2 本時1／2
3．生活を豊かにするオリジナル巾着袋の製作	9
4．作品の相互評価	1

④本時の指導

	学習活動	○指導上の留意点 ◆予想される子どもの反応	・教具　・資料 ◇評価
導入 5分	1．前時までの学習から，製作手順を振り返る。	○生活を豊かにする袋物の製作のために持参した「袋に入れたい物」をじっくり見つめさせ，製作意欲を高める。	・製作の段階見本等を黒板に掲示する。
展開 30分	2．不織布で，入れたい物に合わせた作品の大きさを見積もる。	○実際に不織布で各自の入れたい物をくるみ布の大きさを決めることができるように，適度なゆとりや縫い代について助言する。	
	3．見積った大きさで間違いないか，試作し確認する。	◆運動着を入れるにはどのくらいの大きさの布が必要？ ◆不織布で実際に袋に入れたい物を包むと，必要な大きさがだいたいわかる。ゆとり，マチはこのくらい。縫い代，ひも通しの分を入れるとどうなるだろう？	・不織布，ビニルひも，ホチキス，ものさし等の裁縫用具。
終結 10分	4．製作計画を立てる。	○使い続けたいと思える外観に仕上げられるように，製作計画を立てる際にアップリケなど装飾の見本を示す。 ◆イニシャルを入れてオリジナルの物にしたい。	・完成見本とボタンなどの装飾に使用する物を提示する。

出典）青山詩織：山形大学附属小学校校内研究会資料，2016

課　題

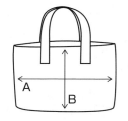

- p.96「2）織物の成り立ちと布目」に関連して，手提げかばんの製作をする際の布目はどちらが適切だろうか？　布の縦方向の「←―――→」を選んでみよう。
- 東日本大震災の際，避難所では暖房が行き届かず大変寒い思いをした方が多かった。災害時用のアルミ製保温シートは薄くて軽いのに保温効果が高いことが知られている。p.98「2）季節や状況に応じた日常着の快適な着方を科学的に学ぶ教材」に関連して，衣類以外の身近なもので防寒性を高める工夫を考えてみよう。
- 地震災害の二次災害として火災が発生する例が多くみられる。私たちが身に付けている衣類に着火した場合，どのように燃えるだろうか。p.98「3）日常着の手入れの仕方を科学的に学ぶ教材」に関連して，火災時により危険性の少ない衣服の素材はどれか，調べてみよう。

＜引用文献＞

1) 日下部信幸：生活のための被服材料学，家政教育社，1992，pp.21-23
2) 日本繊維技術士センター：おもしろサイエンス繊維の科学，日刊工業新聞社，2016，pp.128-129
3) 日本家庭科教育学会：児童・生徒の家庭生活の意識・実態と家庭科カリキュラムの構築―家庭生活についての全国調査の結果―，2002
4) 日本家庭科教育学会：児童・生徒の家庭生活の意識・実態と家庭科カリキュラムの構築―「家庭生活についての全国調査」の質的分析とクロス集計結果―，2003
5) 細谷佳菜子他：児童生徒の服装に対する意識と着装行動；福井大学教育実践研究，第32号，2007，pp.157-165

第9章 住生活に関する教材を考える

1. 住生活の現状と課題

　家庭科というと，調理実習や被服製作をイメージする人が多いかもしれない。2017（平成29）年告示の学習指導要領では，「B 衣食住の生活」として，食生活，衣生活，住生活の内容が整理されているが，あげられている6項目のうち住生活に関わる項目は（6）「快適な住まい方」のみであり，配当時間も食生活，衣生活に比べて少ない。また，調理実習や被服製作のように技術の習得による達成感や，生活に役立っていると実感しにくい分野でもある。しかしながら，住まいは私たちの身を守り，安らぎ，くつろぐことのできる大切な空間である。また，私たちは一日の多くの時間を住まいで過ごしている。住まいは，休養を取り，食事をし，衣服や家財を管理し，家族で団らんを過ごす場所であり，生活を営むのに欠かすことのできない"生活の器"である。教師は，限られた時間の中で，住生活について学ぶ意義を伝えるとともに，児童が関心を持って学習に取り組み，家庭や地域での生活実践に展開できるように教材を工夫する必要がある。

（1）量の確保から質の向上へ

　日本では，戦後，420万戸もの膨大な数の住宅が不足し，住宅政策により住宅の量的確保が推進された。高度経済成長期には大都市に人口が集中し，日照や採光，通風などの劣悪な住環境を強いられ，延床面積や設備の付帯状況など居住水準の目標が設定された（住宅建設計画法，1966年）。現在，住宅数は世帯数を上回り1世帯1住宅を実現し，居住水準も改善が進んだが，未だ満足な水準には至っていない*1。人口減少社会を迎え，少子・高齢化の進展を見据え，住宅政策は住宅の量の確保から質の向上へと大きく転換した（住生活基本法，2006年）。

　日本では，これまで「建てては壊す」を繰り返してきたため，住宅の平均寿命は約30年でアメリカやイギリスに比べて短い[1]。これでは住宅の費用負担が重く，環境への負荷も大きいことから，耐震化やバリアフリー化，省エネルギー対策などを進め，質の高い住まいを長く使用するストック型社会への転換が進んでいる。また，少子・高齢化や小世帯化，共働き世帯の増加により，これからの家族形態や住生活はますます多様化していくと考えられる*2。2016（平成28）年に見直された住生活基本計画では，初めて「若年・子育て世帯」と「高齢者」の住生活に関する目標が設定された[2]。豊かな住生活の実現のため，私たち自身も住まいについての知識を有し，消費者として適切な選択をするとともに，良好な居住環境の形成に関して積極的な役割を果たしていくことが求められる。

*1　1963（昭和38）年以前には総世帯数が総住宅数を上回っていたが，1968（昭和43）年に逆転し，近年，空家率の上昇が課題となっている。2013（平成25）年には，総住宅数は6,063万戸，総世帯数は5,245万世帯，総住宅数の13.5%が空家である。また，健康で文化的な住生活を営む基礎として必要不可欠な住宅の面積水準である「最低居住水準」を満たす世帯は90.2%，豊かな住生活の実現に向け必要と考えられる住宅の面積の水準である「誘導居住面積水準」を満たす世帯は56.6%である（総務省統計局：平成25年住宅・土地統計調査結果，2015）。

*2　若い世代を中心に広がっているシェアハウスや，プライバシーを確保した住戸と共用室からなるコレクティブハウスなど，多くの人や家族が集まって暮らす形が注目されている。

104　第9章　住生活に関する教材を考える

＊3　家庭内の不慮の事故死は14,175件，交通事故死は5,278件である（厚生労働省：平成28年人口動態統計（確定数）の概況，2017）。

＊4　家庭で発生する熱中症が増加し，高齢者では住宅での発生が半数を超えている（環境省：熱中症環境保健マニュアル，2017）。

＊5　シックハウス症候群については，改正建築基準法で内装仕上げ材の制限や換気設備設置が義務づけられたが，居住者の持ち込んだ家具や日用品が原因の場合や，居住者の知識不足や管理不足によって換気不足となる場合がある。

（2）住まいと安全・健康

　日本では台風，大雨，大雪，洪水，土砂災害，地震，津波，噴火などの自然災害が多く発生し，大きな被害をもたらしている（表9－1）。大きな災害では家族や住居を突然失い，物資の不足，夏の暑さ／冬の寒さ，衛生面やプライバシーの確保など多くの問題や不安を抱えながら避難生活を送る場合がある。また，地域コミュニティの崩壊を招き，地域の伝統や文化の継承が困難となる場合もある。

　阪神・淡路大震災では，死亡原因の約8割が倒壊家屋による窒息・圧死であり，住まいの耐震性の向上が望まれる一方，けがの原因は家具等の転倒落下であり，家具の転倒防止策や窓ガラスを強化ガラスに替えたり飛散防止フィルムを貼るなど，被害を少なくするために必要な対策を講じる必要がある。災害時に備えた備蓄，家庭内で安否情報の確認方法や集合場所について話し合っておくこと（自助）や，避難場所・避難経路やハザードマップを確認したり防災訓練に参加するなど，地域の担い手として地域コミュニティづくり（共助）も重要である。避難所や仮設住宅での生活課題に対しても工夫して対応できるような住生活に関する基礎的な力も家庭科において育みたい。

　また，近年，家庭内で発生する不慮の事故死は交通事故死よりも多く＊3，住居内での熱中症＊4やアレルギーの発生，シックハウス症候群＊5など，本来，身を守り安らぎを与えるはずの住まいが，私たちの健康や安全を脅かすこともある。居住者が住まいの管理や整備について知識や技能を身に付け，住まい方を見直していく必要があるといえよう。

表9－1　阪神・淡路大震災以降の自然災害の例

災害名	発生日	人的被害（人）		住家被害（棟）		
		死者・行方不明者	負傷者	全壊	半壊	床上浸水
阪神・淡路大震災	1995（平成7）年1月17日	6,437	43,792	104,906	144,274	－
平成12年有珠山噴火	2000（平成12）年3月31日〜2001（平成13）年6月28日	－	－	119	355	－
平成16年台風第23号	2004（平成16）年10月18日〜21日	98	555	909	7,776	14,323
新潟県中越地震	2004（平成16）年10月23日	65	4,805	3,175	13,810	－
東日本大震災	2011（平成23）年3月11日	22,118	6,230	121,768	280,160	3,352
平成25年の大雪等	2013（平成25）年11月〜2014（平成26）年3月	95	1,770	28	40	3
熊本地震	2016（平成28）年4月14日	228	2,753	8,697	34,037	0

出典）内閣府：平成29年版防災白書（附属資料），2017をもとに作成。

（3）これからの住生活

　利便性や快適性を求めるライフスタイルによって，家電製品は普及し，家庭におけるエネルギー消費が増加してきた。持続可能な社会の構築に向けて，日々の生活を見直し，環境に配慮した住生活を実現していく必要がある。

　地球環境を保全する観点から，エネルギーや資源に配慮し，周辺の自然環境と調和しながら健康で快適に生活できるように工夫された住宅を環境共生住宅という。また，近年では家庭の消費エネルギーを「見える化」し，家庭のエネルギー消費を制御するHEMS（home energy management system）や，IT（information technology／情報技術）を活用したスマートハウスも登場している。自宅の消費エネルギー量より自宅で作るエネルギー量が多いZEH（net zero energy house）の普及も期待されている。これらには，新しい技術や設備を取り入れながらも，高温多湿の日本の夏を快適に過ごすために日本の住まいに受け継がれてきた伝統的な技術も多く活用されている。持続可能な社会の実現に向けて，地域の気候風土に育まれた生活文化や伝統技術を見直し，大切にしていきたい。

2. 小学校で取り上げるべき内容

（1）住まいの機能

　住まいの原点は，外的から身を守るための避難所（シェルター）としての役割を果たしていた洞窟や岩陰であったといわれる。洞窟を離れ自分たちの手で住まいを作るようになると，土を掘り下げ"壁"を作り"屋根"をかけた竪穴住居ができていった。やがて生活に適した場所を選んで定住するようになると集落ができ，農耕によって食料が手に入るようになると，寝起きをするだけの住まいから，家族たちの生活の場所へと変化していった。

　現代においても，建築基準法では，建築物は「屋根及び柱若しくは壁を有するもの」と定義されている。屋根や壁は，日射，気温の変化，風雨，雪などの気候風土の厳しさを緩和する（気候緩和）重要な役割を持つ。外敵や自然環境から身を守る「保護的機能」は住まいの最も基本的な機能であり，居住者に心地よさや安心感を与える。また，住まいには他にも家庭生活を営む場所としての機能や，文化生活や個人発達の場としての機能もある。

　前節でも述べたとおり，日本では，住宅の被害を伴う災害が多く発生している。2016（平成28）年4月14日に発生した熊本地震では，指定避難所となる予定であった一部の施設が天井や壁の崩落によって使用できず，また余震が続く中で屋内にいることを不安に思う人も多く，発生当日は多数の住民が屋外に避難し，地面にブルーシートなどを敷いて毛布をかぶって一夜を過ごした。その後，雨風や寒さを凌ぐためにも避難所での生活が始まる。とはいえ，避難所となる体育館のような場所では足元からの冷えや，暖かい季節になってくると蒸し暑くなるため，毛布等の防寒具や，床には断熱性の高い段ボールや新聞紙，ごみ袋などを敷き，

図9-1　熊本地震での避難所の様子
（撮影：生田英輔（大阪市立大学））

各自がよりよい環境で過ごすために工夫をした。感染症が流行りやすい環境のため，衛生管理や掃除などの環境整備も行った。また，長引く避難生活の中でプライバシーの確保が次第に大きな課題となってくる。段ボールなどでできた間仕切りによって家族で安らげる空間ができるとほっとする人も多かった（図9-1）。雨風を凌ぐための住まいから，よりよい生活をめざし，家族や個人の生活のための住まいへと，住まいの機能や要求は次第に高まる。

普段，当たり前のように生活をしている場である住まいについて，その働きを意識している児童は少ないかもしれない。自然災害などによって予期せず住まいを失ったとき，住まいの機能や大切さに気づくだろう。

住まいの学習を始めるにあたり，住まいがどんな場所であり，住まいにはどのような役割があるか，改めて考えてほしい。住まいは自然環境から私たちを守る必要不可欠な"生活の器"であることに気づき，住まいに対する関心を高めたい。

（2）室内環境の調整

生活の器である住まいに，私たちが安心して快適に住まうためにはどのようなことが必要だろうか。住まいを取り巻く環境要因は様々あることに気づき，特に暑さ・寒さ，通風・換気，採光および音を取り上げ，季節の変化に合わせた快適に住まうための工夫について学習する。近年では，住宅の気密性・断熱性の向上により，エアコンなどの冷暖房機器による環境調整が普及している。そのため，自然の力を生かした住まい方や伝統的な住まい方については，体験的に学び，その効果を体感できるような教材の工夫が必要である。また，理科や社会，保健など他教科で学習したことと関連づけ，科学的理解を深めることも大切である。ライフスタイルを見直し，環境や資源に配慮した生活に関心を高めることに寄与したい。また，身近なところから生活文化に対する興味・関心を持たせたい。

1）温熱環境の調整

暑さ・寒さを左右する環境要因を温熱環境といい，温度・湿度・放射・気流の4要素の組み合わせによって決まる。

同じ気温でも湿度が高いと暑く不快に感じるのは，汗が蒸発しにくく体に熱がたまりやすくなるためである。私たちの体では，汗が蒸発するとき（不感蒸泄を含む），気化熱によって体内の熱を放散する。また，この気化熱を利用したものに打ち水がある。夏季に庭などに水を撒いて打ち水がされるのは，見た目の涼しさだけでなく，撒いた水が蒸発するときに地面から熱を奪ってくれるためである。最近では，屋外空間にミスト発生装置を設置したクールスポットもみられる。

気流があると，汗の蒸発が促進されるとともに体表面の熱が奪われ，体感温度が下がる。夏季に効果的な通風を得るためには，風の通り道を考えながら「入り口」と「出口」を作る必要がある。教室で，窓側だけを開けたときと，窓と対面にある戸を開けたときの風の流れ方の違いを体感するとよいだろう。そのときに，

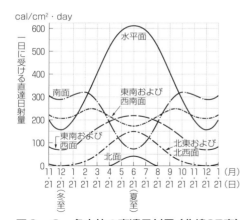

図9-2　各方位の直達日射量（北緯35度）
資料）日本建築学会編：建築設計資料集成2，丸善，1960, p.38より作成

図9-3　窓のブラインドの日射熱遮蔽効果比較
出典）日本建築学会編：建築設計資料集成1，丸善，1978

吹き流しや風車などを用いて風の流れ方を確認したり，それらを使った模型実験などを行い，視覚的に理解するのもよいだろう。他にも，地域の風向きを調べて，どのように窓や戸を開けたらよいか考えたり，風の通り道を邪魔する家具などがないか確認するというようなこともできる[*6]。

放射とは，物体が電磁波として放出する熱エネルギーで，最も身近な例は日射である。日射が差し込む場所とそうでない場所，日射を遮蔽する前と後などで，温度を測り体感すると太陽からの熱エネルギーを感じるだろう。シールタイプの安価な温度計を用いて数箇所で測定したり，サーモカメラを用いると温度分布を視覚的に理解しやすい[*7]。地球は地軸を傾けたまま太陽のまわりを公転しているため，南中高度は季節によって違い，そのため，建物の各面が一日に受ける直達日射量は季節によって異なる。日本で，南向き壁面に開口部を持つ部屋が好まれてきたのは，夏季には東西に比べて受熱量が少なく，冬季には受熱量が多いためである（図9-2）。また，南向きの窓では庇や軒など上方からの日射遮蔽が効果的であり，夏季は日射を遮り，冬季には取り込むことができる。日射遮蔽の方法には，カーテン，ブラインドなどもあるが，すだれや，つる植物を利用したグリーンカーテン[*8]のように，屋外側で遮蔽するとより効果が高い（図9-3）。

熱は，温度が高い方から低い方に流れる。壁や窓ガラスを通して，夏季には温度が高い屋外から低い室内へ熱が流入しようとするため，先に述べたような方法で熱の流入を防ぐ。一方，冬季には，毛足の長いカーペットや厚手のカーテンに変えたり，日が落ちる前にカーテンを閉めたりと，室内の熱が屋外に逃げないような工夫をする。窓ガラス付近は屋外の影響で冷やされ，下降気流（コールドドラフト）が生じやすいため，複層（ペア）ガラス[*9]などにして窓の断熱性を上げるほか，床面に置くような暖房器具は窓側に設置したり，サーキュレーターを設置して空気を循環させて室内の上部と下部の温度差を小さくする（図9-4）。

[*6] 地域の風向きは気象台のホームページ等で調べることができる。例えば，東京では夏季には南向きの風が多いため，南北の窓や戸を開けると効果が高い。また，冬に季節風が強く吹く地方で防風のために設置される屋敷林は，強風の風向きに配置されている。

[*7] サーモカメラは，タブレットに装着して用いるタイプなど簡易なものも出ている。

[*8] グリーンカーテンは，日射遮蔽と蒸散の効果がある。

[*9] 2枚のガラスの間に乾燥空気を閉じ込めた（中空層）もの。静止した空気は断熱性能が高い。

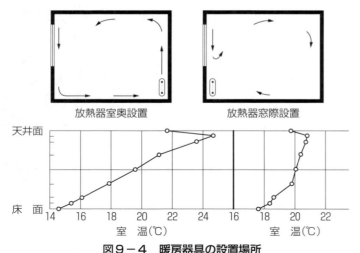

図9-4 暖房器具の設置場所
出典）日本建築学会編：建築設計資料集成1, 丸善, 1978

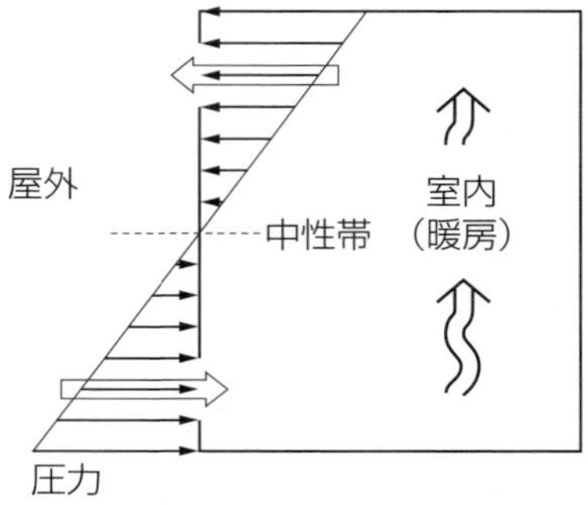

図9-5 温度差換気の原理
出典）三浦昌生：基礎力が身につく建築環境工学, 森北出版, 2006, p.11

2）空気環境の調整

　私たち人間は，呼吸によって酸素を体内に取り入れ，二酸化炭素や水蒸気を発生させている。また，室内では建物の材料や家具から多くの化学物質が発散され，調理などの生活行為によっても室内の空気は汚染される。室内を密閉した状態で長時間使用すると空気汚染が進み，在室者の健康に影響が出る場合もある。空気を清浄に保つためには，屋外から新鮮な空気を取り入れ，室内の汚染された空気を屋外に出すことが必要であり，これを換気という。

　かつて，日本の木造住宅は窓などの開口部が広く取られ，すきま風も多く自然に換気されていた。しかし，冷暖房機器の効きをよくしたり，外部からの騒音を防ぐなどの目的で，開口部を閉めて生活することが増えてきた。窓サッシの性能が上がり，住宅の気密性が向上する中では，計画的な換気が欠かせない。

　換気の方式は，開口部を通じた自然換気と，換気扇などを用いる機械換気に分けられる。自然換気の動力は，風の力または室内外の温度差である。冬季，閉め切った室内で暖房，特に開放型暖房器具[*10]を使用する場合は室内空気を汚染しやすく，結露の防止のためにも換気に気を付けなければならない。暖められた汚れた空気は上昇して上部から流出し，下部からは屋外の空気が流入しようとする（図9-5）。窓上部のガラリや，換気小窓などが利用できる。高さのある窓を開けると下半分から清浄な空気が流入，上半分から汚れた空気が排出される。

　換気扇を使用する場合も，汚れた空気の出口となる換気扇だけではなく，新鮮空気の入り口（給気口など）を確保することも忘れてはならない。

　空気の汚れは目に見えないため，意識されにくい。しかし，閉め切った室内に長時間滞在していると眠気を感じたり，不快に感じたことがある人もいるだろう。まずは換気の必要性に気づかせることが大切である。模型実験では，燃焼によって煙が発生する様子から空気汚染を意識付けたり，検知管法などで二酸化炭素濃度を測定すると空気の汚染度や，換気による効果を確認することができる。

*10 石油ファンヒーターなど開放型燃焼機器は，燃焼に伴って室内の酸素を消費し，二酸化炭素（CO_2），水蒸気などを室内に排出する。

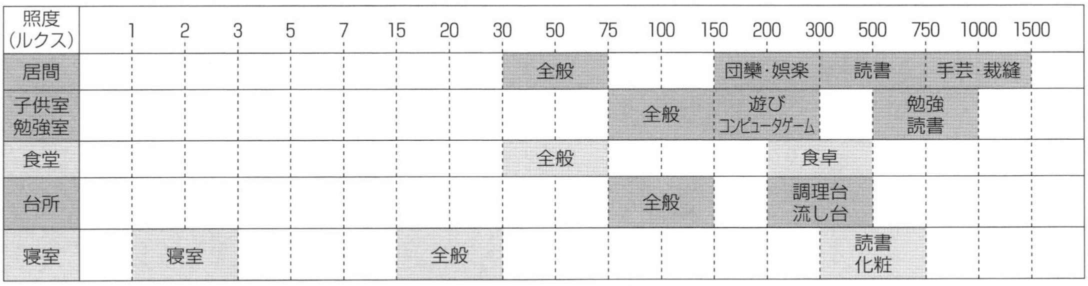

照度(ルクス)	1	2	3	5	7	15	20	30	50	75	100	150	200	300	500	750	1000	1500
居間									全般				団欒・娯楽		読書		手芸・裁縫	
子供室勉強室										全般			遊びコンピュータゲーム			勉強読書		
食堂									全般				食卓					
台所										全般			調理台流し台					
寝室		寝室					全般							読書化粧				

図9-6　住宅の照明基準総則抜粋

照明基準総則 JIS Z 9110, 2010をもとに筆者作成

3）光環境の調整

光が当たっている面の明るさを照度（単位：lx）という。暗すぎても明るすぎても目が疲れたり作業性が落ちたりするため，部屋の用途や作業内容によって明るさを調整する必要がある。窓の向きや，居場所，窓周りや照明の状況によってどの程度明るさが違うかを体感する。明るさの感じ方や好みは個人差も大きいため，照度計による測定を同時に行い，基準との比較をできるとよい（図9-6）。

室内で明るさを得るには，太陽光をとり入れる採光（昼光照明）と電灯などの人工光源を利用する人工照明がある。採光は，時間帯や天気によって得られる明るさが変動するが，殺菌や熱（暖かさ）の効果を持ち，生体リズム等にも影響するため，健康的な生活を送る上で欠かせない。ブラインドやカーテンで調節したり，障子も昼光を和らげて取り入れることができる。環境への配慮などの面からも採光を調整しながら活用し，明るさを得にくい場合には人工照明で補う。

4）音環境の調整

日本には，祭りの音や鈴虫の声で季節を感じたり，涼を取るため風鈴の音を感じたりと，音を楽しむ文化がある。一方で，保育所の開園延期や，隣近所での騒音トラブルなどのニュースも聞いたことがあるだろう。音には，高さ，強さ，音色の三要素があり，自分では気にならない音でも，聞く人や状況によっては騒音（不快で好ましくない音）と感じる場合もある。集合住宅では特に，下階に音が響かないようにじゅうたんを敷いたり，洗濯機や掃除機などの使用時間帯に気を付けるなど，互いに配慮する必要がある。騒音問題は近隣住戸間のコミュニケーション不足が原因となることも多いため，日頃からコミュニケーションを取り合って互いの生活を理解し合うことも大切だろう。環境基準[11]では，住居地域の騒音の基準値は昼間55dB以下，夜間45dB以下が望ましいとされている。

実際に，戸や窓を開けているときと閉めているときで音の漏れ具合を比較したり，普段の生活でどの程度の音が発生しているかについて，どのように感じたかを記録しながら，騒音計[12]を用いて測定して確認してみるとよいだろう。

また，最近は，駅の構内アナウンスや信号の音，エレベーターの到着音など，公共交通機関でのバリアフリーとして音サインが多く使われている。音サインについて調べてみると，ユニバーサルデザインや共生社会に向けた学びへ広がる。

＊11　環境基準

環境基本法第16条第1項の規定に基づく，騒音に係る環境上の条件について生活環境を保全し，人の健康の保護に資する上で維持されることが望ましい基準。

＊12 最近では，タブレットにアプリを入れて簡易的に測定することもできる。

（3）住まいの管理

　整理・整頓や清掃は，児童にとって身近な，健康で快適に住まうために欠かせない大切な仕事である。日々の整理・整頓や清掃によって，住まいや身の回りのものに愛着を持つようになるだろう。授業では，道具箱やロッカー，学校内を取り上げ，現状の問題点や課題を発見し，改善するための知識や方法を学び今後どうしたよいか計画をしてみたり，実際に取り組み振り返りをするとよいだろう。

1）整理・整とん

　整理・整とんは，不要なものを取り除き（整理），整った状態にすること（整とん）である。その目的には，使いやすくなる（作業性），所有物が把握できる，空間を有効活用できる，などがあげられる。また，物が室内にあふれている状態は，置いてあったものでつまずいて転んでしまうなど，家庭内事故につながる可能性や，災害時には通り道をふさいでしまうこともある（安全性）。

　整理・整とんの手順では，身近な場所を取り上げ，まず，現在何を持っていてどのような問題点があるか確認する。その中で必要なものと不要なものに分ける。次に，必要なものについて，使う頻度，場面，人，大きさや形，重さ，色などによって整とんし，使いやすい置き場所を決める。その際に，空き箱などを利用して仕切りをするなどの工夫をし，整った状態を維持できるようにする。不要なものについては，消費生活と環境の学習との関連性を持たせながら消費行動を見直したり，ごみを減らす工夫についても学び，環境や資源に配慮する。

2）清　　掃

　清掃を怠ると部屋が汚れて心地悪くなるだけでなく，カビやダニの発生により健康に影響を及ぼす場合もある。また，住まいは時間の経過とともに老朽化するため，居住者による維持管理（メンテナンス）が欠かせない。現在，核家族の増加や生活スタイルの変化によって家庭内での伝達の機会が減っているが，昔から行われてきた方法や工夫についても学んでいきたい。

　住居内には，砂や土ほこりなど屋外から入ってきた汚れ，髪の毛や手垢，綿ほこりなど人の身体や衣服から発生した汚れ，紙くずや食べかすなど生活による汚れなどがある。学校内にはどのような汚れがあるか確認してみると，汚れの種類やどのように発生したのかがわかり，普段の清掃では残ってしまう汚れなどの問題点にも気づくことができる。ほこりなどの軽くのっている汚れには，ほうきや掃除機，化学雑巾等を使用する。床や壁に付着した汚れには拭き掃除を行う。洗剤を使用する場合は，品質表示を確認し，安全性に注意する。洗剤使用による環境汚染などにも配慮し，できるだけ洗剤を使用せずに掃除をする方法を調べたり家庭でされている工夫を聞いてみるのもよいだろう。日本の特徴的な材料である畳は，植物が材料のため湿気を吸収しやすいので時々天日干しをしていた。また，材料を傷めないために畳の目に沿って掃いたり掃除機をかける。このように清掃する場所の材料の特性に合わせた清掃も，長く使用するために必要である。

　児童らが気づきにくい汚れとして，カビやダニがある。梅雨から秋季にかけて

は，カビやダニの生育条件と重なっているため注意が必要である。また，カビやダニはほこりや老廃物を栄養分とするため清掃でそれらを除去し，換気をして調理や洗濯などによって発生した水分を屋外へ排除することが必要である。

生活文化，消費生活と環境，家庭生活と仕事など，様々な視点で学習展開したり，他領域と関連づけた学習が可能である。また，高齢者から昔の清掃方法を学んだり，学校で高学年から低学年の児童へ清掃方法を伝えるような，異年齢や異世代との交流を取り入れた授業展開も考えられる。

3．内容を展開するための教材の具体的事例

(1) 住まいの働きや住まい方についての話し合い

普段，当たり前のように生活している住まいについて，その働きを意識している児童は少ないだろう。また，夏や冬の過ごし方についても普段から何気なく行っている工夫なども多いだろう。そこで，生活を見直し，問題を意識するようなきっかけづくりをしたい。

児童全員に付箋（7.5×7.5cm程度）を10枚ずつ程度配布する。テーマに関して考えたことを付箋1枚につき1項目を記入する。これにより，各自の生活や意識を振り返ることができる。次に，模造紙や，大きい付箋，ホワイトボードなどを班に配布し，班の中で出された付箋を，似た内容

図9-7　夏の涼しく住まうための工夫

ごとにグループ化し，グループ名を付けていく。どのようなグループができたか，などを教室内で共有する。班活動により，自分だけでは思いつかなかった意見や方法に気づくことができる。また，出された意見を集約化する中で，生活における課題や問題意識が芽生えたり，学習に関連する様々な視点に気づくことができる。

● テーマ例：「みんなにとって家はどんな場所か」，「家がないとどんなことが困るか」，「夏涼しく（冬暖かく）住まうためにしていること」，「夏（冬）の生活で困っていること」など

(2) 暑さ・寒さ・空気の汚れ・明るさ・音調べをしてみよう

どのような工夫をしたらより快適に住まえるかを考え，実際に体感し感じたことを記録する。ただし，主観的な評価は個人差も大きいため，可能であれば同時に測定を行い，測定結果と感じ方の両方の面から結果について考えるとよい。また，校内の様々な場所を調べてみると，夏や冬の住まいの問題点に気づいたり，窓の向きや部屋の位置や階による暑さ・寒さや明るさの違いなどにも気づくことができる（図9-8）。最近では，簡易測定機器やタブレットで測定できるアプリも出ている。理科など他教科で使用する測定機器を使用することもできる。

温度測定の結果

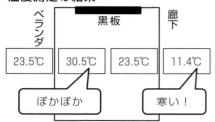

照度測定の結果

場所	感じ方	照度
教室廊下側	暗い	450lx
教室真ん中	暗い	800～900lx
教室窓側	明るすぎ	1,500～2,000lx
廊下	暗い	650lx
ベランダ	明るすぎ	13,000～14,000lx

〔2017（平成29）年2月晴天，東京学芸大学附属小金井小学校，5年生〕
※暖かさや明るさとしての日光のエネルギーやその特徴に気づく。冬季に室内に日光を多く取り込むにはどうしたらよいか，明るすぎる場合や暗いときにどうしたらよいかを考える。結果は，プリントや黒板で，平面図や表などにまとめて示すとわかりやすい。

図9-8　温度・照度の測定結果の例

（3）整理・整とんマスターになろう

　整理・整とんの学習では，児童らが毎日使用する道具箱やロッカーを用いて，実際に整理・整とんをしながらその手順を学ぶ。整理するためには，まず自分の所有物を把握することが大切である。これにより，無駄なものを買っていないかなど消費行動を振り返ることもできる。持ち物を確認したら，自分にとって必要なものと不要なものを分類し，不要なものは有効な活用方法や適切な処分の方法を考える。整とんについては使用頻度等を考えて，使いやすくするためにどうしたらよいかを考えながら行う。

（4）汚れ調べをしよう

　汚れ調べを行うと，汚れの特性や普段の掃除の方法の問題点に気づくことができる（図9-9）。ほこりなど軽くのっている汚れは，セロテープなどで集めてくることができるし，それ以外の汚れはスケッチをして記録し，書画カメラ等で発表すると他の班や児童が調べたことや気づいたことも共有できる。また，タブレットでロイロノートなどのソフトを使い，撮ってきた写真にテキストを追加して発表会をするのもよいだろう。汚れ調べの結果を踏まえて掃除の計画を立ててみよう。いつも掃除をしているはずなのに汚れている場所や，今まで気づかなかった汚れを落とす方法を考えてみよう。

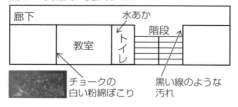

図9-9　汚れ調べと掃除の計画

4. 教材を使った授業実践例　　113

4．教材を使った授業実践例

（1）題材構成の視点

　近年，家庭・学校ともに冷暖房機器が普及しており，自分自身で環境調整をするという意識が低い児童も多い。本題材では，普段の生活を振り返り，各自の住生活における課題や問題意識を持って，よりよくしていく方法を探っていけるよう構成した。

　そこで，本授業ではまず，付箋と模造紙を使った話し合いによって，寒い季節の住まい方を振り返った。そして，生活経験をもとに，学ぶ必要性に気づき，学習課題を持たせた。児童が普段の生活で意識しにくい空気の汚れについては，煙により視覚的に理解できるよう工夫した。また，寒さや明るさについては，主観的な各自の評価と，客観的な測定結果を元に考えるようにした。

　実践例として紹介する換気についての実験では，冬季の暖房時の換気の必要性に気づき，温度差換気の原理を理解できるようにした。知識の教え込みにならないよう，授業者側から窓の開け方の組み合わせを提示するのではなく，児童は試行錯誤しながら実験に取り組み，活発に意見を出し合う中で，より適切な換気方法を導き出せるような展開とした。

（2）授業の実践例

学習指導案 第5学年	寒い季節を快適に	○○年○月○日○曜日○校時 授業場所：○年○組教室　授業者：西岡里奈

1．題材について
1－1．題材の特性（題材設定の理由）
・本題材では，寒い季節をどのように快適に過ごしていくかについて，衣服と住まいを中心に理解を深めていく。
・本題材では，寒い季節の住まい方について，自分の生活の課題を見つけ，よりよくするための術を探る。その際に，自分の生活を客観的にとらえ直したり，友達と関わりながら思考していくことで，自分の価値観にとらわれるのではなく多面的に物事を考えられるようにしたりする。
1－2．題材の目標
・季節の変化に合わせた生活の大切さがわかり，快適な住まい方について考えることができる。
・暖かく明るい住まい方について考えることができる。
1－3．題材の指導計画（全6時間）

時配	主な学習活動	教師の指導・評価・留意点
第1次 （1時間）	寒い季節の住まい方を見直そう（1時間目）	自分の寒い季節の過ごし方を振り返ることができる

第2次 (4時間)	寒い季節の快適な過ごし方を考えよう ・暖かい衣服の着方を考えよう（2時間目） ・暖房器具の適切な使い方を考えよう 　　　　　　　　　　　　　　　（3時間目） ・日光を利用しよう（4時間目） ・明るさを調整しよう（5時間）	寒い季節の過ごし方を工夫することができる ・暖かい衣服の着方や特徴がわかる ・部屋を暖かく快適に保つために工夫することができる ・日光の働きと活用の仕方がわかる ・適度な明るさでの住まい方を工夫することができる
第3次 (1時間)	家庭科室を快適にしよう（6時間目）	今までの学習をふまえて，自分の過ごし方を工夫することができる

2．本時
2-1．本時の目標
快適な住まい方について，暖房器具の適切な使い方について考える。
2-2．評価規準
暖房器具を使って部屋を暖かく快適に保つための工夫を考えることができる。
2-3．本時の教材
〔換気実験用の教室模型〕
・出てきた煙を観察しやすいよう，外側を黒く塗った段ボール箱を模型とした。
・窓は上に2か所，下に2か所，その対面側の下に1か所の計5か所とし，養生テープを剥がして窓を開け，テープを貼って窓を閉めた。
・別の1面はラミネートフィルムで中の煙が確認できるようにし，その向かい側の下にお香（灰皿に入れた）の出し入れ口を作った。

〔ビデオ教材〕

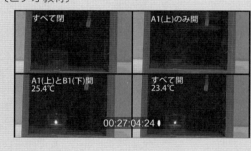

・換気実験用と同じ形の模型の内側にアルミホイルを貼り，箱の中の温度を測定するための温度計を設置した。
・箱の中にろうそくを置き，窓が「すべて閉」「上1のみ開」「上1と下1を開」「すべて開」のときのろうそくの燃焼時間と箱内の温度を比較した。
・30分の実験を4分30秒の映像に編集した。

2-4．準備物
お香，灰皿，チャッカマン
2-5．本時の学習指導過程
（3/6時間目）

時配	学習内容と活動	指導上の留意点・評価
導入 5分	1．部屋で寒い時に何をするか，日常生活を振り返る。 ・厚着をする。 ・あたたかい物を食べる。 ・暖房を付ける。	・前次に作成した「寒い季節をあたたかくすごすための工夫」を書いた模造紙を活用する。

4．教材を使った授業実践例

展開 35分	暖房器具の適切な使い方を考えよう	
	2．暖房器具を使うときに工夫していることや気を付けることを挙げ，理解する。 ・部屋を閉めきっているほうが，早くあたたまるよ。 ・カーテンを閉めたほうが寒い空気が入ってこないと思う。 ・使うときは危ないから，燃えやすい物は置かない方がいいね。 ・閉めきっていると，あたたかくなるけど空気が悪いね。 3．模型を使い，暖房器具を快適に使うための換気の仕方を考える。気付いたことを発表する。 ・どこの窓を開けたら，たくさん空気が入れ替わるかな。 ・全部開ければ，早いと思うよ。 ・開ける場所によって，出てくる煙の量がちがうね。 4．実験ビデオを見て，快適な暖房の使い方について考える。 ・換気をするためには，空気の出口と入口が必要だね。 ・上下で開けた方があたたかい空気をあまり逃がさずに，換気ができるね。 ・全部を開けると早く換気ができるけれど，部屋が寒くなってしまうよ。	・模型にお香を入れて，模型内の空気が汚れる様子を観察させる。 ・模型の中の様子を観察することで，換気の必要性に気づけるようにする。 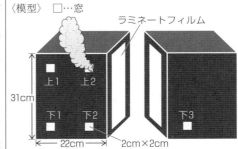 ・模型を使用して実際に窓の開け閉めをすることで，試行錯誤しながら換気の様子を観察できるようにする。 ★暖房器具を使って，部屋を暖かく快適に保つための工夫を考えることができたか。
まとめ 5分	5．快適な暖房器具の使い方について学習から考えたことを記入する。	

※教師の留意点は「・」，評価は「★」を使用している。
注：授業案は，東京学芸大学「日本における次世代対応型教育モデルの研究開発」［文部科学省特別経費（プロジェクト分）］の研究の一環として，東京学芸大学大竹美登利，藤田智子，萬羽郁子と附属小金井小学校西岡里奈で検討した。
出典）東京学芸大学次世代教育研究推進機構：文部科学省機能強化経費「日本における次世代対応型教育モデルの研究開発」プロジェクト報告書，Vol.5「OECDとの共同による次世代対応型指導モデルの研究開発」プロジェクト―平成28年度研究活動報告書―，2018

（3）授業実践からの学び

　導入で，暖房時に気をつけていることを尋ねたところ，多くの児童が火事にならないようにストーブの近くにものを置かない，暖かい空気を逃がさないために戸を閉めるといったことをあげ，換気についての意識は低いようであった。そこで，書画カメラで，閉めきった箱の中に煙が充満していく様子を見せたところ，児童らは自分たちが箱の中にいることを想像し，換気の必要性に気づいた。

　次に，模型を班に配り，どの窓を開けたらよいかを考えさせると，児童らは様々なパターンの窓開けの組み合わせをあげた。実際に窓の開け方を変えながら煙の出方を観察させたところ，煙は上の窓から出ていることがわかった。理科で学習した空気の対流の知識と結び付けて理解を深める様子もみられた。また，実験を繰り返す中で，窓は一か所開けるよりも二か所開けると煙が出ていくこと（換気には汚れた空気の出口と新鮮な空気の入り口が必要であること），上の窓が煙の出口，下の窓は煙の入り口となっていること（温度差換気の原理）といった，

換気方法を理解した。

　さらに，予め用意していたビデオ教材によって，窓の開け方と箱の中の温度や空気の状態との関係について考え，児童らは，環境に配慮し，効率的に換気をする必要性にも気づいた。教室内でも換気窓は上のほうについていることや，換気扇の位置などを確認することで，学習した換気の原理が実生活でも活用されていることにも気づくことができる。

課　題

・いくつかの場所や条件で，温湿度・空気質・照度・騒音レベルを測定してみよう。そこから，課題と解決方法を考えてみよう。
・住生活に関する教材と指導案を考えてみよう。

＜引用文献＞
1）国土交通省：平成20年度国土交通省白書，2008，p.12
2）国土交通省：住生活基本計画（全国計画）（平成28年3月18日閣議決定）

第10章 消費生活と環境に関する教材を考える

1. 消費生活と環境に関する現状と課題

（1）子どもたちの消費生活の実態

　グローバル化や高度情報化等の急激な進展に伴う経済社会の変化により，消費者問題は多様化し，どの世代においてもトラブルに遭遇する可能性をはらんでいる。例えば，未成年者のインターネット利用率は高く，スマートフォンやゲーム機等で様々なサイトにアクセスする頻度が多い。そのため，ソーシャルメディアの使用において情報モラルの低さから生じる人間関係トラブルや，モバイルデータ通信利用の際にデータ容量の上限超過に気づかず追加データ容量を購入してしまうなどのオンラインゲームに関わる様々な問題に遭遇しやすい状況となっている。特にSNS使用についての課題は多く，「子どものSNSコミュニケーションに関する実態調査 2017」（トレンドマイクロ株式会社）の結果から，SNS利用中にトラブル経験のある子どもが約3割いることが報告されている。インターネット利用者が年々低年齢化していることから，家庭や学校が連携して使い方のルールを学ぶ場の設定が必要とされてきている。

　また，子どもを対象とした物やサービスなどを販売する市場も次々に生み出されており，中にはキャラクターやブランド，トレンドなどの嗜好優先の選択を促す広告を目にすることもある。物やサービスを選ぶ際，嗜好や流行だけでなく，必要度や予算，そして安全や品質，さらに人や環境にやさしいかなどを考えて選ぶようにさせたい。このことは，インターネットの利用の際も同じで，消費者として自立するために，金銭の使い方をはじめとした消費行動のルール，そして商品やサービスの情報を得る方法をきちんと学ぶ必要がある。

（2）昨今の消費者問題の特徴

　国民生活センターと全国の消費生活センターに寄せられた情報をもとにした表10-1（最近の消費者トラブルの例）を見ると，新手の悪質商法や特殊詐欺の中にもインターネット絡みのトラブルが多いことがわかる。また，インターネット関連のトラブル被害者は，操作等ハード面での情報リテラシーが十分とはいえない中高年層や，情報モラル等ソフト面での情報リテラシーに問題のある若年層に多いという。消費者への適切な情報リテラシーの浸透は喫緊の課題である。

　しかしながら，あらゆる消費者問題の未然防止や解決のためには，生活を営む上で必要な基礎力（家庭科で学ぶ基礎的な知識や技能）と自分の生活経験を関連付けて応用できる生活実践力を培うことが大切である。

118　第10章　消費生活と環境に関する教材を考える

表10-1　最近の消費者トラブルの例

	トラブル名	内　容
インターネット	インターネットでの通信販売	通販サイトで商品を購入し代金を銀行振込で支払ったが商品が届かない，メールで問い合わせても返信がない。
	架空請求不当請求	利用した覚えのない「コンテンツ利用料」や「サイト利用料」，「アダルトサイト利用料」等の請求メール，さらに「有料動画の料金が未納，本日付で連絡しないと法的措置をとる」という文面の請求メールが届く。
	誘い出しなりすまし	SNSやネットで知り合った人による性犯罪被害など。警察庁によると，2015（平成27）年のコミュニティサイトに起因する児童被害は約1,700人。
健康	「お試し」のつもりが定期購入	健康食品等について，お試しということで通常価格より安い価格で購入したところ，定期購入の契約をしたことになっており，高額請求された。
	健康食品の送り付け商法	頼んでもないのに送ってきて，事業者から「申し込んだのだから払え」と高圧的に言われ（暴言等），押し切られて承諾してしまうケース等。
勧誘	劇場型勧誘	複数の業者が役回りを分担し，パンフレットを送り付けたり，電話で勧誘したりして，消費者があたかも得をするように信じ込ませて実態不明の金融商品等を買わせる手口。高齢者を中心に深刻な被害がある。
	光回線サービス等	「契約の更新時期が来ている，更新するには転用ナンバーが必要」などと転用以外に更新できないような説明での勧誘，代理店の会社名をはっきりと名乗らず大手電話会社が電話しているかのような勧誘があった。

出典）国民生活センター：消費者トラブルメール箱2016年度のまとめ，2017　および消費者庁：平成26年版消費者
白書，2014をもとに筆者作成

（3）人や地球にやさしい消費行動

　日本社会は経済発展に伴い物質的・経済的な豊かさを追求してきた結果，多くの人が便利で快適な生活を送れるようなった。しかし，この生活スタイルが，地球温暖化や生物多様性損失，資源枯渇などの環境問題を助長し，経済格差を生み出す要因となっていることから，私たち消費者には，これまでの生活スタイルを見直し，周囲の人々や環境，将来の人々の生活，国内外の社会情勢や地球環境にまで思いを馳せて生活することが求められている。

　国際的には，2015年9月の国連総会で採択された持続可能な開発目標（SDGs）案に，達成すべき17の分野別目標として，持続可能な消費に向けた取り組みが盛り込まれ，すでに世界規模での取り組みが進められている[*1]。国内では，2012（平成24）年施行の「消費者教育の推進に関する法律」に基づき，消費者市民社会の形成を目的とした消費者教育が推進されている[1]。この法律では，消費者市民社会を「消費者が，個々の消費者の特性及び消費生活の多様性を相互に尊重しつつ，自らの消費生活に関する行動が現在及び将来の世代にわたって内外の社会経済情勢及び地球環境に影響を及ぼし得るものであることを自覚して，公正かつ持続可能な社会の形成に積極的に参画する社会」と定義し，消費者が主体的に消費者市民社会の形成に参画することを基本理念としている。つまり，消費者一人一人が，自分だけでなく周りの人々や，将来生まれる人々の状況，内外の社会経済情勢や地球環境にまで思いを馳せて生活することが消費者市民社会の形成につ

*1　SDGsについては，第1章p.18，終章p.171を参照。

ながるということである[2]。具体的には，不公正な事業者と取引しない，環境・人・地域にやさしい商品を選択する，必要な物・サービスのみを購入する等，消費行動が，経済だけでなく，社会や環境にも影響を与えることを自覚し，意識的に行動できる消費者市民の育成が求められているということである[3]。

2．小学校で取り上げるべき内容

（1）物や金銭の大切さに気づき計画的な使い方を考える

　金銭の大切さに気づくことや，計画的な使い方を考える体験的な教材として，「おこづかい」があげられる。「おこづかい」は，「家計」にとっては支出であるが，子どもにとっては収入となる。そして，自由に使える反面，自分で管理しないとすぐになくなってしまうことを体験的に知ることができ，その結果，収入と支出のバランスを考えて計画的に使う必要性を学習できる。また，ほしいものがあっても我慢することを通して，金銭の使い方に関して自分をコントロールする力が身に付く，つまり，消費生活における自己管理能力の育成につながる。

　そこで，「おこづかい」そして「家計」に関わる，収入と支出，計画的な使い方，購入方法，そして消費者トラブル等についての基礎知識を以下で論じていく。

1）収入と支出

　家庭における経済活動を家計という。家庭生活を維持していくためには，収入（働いて得たお金）と支出（生活のために使うお金）のバランスがとれるよう，計画を立てて家計をやりくりする（工夫する）ことが大切である。収入と支出の主な内訳は以下の①②に示した通りである。

① 　収　入：働いて得たお金から必要経費を差し引いた家庭の収入を所得と呼ぶ。所得は主に，「勤労所得（企業等で働いて得た給料など）」「事業所得（会社や商店を経営して得た収入など）」「財産所得（アパートや土地などを売ったり貸したりして得た収入など）」の3種類に分けられる。

② 　支　出：家計から出て行くお金を支出といい，実支出と貯金などの実支出以外の支出に分けられる。また，実支出は消費支出と非消費支出に大別される。物やサービスの提供を受けて代金を支払うことを消費支出，税金や社会保険料を非消費支出という。消費支出と非消費支出の項目は表10-2に示す。

表10-2　消費支出と非消費支出

	消費支出	非消費支出
項目	食料費（毎日の食事に必要なお金など） 通信費（インターネットや電話代など） 娯楽費（映画館や遊園地の入場料など） 光熱費（電気，ガス，水道の料金など） 教育費（塾や学校の授業料，文房具代など） ※その他，医療費，衣料費，交通費等がある。	税金（所得税，消費税など） 社会保険料（医療保険，年金保険，介護保険など）

2）契　　約

契約とは，法律で保護するに値する「約束」である。売買契約の際，口約束でも，契約書がなくても，お互いの合意があれば契約は成立する。

一旦契約したら，本来はどちらかの一方的な都合で契約をやめることはできないが，民法（未成年者契約，詐欺等）や特定商取引法（クーリング・オフ等），消費者契約法の適用が認められる場合は解除・取消・無効となる可能性がある。

3）物やサービスの販売方法と購入方法

販売方法は，店舗販売と無店舗販売の二つに分類できる。店舗販売には，小売店，専門店，デパート，スーパーマーケット，ディスカウントショップ，コンビニエンスストア（以下コンビニと略す）等がある。無店舗販売には，訪問販売，通信販売，自動販売機，インターネットショッピングなどがある。

近年，コンビニとインターネットショッピングの利用者が各段に増えている。前者は，長時間営業で，すぐ近くにあり様々な物やサービスに対応していること，後者は，出向かなくてもほしいものが入手できることが，受け入れられる要因となっている。購入方法については，表10－3に示す。

4）契約，物やサービスの購入に関係する消費者問題

① 　消費者の権利と責任：消費者が安心して健康で文化的な消費生活を送るためには，消費者の権利の確保が大切である。表10－4では，1962年にアメリカ合衆国のケネディ大統領が提唱した四つの権利，1975年にアメリカ合衆国のフォード大統領が追加した消費者教育を受ける権利をもとに，1982年に国際消費者機構が追加しさらに責任を加えた「八つの権利と五つの責任」を示した。

② 　消費者問題：昨今の消費者問題として，インターネットに絡む問題や特殊詐欺等がクローズアップされているが，表10－5に示した典型的な問題商法も相変わらず横行している。

表10－3　現在使われている購入方法

種　　類	方法（使い方）
現金（即時払）	小銭や札で直接的に支払いをする。
プリペイドカード（前払）	事前にカードを購入。利用し支払った分だけ残額が減る。
クレジットカード（後払）	カードを提示しサイン等して支払いができる。利用代金は後日に預金口座から引きおとされる。
デビットカード（即時払）	買い物などの際にカードを提示し暗証番号を入力することで，利用代金が口座から即時に引き落とされる。
電子マネー（前払・後払）	金銭的な価値をもつ電子的なデータ。買い物，交通機関利用の際にカード等を提示して決済ができる。プリペイド型とポストペイ型がある。
振り込み，コンビニ決済（前払・後払）	購入先からの振込用紙で金融機関やATM，コンビニで支払う。購入先から送られた払込番号を提示してコンビニで支払う。
※新しい支払方法：インターネットバンキング（インターネットを介した銀行振込）や，電子収納サービス（インターネットバンキング，モバイルバンキング，ATMによる支払）	

2. 小学校で取り上げるべき内容　121

表10-4　消費者の権利と責任

八つの権利		五つの責任
1. 安全である権利　　2. 情報を与えられる権利		1. 批判的意識を持つ責任
3. 選択する権利　　　4. 意見が反映される権利		2. 主張し行動する責任
5. 補償を受ける権利　6. 消費者教育を受ける権利		3. 社会的関心を持つ責任
7. 生活の基本的に必要なものが保証される権利		4. 環境への影響を自覚する責任
8. 健全な環境の中で働き生活する権利		5. 連帯する責任

表10-5　注意を促す必要のある悪質な商法

悪質な商法	販売の手口
点検商法	点検と称して家庭を訪問し，「床下に水たまりがある」「瓦の下に白アリの巣がある」などと不安をあおり，工事，除湿剤散布，換気扇などの契約をさせる。
不当・架空請求	クレジット引き落としの不足金や，各種情報サイトなどの利用料金と称して，消費者に電話，電子メールやハガキなどで法的根拠のない支払請求を行う。
SF（催眠）商法	健康診断や講習の名目で高齢者などを会場に入れ，日用品を無料で配り雰囲気を盛り上げ，判断能力が曖昧になった時点で高額商品を売りつける。
アポイントメントセールス	「あなたが選ばれました」と特別であることを強調した連絡をして営業所などに誘い出し，着物やアクセサリー，パソコン，絵画など高額商品を売りつける。
キャッチセールス	繁華街の路上や駅前などで，アンケートの呼びかけに対して応じると，営業所や店に連れ込んで，アクセサリーや化粧品，絵画鑑賞券などを売りつける。
デート商法（恋人商法）	主に出会い系サイトやメール等で知り合って付き合う機会を作り，デートにこぎつけると，恋愛感情を利用して和服やAV機器等の高額商品を売りつける。
送りつけ商法（ネガティブオプション）	購入の申し込みをしていないのに，商品（紳士録，書籍，写真集など）を勝手に送ってきて，代金引換郵便や着払い宅配などを悪用して料金を請求する。

（2）身近な物の選び方，買い方を考え，適切に購入できる

　高学年になる頃から，子ども自身による物やサービスを選択する権利と意思の相互作用が生じる。この発達段階に応じて，物やサービスを選ぶ際に，欲求を優先して選ぶのではなく，必要度や予算，安全，品質を考えて選ぶことの大切さを学ぶ必要がある。先述の管理能力に加えて，物やサービスの情報を得る能力，例えば，表示やマーク等を正しく読み取る能力を身に付ける必要があると考える。そこで，買い物の仕方，表示やマークについての基礎知識を以下に記していく。

1）買い物の仕方

　まず，買い物の手順について①～⑤に示す。買い物の過程において，必要度や予算，品質，情報などがどう関わってくるのかを理解することができると考える。

①　**買い物の目的を明確にする**：例えば，「カレーを作るからその材料を買うため」など，物やサービスを購入する理由を明確にする。

②　**計画を立てる**：まず，物やサービスの具体的な形，予算，時期，場所などについて決める。次に，買う物やサービスについての情報を得る。

③　**選　ぶ**：目的や好み，予算，品質（汚れ，破損，性能），表示（期限，原

料，健康に関わる情報，安全，環境等の記載など）をよく見て確かめる。

④　**物を受け取り代金を払う**：代金を支払う。レシートをもらう。物を受け取る，またはサービスを受ける。現金払いが基本であるが，児童でもプリペイドカード，ポイントカードなどの電子マネーが利用できる（表10－3参照）。

⑤　**使用する**：買い物について，使い方などを確認し，工夫して使用する[4]。また，その結果をふまえて振り返り（計画・目的・好み・品質等）を行う。

2）表示・マークから得られる情報

　食品にはいろいろな表示やマークが付いていて，これらを利用すれば様々な情報が得られる。例えば，アレルギーに関する情報，特定保健用品や機能性表示食品といった表示やマーク（表10－6）など，健康に関わる情報がある。また，品質の劣化が早い食品には「消費期限」，長持ちする食品には「賞味期限」等が表示されており，買い物の際にはいつ頃食べるかを考えて選ぶことができる[5]。

（3）環境に配慮した選び方・使い方ができる

　持続可能な社会の構築に対応して，買い物などの消費行動が経済，社会，そして環境に影響を与えることを自覚して，意識的に行動することのできる「消費者市民」の育成が求められている。
　そのキーワードとなる項目について以下に述べていく。

1）グリーンコンシューマー

　環境のことを優先に考え，Reduce（ごみを減らす等）やReuse（再利用）を行い，Recycle（再生）等に協力し，環境汚染に結びつかない商品やサービスを選ぶなど環境に配慮した行動をとっている消費者のことをいう。環境負荷を減らす取組みを行う生産者や企業の提供する商品やサービスを選択するという考えが社会に浸透すれば，環境に配慮した商品が増え，環境保全に役立つ。3Rの他，4Rや5R（表10－7参照）を推奨するところもある。

2）フェアトレード

　開発途上国からの原料や製品を適正な価格で継続的に購入すること。購入の目安となるのが「国際フェアトレード認証ラベル」（表10－6参照）などで，このラベルは，「国際フェアトレード基準（児童労働を禁止し安全な労働環境を保障し，生産者が正当な対価を得られること）」が守られていることを証明している。

3）食品ロス

　食品ロス[*2]については，"買い過ぎない・使いきる・食べきる"を実践したい。
　最近は，処分される前の安全な食品を企業や個人から寄贈を受け，生活困窮者等に配布するフードバンク事業が，NPOなどによって行われている。

4）地産地消

　私たちの身近な所で生産された物を選んで食べる（購入する）こと。食料自給率を高め，移動距離（フードマイレージ[*3]）が短くなりCO_2排出量が減少し，環境保全につながる。また，地域の食文化継承，産業や経済の活性化につながる。

＊2　食品ロスについては，第7章で詳述。

＊3　フードマイレージ
　食品を重量と生産地からの距離との関係で示したものがフードマイルの考え方で，これに基づいて，日本では輸入食品の重量と輸出国からの距離に特化したフードマイレージの指標がつくられた。輸入食料（重量）×輸出国までの距離で表され，エネルギー消費と直結するため，環境への負荷の指標として用いられる。

表10-6 覚えておきたいマーク

表10-7 五つのR

Rの種類	内容
1．リフューズ（Refuse）	不要なものは買わない・断る・もらわない
2．リデュース（Reduce）	ごみや資源の使用量を減らす
3．リユース（Reuse）	ごみにしないで再利用する
4．リペア（Repair）	修理して長く使う
5．リサイクル（Recycle）	再資源化する

※1・3・5を3R，1・2・3・5を4Rといい，さらに多くのRを提唱する地域もある。

5）エシカル消費

　環境・社会・地域における倫理的配慮をした消費活動である。例として，環境に配慮した製品の購入（グリーン購入），開発途上国の社会問題等を考慮して生産された服を購入するエシカル・ファッション，2011（平成23）年の東日本大震災以降，活発になっている応援消費や地産地消などがある[6]。

3．内容を展開するための教材の具体的事例

（1）金銭の使い方を工夫する教材

　本来，子どもたちは，おこづかいを好きなだけ使っていたら，すぐになくなるため，ほしいものがあっても我慢しなければならないことを，体験から学んでいるはずである。しかし，少子化の影響で父母だけでなく祖父母等からもお金や現物をもらい，ほしいものはほとんど手に入る状況となっている子どもが多く，おこづかいから金銭の使い方を学ぶことが難しくなっている。また，諸事情から，おこづかいの額や有無については家庭によってずいぶんと異なっている。

124　第10章　消費生活と環境に関する教材を考える

　そこで，金銭の使い方を考える教材として，限りある予算の中で何を選択するのかを個々に考えさせること，そして自分の選択の思考過程を振り返ることができる『カレー作りゲーム』[7]を活用することができると考えた。

　この教材は，ビーフカレーが好きな親（大切な人）のためにカレーの具材を購入するという設定で，金額は限られ，何かを買ったら何かが買えなくなるという「トレード・オフ」の体験ができる。また，何を学ぶことができたか，それが今後の生活にどう生かすべきかということを考えることができる。授業実践は次節p.127に，ワークシート例を表10-8，材料と値段表の例を表10-9に掲載した。

（2）物やサービスの選び方に関する教材

　物やサービスを選択する際，目的や用途を考慮し，比較検討すること，品質や価格などの情報から必要な情報を整理することが大切である。例えば，高齢者のための総菜を選ぶ場合，やわらかくて薄味の物を選べば間違いがないと思われる。しかし，嗜好，歯の具合，健康状態等の情報がなくては，その人にとってよい物を選ぶことはできない。また，品質や安全性も見逃せない大事な要件である。そこで，物やサービスを選ぶ際に，状況に応じた適切な判断力を育成することができる教材として，「3種類のベーコン」を取り上げた実践がある。

　家族のために「野菜＆ベーコン炒め」を作ることになったという設定のもと，ベーコンは1人30g程度，予算は500円以内という条件で，三つのベーコンから一つを選ぶ。大きさ・量・産地・原材料・表示やマークなど，様々な情報をもとに選び，選んだベーコンとその理由をワークシート（表10-10）に記入する。次に，グループ内で答えと理由を発表していく。また「私は□人家族です。選んだベーコンは△です。選んだ理由は何でしょう」というように，順番にクイズを出して，答えを推理していくやり方ができる。後者のクイズ形式を用いた方法については，全員が能動的に品物を選ぶポイントを比較することや家族構成の違いを指摘することができ，関心が高まったという結果が報告されている[8]。

　東京くらしWEB（東京都の情報サイト）のWEB版教材「しっかり考え楽しくチャレンジ　さあ始めよう！　自分でお買い物」においても，物の選択の仕方について学ぶことができる。WEB教材があることで，教室でのICT活用の授業も可能となり，さらには個々での学習（復習）が可能となる。ワークシートは表10-10，ふりかえりシートは表10-11に掲載した。

（3）消費行動と環境問題との関わりについて考える教材

　消費者の責任に，環境への配慮や，社会的弱者への配慮がある。中学校において，じっくりと学ぶ内容ではあるが，児童期からグローバルな視点や社会的価値観を育てておくことで，中学校の家庭科への関心度や重要度を高めることになり，主体的に消費行動に関わることのできる消費者市民の育成につながると思われる。

　また，循環型社会形成推進基本法において，持続可能な社会をめざした消費行動として環境の3Rが提唱されてから20年近くが経過したが，未だに使い捨て文

3. 内容を展開するための教材の具体的事例　　125

表10-8　ワークシート例（カレー作りゲーム）

ワークシート～1,000円以内でカレーの材料を選ぼう～

　　　　　　　　　　年　　組　　番　名前（　　　　　　　　　　　）

1. カレーの材料の選び方を考えよう！

	アイディア1	アイディア2	アイディア3	アイディア4
考えられる 組合せ				
コインの数 （金額）	（　　　円）	（　　　円）	（　　　円）	（　　　円）
考えられる よい点				
考えられる 悪い点				
目的の達成度	/100	/100	/100	/100

2. 自分で考えた結論を書こう！

①選んだアイディア番号　　　　②選んだ理由

表10-9　カレーの材料と値段

カレーの材料と値段について

☆予算は1,000円（コイン2個）以内

☆コイン1個（●）は100円

ジャガイモ	たまねぎ	ぶた肉
コイン2個 ●●	コイン2個 ●●	コイン3個 ●●●
ピーマン	ニンジン	牛肉
コイン1個 ●	コイン2個 ●●	コイン4個 ●●●●
シーフードミックス	牛乳	カレー粉
コイン2個 ●●	コイン1個 ●	コイン1個 ●

※ヒント：色々な組み合わせができる！

126 　第10章　消費生活と環境に関する教材を考える

表10-10　ワークシート例（条件の異なる３種類のベーコン）

ワークシート～三つの中から，野菜＆ベーコン炒めに使うベーコンを選ぼう～

　　　　　　　　　　　　　　　　　　　　　　　　　　年　組　番　氏名（　　　　　　　　）

A　自家製ベーコン　　　　　お肉屋さんの自家製ベーコン。大きなかたまりから買う分のみスライスしてくれる。
　　　　　　　　　　　　　　塩だけで味付け。添加物は不使用。　消費期限：スライス後２日　100gで200円

B　スライスベーコン　　　　原材料：豚肉，砂糖，水あめ，植物性たん白，食塩，乳たん白，加工でん粉，酸化防
　　　　　　　　　　　　　　止剤（ビタミンC），調味料（アミノ酸），発色剤（亜硝酸Na），香辛料など
　　　　　　　　　　　　　　内容量：116g（１パック）　価格：250円　賞味期限：加工後約１か月
　　　　　　　　　　　　　　アレルギー物質の表示（材料の一部に卵，乳成分，大豆を含む）有り
　　　　　　　　　　　　　　厚生労働大臣承認HACCPマーク付

C　ハーフベーコン　　　　　原材料：豚肉，水あめ，大豆たん白，食塩，加工でん粉，調味料（アミノ酸），酸化
　　　　　　　　　　　　　　防止剤（ビタミンC），発色剤（亜硝酸Na），コチニール色素，香辛料など
　　　　　　　　　　　　　　内容：175g（35g×５パック）　価格：300円　賞味期限：加工後約１か月
　　　　　　　　　　　　　　アレルギー物質の表示（材料の一部に卵，乳成分，大豆を含む）有り

Q あなただったら，どのベーコンを選びますか？　　⇒選んだベーコン　記号（　　　）
選んだ理由

表10-11　ふりかえりシート

ふりかえりシート

　　　　　　　　　　　　　　　　　　　　　　　　　年　組　番　氏名（　　　　　　　　）

１．グループのみんなの「ベーコンを選んだ理由」を聞いてわかったことを書こう。

２．三つのベーコンの情報から，わかったこと，疑問に思ったことを書き出してみよう。

３．ベーコンはどのように作られるのか調べよう。
　　原材料などの情報でわからなかった言葉があったら調べておこう。（次時までの課題）

化は消えず、分別の手間を惜しむ行為が多くみられ、十分定着したとはいいがたい。児童期から、環境配慮に向けた責任ある行動につながる価値観や、SDGsにも示された社会的弱者への配慮といった行動につながる価値観を身に付ける必要がある。そのためには、身近な食品のルーツや環境に配慮した買い物について考える「フードマイレージ」を利用した教材や、自分たちの買い物と世界とつながっていることから考える「エシカル消費」を扱った教材を活用すべきである。

フードマイレージを扱った授業[9]では、まず広告（チラシ）に載っている食品の生産地が外国産と国産があることに気づかせ、次に比較させる。比較の方法はフードマイレージを計算して数値化することである。それをもとに、環境を考えた購入の仕方について検討をしていく。フードマイレージは、「食料の輸送量」×「輸送距離」で計算するのが、最も児童にわかりやすい。

エシカル消費の教材例としては、ノートやチョコレートがあげられる。ノートはJISマークやエコマーク、再生紙の表示等があるか否かといった点で、品質保証や環境に配慮した商品であるかどうかがわかる。チョコレートは、フェアトレードや募金付等の表示、ベルマークなど社会貢献を伴うものであるかどうかがわかる。また、表示などの情報から、生産工程における背景をうかがい知ることが可能となることから、"think globally act locally"につながる教材になり得る。

チョコレートを扱った授業では導入に1枚のカカオ農園の労働者の写真（図10-1）を使う。写真から、原料がカカオであること、遠い国が原産地であること、子どもが働いていることなど、チョコレートの背景が見えてくる。展開では、複数のチョコレートのパッケージから様々な情報が得られることを体験し、児童それぞれが自分なりの価値観でチョコレートを選ぶ。振り返りでは、チョコレートの生産国で起こる問題の解決につながる消費行動について確認する。授業実践例は次節p.129に掲載した。

図10-1　児童労働の写真

ダニエル・ローゼンタール（写真）、白木朋子（文）：カカオ農園で働く子ども，DAYS JAPAN 2010年9月号（2008年コートジボワール南西部のシニコッソン村で撮影）

4．教材を使った授業実践事例

（1）金銭の計画的な使い方，物やサービスの選び方を考える授業

| 学習指導案 第5学年 | くふうしよう　かしこい生活 | ○○年○月○日○曜日○校時 授業場所：○年○組教室　　授業者：○○○○ |

1．題材の指導計画（5時間）
　・計画的に買うくふう〈2時間〉
　　❶生活を支えるお金について考えよう　　❷計画的な買い方について考えよう（本時Ⅰ）
　・買い方のくふう〈3時間〉
　　❸買い物の計画を立てよう　　❹適切な買い方を考えよう　　❺買い物にチャレンジ

128 　第10章　消費生活と環境に関する教材を考える

2．本時Ⅰ（金銭の計画的な使い方を考える授業）について
　①本時の目標
　・適切な買物について自ら考え工夫しようする。（意欲・関心・態度）
　・金銭の計画的な使い方と適切な買物に関する基礎知識を理解する。（知識・理解）
　②使用する教材（前述『カレー作りゲーム』）
　③学習展開例[7]

	学習内容・活動等	教師の関わり・留意点等
導入	1．前時の学習について振り返る。 （収入と支出を考えてお金を使うことが大切である） 2．課題を確認する。 「1000円でカレーの材料を買おう！」 ・親のためにカレーを作ることになった。 ・大好物はビーフ（牛肉）である。	○前時の学習を想起させる。 ○各児童に，おはじき10個とワークシートを配布する。 ○場面設定と条件，ルールを説明する。
展開	・予算は1,000円である。 （コイン1個を100円とし，1人に10個用意） ・食材の値段は資料（表10-9）の通りである。 3．買うものを選択し，買うもの・金額・選んだ理由等を，個々のワークシートに記入する。 4．ゲーム終了後，意見の交流を行う。 ○選択理由や感想等を発表する。 1．カレーの材料の選び方を考えよう！（記入例） ※ アイディアA 組合せ：ジャガイモ，玉ねぎ，ニンジン，シーフード… 金額：900円　○○○○○○○○○○ 良い点：私の嫌いな物が入らない 悪い点：母の好きなビーフがない 目的達成度：自分の好きなカレーで良いのか？ 2．自分で考えた結論：　アイディアA　理由…	○食材と値段の表（表10-9）を資料として用意し，配布するとともに，模造紙大にして前に貼ってよく見えるようにする。 ○ルールや条件等が理解できているか確認する。 ○机間支援で助言を行う。 ○意見交流に役立つ言動について観察を通して記録する。 ○どの選択も間違いではなく，それぞれに特徴があることをおさえる。
まとめ	5．振り返り ○記入用シートに本授業で感じたこと，考えたことを書く。 6．次回は，実際の買い物の計画を立てよう。	○トレード・オフの体験から，何を学べたのか，また学んだことをどう自分の生活に生かしていくかについて考えさせる。

　④授業後の感想
　　金銭管理能力を育むためには，このような学びを繰り返し行う必要がある。保護者の授業参観において本授業を行った上で，「ルールを設けて，家庭教育の一環として行うことが最も効果があり，その絶好の機会がおこづかいである」ことを保護者に伝え，家庭と連携した取り組みを行う試みをするに至った。

4．教材を使った授業実践事例　　129

（2）消費行動と環境問題との関わりについての授業

学習指導案 第6学年	人や環境にやさしい買い物の仕方を 考えよう	○○年○月○日○曜日○校時 授業場所：○年○組教室　　授業者：○○○○

1．指導計画（3時間）

①私たちのもとに食品はどうやって来ているのだろう（1時間）

②人・環境にやさしい買い物の仕方を考えよう（2時間　　本時は2／2時間目）

2．本時（人や環境にやさしい買い物の仕方を考える授業）について

①目標

　　身近な商品の背景を知り，人・環境・社会に配慮した消費行動についての実践的な態度を育てる。

（関心・意欲・態度）

②使用する教材（前述「フードマイレージ」および「児童労働」）

③学習展開例

	学習内容・活動等	教師の関わり・留意点等
導入	1．写真を見て気づいたことを発表する。 　・外国人の子　・働いている　・大きな袋 2．写真の解説から，袋にはカカオの実がたくさん入っていること，カカオがチョコレートの原料であることについて知る。 3．袋を持つ少年は学校に行かないで働いていることを知る。	○写真とワークシートを配布し，気づいたことを書くよう指示する。 ○写真について解説する。 ○カカオがチョコレートになるまでの工程について簡単に説明する。 ○チョコレートができるまでの工程での児童労働について説明する。
展開	4．子どもたちが学校に行けるようにするにはどうしたらよいか考える。 　・親がしっかりする　・そんなことできない 5．本時の学習課題を知る。 「人と環境にやさしい物の選び方を見つけよう」 6．チョコレートを見て，人と環境にやさしいことがわかる箇所にマーカーで印をつける。 7．チョコレートのパッケージからわかったことを班で話し合い，整理する。 　・フェアトレードマークがある。 　・災害地支援の募金ができる。	○自分の考えを書くよう指示する。 ○チョコレートをグループ毎に4種類ほど配布する。 〈市販品，フェアトレード品，様々な募金付の品など〉 ○わからない説明やマークについての質問に答える。 ○開発途上国であるカカオの国の，児童労働を禁止するため，森林破壊を防ぐため，など様々な情報をチョコレートごとに整理させる。
まとめ	8．一つ選ぶならどのチョコレートか，班が薦めるチョコレートとその理由を発表する。 9．今日学んだことをまとめる。	○班ごとに選んだチョコレートについて発表してもらうことを伝える。 ○生産する人も，買う人も，幸せになる商品の選び方があることを伝える。

④この授業をきっかけに，子どもたちが日々の生活でエシカルな消費行動を心がけるようになった。また，社会科や道徳との教科横断的な授業へと発展した。

※本授業は，2016年度ふじのくに消費者教育推進フォーラムにおける公益社団法人日本消費生活アドバイザー・コンサルタント・相談員協会（NACS）の講座を参考に作成した。

130　第10章　消費生活と環境に関する教材を考える

課　題

・持続可能な社会の構築に対応した消費者の役割について考え，ポスターにまとめよう。
・フェアトレードの商品を一つ選び，生産等に関わる背景を調べ，整理しよう。
・SNS等の利用に関する小学校高学年向けの注意事項を考え，ルール表を作成しよう。

<引用文献>

1）松本純：『世界消費者権利デー』を迎えるに当たって，消費者庁ホームページ，2017
2）消費者庁：平成25年版消費者白書，2013
3）日本弁護士連合会：Q&A消費者教育推進法と消費者市民社会，2015，pp. 4 - 5
4）内野紀子他：小学校 私たちの家庭科 5・6，開隆堂，2015，pp.54〜55
5）農林水産省：子どもの食育 注目しよう食べ物のこと 消費期限と賞味期限，2006
6）静岡県：静岡県の消費者教育ポータルサイト なるほど！消費者教育，2014
7）金融広報中央委員会ホームページ：知るぽると「『カレー作りゲーム』と『おこづかい』で教える経済の基礎概念」，「見てわかる！金融教育―授業の進め方」
8）松田優子：第5学年家庭科学習指導案「じょうずに使おう物やお金」，板橋区教育ネットワーク，2015
9）荊尾梨絵，多々納道子，竹吉昭人：小学校家庭科における環境保全意識をそなえた消費者の育成を目指す教材開発，島根大学教育臨床総合研究，12，2013，pp.67-76

第11章　実験・実習を用いた授業

1．実験・実習を用いた授業とは

　2017（平成29）年告示の学習指導要領によると，家庭科の学習方法の特質は「衣食住などに関する実践的・体験的な活動を通して」学習を展開することにあるとされている。具体的な実践的・体験的な活動としては，「衣食住や家族の生活などの家庭生活に関する内容を主な学習対象」として，「調理，製作などの実習や観察，調査，実験など」が示されている。ここでは，実験・実習を用いた授業として，実験・実習・観察・調査を取り上げる。表11－1は，小学校家庭科の各分野で扱われる実験・実習などの事例を示している。

表11－1　小学校家庭科で扱われる実験・実習などの事例

	実験	実習	観察	調査
衣生活	洗濯，手入れ	洗濯，手入れ，ボタン付け，布を用いた製作		
食生活	〔調理実験〕ゆでる，いためる，炊飯，だし	〔調理実習〕ごはん，みそ汁，1食分の献立	食事マナー，配膳	給食調査，地域の食文化
住生活	照度，室温，騒音，通風・換気	整理・整頓，清掃		教室環境調査
消費生活・環境		買い物疑似体験		物の使い方，表示調べ，ごみ・リサイクル
家族・地域		幼児や高齢者とのふれあい	家庭の仕事，地域の人々	家庭の仕事調べ，生活時間調査

2．実験・実習を用いる意義

（1）見方・考え方を働かせる

　小学校家庭科は，「生活の営みに係る見方・考え方」[*1]を働かせ，衣食住などに関する実践的・体験的な学習活動を通して，生活をよりよくしようと工夫する資質・能力を育成することを目指している。「生活の営みに係る見方・考え方」を働かせるためには，児童が日常生活における問題を自分のこととして捉え，問題の背景に気づくようにすることが必要である。授業に実験・実習を導入することは，実際に体験することによって，生活事象を自分の生活に引き寄せ，実感を

*1　中教審答申では，家庭科における見方・考え方について，「協力・協働」「健康・快適・安全」「生活文化の継承・創造」「持続可能な社会の構築」の視点で生活事象を捉えることが示されている。

132　第11章　実験・実習を用いた授業

伴って問題点を発見することに役立つ。例えば，「快適な住まい方」の授業で，教室環境を調査することによって，「健康・快適・安全」の視点から問題点を捉えて，主体的に問題を解決しようとする意識につながる。

（2）科学的な理解を深める

　生活経験の少ない現代の子どもたちが，家庭での経験を通して生活に関する知識・技能を習得することはおおよそ困難である。なぜ，そうするのか，手順の根拠を理解しなければ，実生活で直面したときに活用できない。授業に実験・実習を導入する目的は，生活を科学的に理解して生活の場でいかせるようにするためである。例えば，調理において食材に応じて下処理，調理の手順が異なるのはなぜか，実験や実習によって根拠を探り，納得感を持って科学的に認識することが知識や技能の定着につながる。したがって，調理実習は，作って食べるだけではなく，一つ一つの調理操作や手順を科学的に理解できるように工夫したい。

（3）生活課題解決能力の育成

　家庭科で育成したい生活課題解決能力は，「日常生活の中から問題を見いだして課題を設定し，様々な解決方法を考え，実践を評価・改善し，考えたことを表現する」といった問題解決的な学習活動を通して「思考力，判断力，表現力等」を育成することによって養われる。実験・実習は問題解決的な学習であり，児童自らが主体的に課題の解決方法を考えて，実践をしていかなければならず，問題解決していく過程で「思考力，判断力，表現力」が養われる。具体的には，課題を見つけて，これまでに学んだ知識や技能を活用して自分たちで解決方法を考えるため「思考力」が養われる。そして，いくつかの解決方法から結果を予測しながら解決方法を選択する活動を通して「判断力」が鍛えられる。また，授業では，課題解決に向けて実践した結果を自分の言葉でワークシートや発表で表現しなければならず「表現力」も身に付く。さらに，結果について評価することによって「批判的思考力」*2 1) も養われる。

*2　国立教育政策研究所が学校教育において育成すべき「21世紀型能力」の一つとして批判的思考力が明記されている。論理的・批判的思考力は，学習活動の様々な問題解決のプロセスで発揮される分析，総合，評価などに関わり，物事を多様な観点から論理的に考察する思考力である。

*3　行為によるコミュニケーションスキルには，共同行動スキル，協働行動スキル，支援行動スキルがある。

　そして，家庭科では「思考力，判断力，表現力」だけでなく，最終的には日常生活における「実践力」の育成を目指している。そのため，実験・実習を用いた授業では，体験を通して技能を習得して実践力を養う。例えば，洗濯の実験・実習では，実験を通して汚れの落ち方を比較した上で，実習でどうすれば汚れが落ちるかを実際に問題解決してみることによって技能が身に付き，実践力を養う。

（4）協働と自己肯定感

　実験・実習を用いた授業は，調理実習や教室環境調査などグループで行うことが多い。グループで話し合い助け合いながら，協働して課題を解決していくことは，言語によるコミュニケーションスキルだけでなく，行為によるコミュニケーションスキル*3 2) も養い，人とよりよく関わるための人間性の向上にもつながる。

3. 実験・実習を用いた授業設計　133

　また，調理や製作等の実習では，ものづくりの楽しさを味わい，自分にもでき
たという達成感は自信になり，自己肯定感にもつながる。「してもらう自分」か
ら「できる自分」に成長したことを実感し，習得した知識や技能を実生活でもい
かしたいという実践的な態度を養う。例えば，これまで針と糸を使ったことがな
かった児童が，製作を通して自分にもできるという自信を持つことが，実生活で
ボタンが取れたときに自分で修繕したいという意欲につながる。

3. 実験・実習を用いた授業設計

（1）題材の選定

　家庭科では，単元ではなく題材を用いる。家庭科における題材とは，「各領域
の指導事項を断片的に扱うのではなく，目標達成を目指して関連のあるものを組
み合わせたり，一つの事項を取り上げたりしてまとめ，これに指導時数を配当し，
指導過程や指導の順序等を示したもの，すなわち一つの指導単位のことである」[3]
とされている。家庭科は実践的・体験的な活動を通して学ぶ教科であり，題材は
実験・実習を中心としたまとまりで指導計画を検討して，生活課題を解決する力
を養うことができるようにする。

　そのため，実験・実習を用いた授業設計では，題材の選定が重要である。児童
が実感を伴って生活に結びつけられる題材*4を選びたい。例えば，住生活であ
れば学校や教室，消費生活であれば修学旅行や調理実習の買い物，食生活であれ
ば給食の活用など，児童が共通認識のもとに取り組める題材を工夫したい。

　また，ものづくりの題材は，児童の発達段階に応じた困難水準*5で，苦労し
ながらもできたときの成就感が得られ，習得した知識や技能を実生活で活かした
いと思えるような適切な内容を選びたい。

（2）安全性への配慮

　実験・実習を用いた授業でもっとも大切なことは安全性の確保である。実験・
実習を通して事故が起こらないように安全管理を事前に徹底しなければならない。
調理実習ではガスコンロや包丁など器具・用具の管理，食材の保管，衣服や住ま
いの実験では薬品の管理，器具用具の扱い，製作実習では針やミシン，アイロン
の管理や扱い，そして，実験・実習中の換気，器具用具の定期的な点検，事故や
災害時の対応など日頃から十分に配慮しておかなければならない。

　また，実験・実習では，児童は座っている講義型授業と異なり，活動して移動
するため，一人の教員で多人数の児童をサポートするのは至難の技である。事前
に児童の作業内容と作業時間をシミュレーションして，児童の動線を予想して危
険箇所や無理な工程がないか，必ず検証をしておきたい。そして，問題点が発見
された場合には事前準備を再検討して準備物の補完，器具や用具の配置，授業の
流れやワークシートの改善に取り組みたい。

*4　題材の選定にあたっては，日頃から児童の実態や興味・関心，生活課題の把握に努めたい。

*5　困難水準は，簡単すぎても難しすぎても成就感は味わいにくい。調理実習や布を用いた製作は，5，6年生の2学年にわたって扱うため，段階的に難易度を上げるようにする。

（3）「深い学び」になる授業展開

実験・実習を用いた授業は，児童が主体的に活動をすることができ，楽しい授業になりやすいが，実験・実習を導入することが授業の目的ではない。生活課題を解決する能力を育成するために，実験・実習を導入する。したがって，実験・実習を用いた授業展開では，表11−2のように，導入で，生活の課題を見つけて「なぜ」「どうして」「解決したい」という関心・意欲を持たせることが重要である。課題を「自分の生活に身近な解決すべき問題」と捉えることによって，主体的に解決方法を考え，思考力，判断力を働かせて解決方法の計画を立て，意欲的に実践活動に取り組むことができる。

そして，深い学びになる授業展開では，実験・実習・観察・調査などの実践活動後の学びが肝心である。活動して終わりにならないように，実践した結果をどう表現させるのか，事前にワークシートや発表の仕方を検討して効果的な手法を準備したい。学びを深めていくためには，実践して気づいたことを記録することによって認識につながり，さらに「対話的な学び」で発表し合うことによって新しい発見や問題点を見つけることができる。

家庭科では，「思考力，判断力，表現力」だけでなく，「実践力」の育成を目指している。そのため，授業で実践したことを家庭・地域で活かせるように，授業後の支援についても工夫したい。

表11−2　家庭科の学習過程のイメージと実験・実習を用いた授業展開

家庭科の学習過程のイメージ		実験・実習を用いた授業展開
生活の課題発見	つかむ	生活の疑問や問題を感じ取る（導入） 課題を見つける
解決方法の検討と計画	見通す	解決方法の情報収集 解決方法における結果を予想する 解決方法を考える 解決方法の計画を立てる
課題解決に向けた実践活動	やってみる	実験・実習・観察・調査
実践活動の評価・改善	まとめる 振り返る	実践した結果を表現する 発表し合う 結果を評価して，問題点を見つける 改善案を考える
家庭・地域での実践	いかす	改善案を家庭・地域で実践する 実践を振り返る 次の実践にいかす

資料）「家庭科の学習過程のイメージ」部分は，中央教育審議会答申別添資料による

4．実験・実習を用いた授業実践例　　135

４．実験・実習を用いた授業実践例

（1）調理実験を導入した調理実習

　調理実習は，調理操作や手順を科学的に理解しなければ知識や技能の定着はしにくい。そのため，調理実験を導入して段階を踏まえて科学的認識を持って調理実習につなげたい。事例では，「いためる」調理について，最初に青菜を班ごとにいためて調理の関心や疑問を持たせ，本時では，班で一つの野菜の調理比較（切り方，火力，味付けのタイミングの違い）を担当して調理実験をし，実験後の全体での話し合いを通して結果を共有し理解を深めている。その上で，１人で３色野菜いための調理実習，さらに２次では，家庭での実践へと学習した知識や技能を繰り返し活用することで，いためる調理の定着と実践力を育成している。

学習指導案 第6学年	「いためる」にトライ	○○年○月○日○曜日○校時 授業場所：○年○組教室　授業者：中山香理

1．題材の目標
　試し調理や三つの野菜をいためる調理を通して，いためる調理の仕方を理解し，家族のためにいためる調理の仕方を工夫することができる。

2．指導計画（全6時間）
　第1次「○○いため」にトライ
　　・青菜をいためる調理の仕方を振り返る。
　　・試し調理をして，野菜のいため方を調べる。（本時）
　　・1人ずつ3色野菜いためを調理する。
　第2次「家族のための野菜いため」にトライ
　　・家族での実践計画を立てる。
　　・家族での実践を伝え合う。

3．本時の指導
（1）目標
　試しの調理や調理後の話し合いを通して，いためる調理の仕方がわかる。
（2）展開

学習活動・内容	教師の働きかけと評価
1．前時を振り返り，本時の学習課題について確認する。 ・小松菜は，4～5cmに切って強火でいためるけれど，にんじんはどんな切り方だとおいしくなるのかな。半月切りとせん切りにして強火でいためて比べてみよう。 野菜をおいしくいためるには，どうしたらよいのだろう。	・青菜をいためてわかったことと疑問点，それを解決するための方法について確認することで，目的意識を持って調理や話し合いに臨めるようにする。 ・いためる調理で用いることの多い，にんじん，キャベツ，ピーマンの中から班ごとに一つの野菜を選ぶようにし，日常での実践に結び付くようにする。

136　第11章　実験・実習を用いた授業

2．班ごとに試し調理をする。 （1）用具や材料の準備をする。 （2）いため方を調べる。  （3）試食し，片付けをする。 3．野菜のいため方について話し合う。 ・にんじんは，短冊切りよりせん切りの方が早く火が通るし，いためやすい。 ・中火だとしんなり，強火だとしゃきっとした。 ・途中で味付けをすると水っぽくなってしまった。火を止める直前はおいしくできた。 4．本時の学習についてまとめる。 ・せん切りや短冊切りにする。 ・強火でいためる。 ・火を止める直前に味付けする。	・材料と油の量を板書し，同じ材料を用いる班でできるだけ条件をそろえるようにする。 ・フライパンの大きさや火力，切り方，味付けのタイミング，加熱時間など調べる観点以外の条件がそろっているか確認する。 ・包丁やフライパンなどを安全に扱っているか注意しながら机間指導をする。 ・調べた材料や観点，方法，結果などを記録できるカードを用意し，話し合いにいかせるようにする。 ・見た目や食感，色などを比較しながら試食することで，どのようにいためるとおいしくなるのか考えられるようにする。 ・調べた結果などを記入したカードを黒板に掲示したり，気づいたことについて伝えたりしながら共有することで，野菜のおいしいいため方について考えられるようにする。 評 いためる調理の仕方がわかる。 　　　　　　　　　　　　　　（発言，ノート） ・調理や話し合いからわかったことや疑問点も発表し合い，次時の3色野菜いためや日常場面での活用につなげたい。

表11-3　試し調理で調べた比較実験一覧

	切り方	火力	味付けのタイミング
にんじん	①5mmせん切り ②1cm×3cm短冊切り	①強火 ②中火	①途中 ②火を止める直前
キャベツ	①1cm×3cm短冊切り ②ばらばら	①強火 ②中火	①途中 ②火を止める直前
ピーマン	①5mmせん切り（縦） ②5mmせん切り（横）	①強火 ②中火	①途中 ②火を止める直前

※全9班が1つずつ実験を担当して，①②を比較している。

出典）茨城大学教育学部附属小学校教育研究発表会，2017

（2）洗たくの実験を導入した「衣服の手入れ」の授業

　2008（平成20）年告示の学習指導要領より，家庭科の内容構成が統一され，小・中学校の学びのつながりが求められている。小・中学生に家庭科の学習内容における意識調査をした結果，「衣服の手入れ」は最も興味・関心が低く，「衣服の手入れ」は家庭での実践率も低かった[4]。そのため，実験を導入することによって体験を通して興味・関心を高め，よりよい衣服の手入れには科学的な理解が必要であることを実感させたい。そして，実験を踏まえて，自分の衣生活の手入れについて課題を見つけて，問題解決する実践活動につなげたい。

4．実験・実習を用いた授業実践例　　137

学習指導案 第6学年	衣服の手入れをしよう

○○年○月○日○曜日○校時
授業場所：○年○組教室　　授業者：増子律子

1．題材の目標

　課題学習を通して，自らの経験・知識を活かし，工夫しながら課題を追求し，日常着の手入れの仕方がわかり，手洗いを中心とした洗濯ができる。

2．展開

	学習活動	授業展開の視点 ○生活を見つめる ⊕中学校へのつながり	○育てたい実践力 ☆身に付ける基礎・基本
出会う	（1）洗濯の汚れについて調べてみよう	○洗濯についての知識，技能をもとに，生活を振り返り調べる。	○自分の生活の中から問題点を感じ取る力
出会う つかむ 見通す	（2）実験1 汚れがついてすぐ 綿100％の色柄汚染布 綿100％の白汚染布 汚染…カレー，どろ，墨 ○グループで洗い方，理由を話し合い計画を立てる。 話し合いの基 ・水温 ・洗剤の種類，量 ・手洗いの洗い方 ・時間（つけおき）	○色柄は色落ちすることに気づく。 ⊕取り扱い絵表示 ○根拠を持って計画する。 ○自分の経験や生活を基に話し合う。 ○布の縮み，しわ，色落ち，ゆがみ，汚れの様子に着目させる。 ⊕衣服の素材に適した手入れ	☆取り扱い絵表示の見方 ☆汚れによるしみこみやすさの違い ○課題を解決する方法を考える力 ○友だちと情報交換する力
やってみる	（3）実験2 汚れがついて1週間 実験1の汚れと落ち方比較 綿100％の色柄汚染布 綿100％の白汚染布 汚染…カレー，どろ，墨	○汚れたときのしみ抜きの必要性について気づく。 ⊕しみ抜き実験（部分的な手入れ）	○新たな気づき，発見をする力
まとめ	（4）実験3 教師実験 観察 使用洗剤の液性がわかる。 ○グループで洗濯に必要な情報について話し合う。	○リトマス試験紙で，使用洗剤の液性を確認する実験を行う。 ○洗剤液の性質と布地の性質のつながりがわかる ⊕洗剤の主な種類と特徴（洗剤のはたらき）	○リトマス試験紙の見方 ○洗剤液の性質と布地の性質のつながり ☆環境への影響を考えた洗剤の量
振り返る	（5）洗濯について自分の課題を見つけよう 靴下を洗おう	○日常生活の中で手洗いが必要な靴下を取り上げる。 ・水だけで大まかな汚れを落とす ・汚れを用具を使って落とす	○友だちと情報交換する力 ○課題を見つける力 ○課題を解決する方法を考える力
活かす	○靴下洗いの経験や家の洗濯工夫を情報交換しながら，自分が調べたい課題を考える。	・乾きやすい干し方 ・後の手入れが安易になる干し方 ⊕洗濯機による洗濯 ⊕アイロンかけ，収納保管	○自分の課題に対して予想する力 ☆洗剤液の作り方 ☆もみ洗い ☆ねじり絞り ☆干し方，たたみ方，しまい方

138　第11章　実験・実習を用いた授業

まとめ 振り返り	（6）家庭実践をする （7）学習のまとめをしよう ○実践報告や今までの学習を振り返り，わかったこと，家でやっていること，気づいたこと等をまとめる。	○家族の励ましの言葉や賞賛をもらう。（家庭への協力依頼） ○学習の場面を変えて繰り返し学習する。（体操服，下着） ○図や表，言葉でまとめ，実践報告をし，互いの活動を見合い，評価する。	○お互いの活動を見合い評価する力 ○実践を振り返り，次の実践を考える力 ○友だちの情報から自分で活かせそうなことを考える力

中学校

環境への影響を少なくするための洗濯の工夫

出典）平成28年度前期茨城大学教育学部内地留学研究集録，2016，pp.55〜56

（3）教室環境調査を用いた授業

　実験・実習を用いた授業では，題材の選定が重要で，児童が実感を伴って生活に結び付けることができるようにしたい。日頃，住生活に対する意識を持っている児童は少ない。教室はすぐに活用できる共有の場で，「健康・快適・安全」の視点で問題点を実感しやすい。事例では，教室の電気を消して締め切った状態から授業をスタートしている。温度，湿度，照度，二酸化炭素濃度を実際に測ることによって科学的理解を伴って「快適」にしたいという共有の課題を持ち，グループで解決方法を検討して協働で実践活動へとつなげている。

学習指導案　第5学年　　　つくろう　快適ライフ　　　○○年○月○日○曜日○校時
　　　　　　　　　　　　　　　　　　　　　　　　授業場所：○年○組教室　　　指導者：中矢恵美香

1．題材の目標
　○住まい方や衣服の着方に関心を持ち，寒い冬を快適に過ごそうとする。
　○住生活や衣生活を見直し，快適な生活の仕方を考えたり，工夫したりする。
　○季節に合わせた気持ちよい住まい方や衣服の着方について理解する。

2．指導計画（全5時間）

次	子どもの課題意識と主な学習活動	評価の規準	時間
1	寒い冬を快適にする住まい方を考えよう。 ○冬に快適な生活をするために必要な条件を考える。 ○教室の快適度を調べる。 ○暖かく健康によい教室にするための方法を話し合う。 ○家庭で暖かく快適に過ごすための工夫を考える。	●寒い季節の住まい方に関心を持ち，快適に生活しようとする。 ●暖かく健康によい生活をするための住まい方を工夫する。 ●季節の変化に合わせた生活の大切さや暖かい住まい方がわかる。	3 本時 その2
2	寒い冬を快適にする衣服の着方を考えよう。 ○暖かい衣服の着方を調べる。	●衣服の働きがわかり，季節に合わせた着方を工夫する。	2

3．本題材の指導観（教材観，児童観省略）
　指導にあたっては，子どもに身近な場面や具体物を取り上げて考えさせたり，実感を伴った理解につながる実践的・体験的な活動を重視したりすることで，必要感を持って課題を捉え，解決できるようにする。また，友達と話し合う場を設定することで，様々な生活の仕方があることや，それらのよさに気づかせたい。

本時は，子どもに身近な教室を取り上げ，温度，湿度，空気の汚れに着目して快適な状態にするための具体的な方法を考えさせる。まず，自分が考えてきたことをもとにグループの友達と快適な教室にする方法を話し合う中で，よりよい方法を見つけるには健康や環境の視点から考えるとよいことに気づかせる。また，子どもたちの考えや気づきを把握して，そのよさを認める言葉がけをしたり，異なる視点で考えている子どもを意図的に指名したりして，よりよい考えを引き出していく。実感しにくいことや解決が難しいと考えられることについては，実践的・体験的な活動を取り入れたり，効果的な資料を提示したりすることで，子どもたちの思考を深めたり広げたりしていきたい。

4．本時の指導（2／5）

(1) 目　標　　寒い冬を快適に過ごすための住まい方の工夫を考える。
(2) 準備物　　資料，ワークシート
(3) 展　開

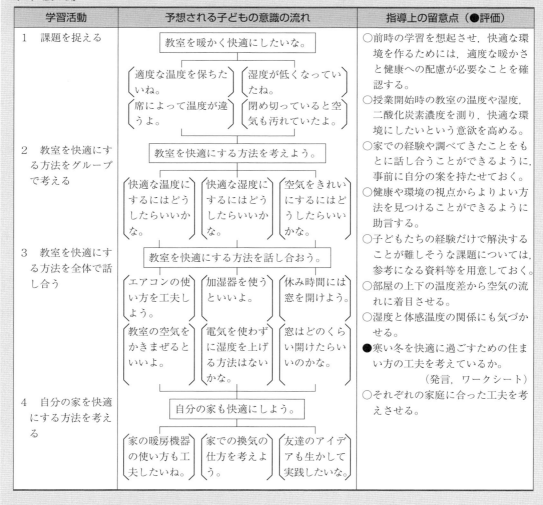

140　第11章　実験・実習を用いた授業

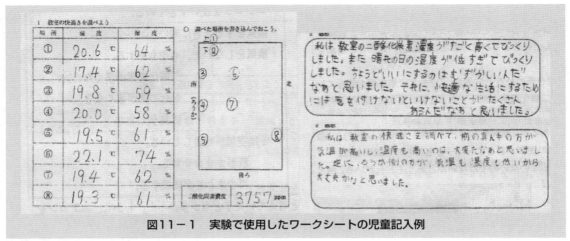

図11－1　実験で使用したワークシートの児童記入例

出典）愛媛大学教育学部附属小学校研究授業，2012

> 課　題
>
> ・表11－1にある小学校家庭科で扱われる実験・実習などから一つを取り上げ，授業づくりにチャレンジしてみよう。
> ① 題材を選択しよう。
> ② 授業を行うためにどんな準備が必要か，具体的にまとめてみよう。
> ③ 表11－2にある実験・実習を用いた授業展開を参考に，「深い学び」となるような授業展開を考えてみよう。

＜引用文献＞
1）国立教育政策研究所：教育課程の編成に関する基礎的研究報告書5　社会の変化に対応する資質や能力を育成する教育課程編成の基本原理，2013，pp.26-30
2）中間美砂子・多々納道子編著：小学校家庭科の指導，建帛社，2010，pp.8-9
3）文部省：小学校家庭指導資料　指導計画の作成と学習指導，東洋館出版社，1991，p.10
4）野中美津枝・増子律子：家庭科における小中連携のための実態調査―小学生中学生の衣生活・住生活と家庭科の指導の状況―，茨城大学教育学部実践研究；35号，2016，pp.145-155

第12章　五感で学ぶ授業—実物を用いる—

1．五感と家庭科

　「『知る』ことは『感じる』ことの半分も重要ではない」とは，「沈黙の春」を著したエコロジー運動の母といわれるレイチェル・カーソンの言葉である。

　筆者にはそこまで言い切れないが，「感じる」ことは「知る」ことと同じくらい重要ではないかと考えている。しかし，知識基盤社会という言葉に表わされるように，現代社会では「感じる」ことよりも「知る」ことが重視されているように思われる。今日，「感じて知る」ことを再確認する必要があるではないだろうか。

　感じる力である感性を，桑子敏雄は「環境の変動を感知し，それに対応し，また自己のあり方を創造していく価値に関わる能力」[1]としている。言葉を変えれば，環境との関わりの中で，自己と自己を取り巻く「ひと・もの・こと」との関係性を築きながら自己のあり方を創造していく力といえ，家政学や家庭科教育の目的と合致するように思われる。感性や「感じる」という行為は受身的ではなく，むしろ五感を介した能動的な様態である。

　五感とは視覚・聴覚・嗅覚・味覚・触覚の五つの感覚のことである。味覚には，甘味，塩味，苦味，酸味，うま味の五つの基本の味がある。長い間，甘味，塩味，苦味，酸味の四味とされていたが，近年の研究により舌にはうま味センサーがあることが発見され*1，第五の味覚として味覚の基本に加えられた。

　五味以外に，唐辛子などの辛味やお茶の渋味もある*2。触覚とは皮膚感覚であり，食べ物のサクサク，ジューシー感，のどごしなどの舌触り，歯触りや，布の固さやふかふか感などの手触りなどである。これらの感覚を刺激する教材・教具には，実物やDVD，写真による映像，ICTを用いたバーチャル体験など様々なものがあるが，本章では実物を用いることにより五感で学ぶ授業に限定して述べる。実物を見る，耳で聴く，鼻でにおいをかぐ，舌で味わう，手に取って触るといった実物を用いて五感で学ぶのは家庭科に限ったことではない。しかし，家庭科では実習や実験などで実物を用いた体験的な学習方法を用いることが多いので，それだけ五感で学ぶ機会が多い。特に，食べ物を教材として用いる家庭科では味覚教育を行いやすい教科である。

*1　うま味センサーが日本人の味覚を育ててきたといわれている。

*2　辛味は舌に痛みを感じる皮膚感覚と捉えられている。渋味は舌にまつわりつく物質と捉えられ，やはり皮膚感覚である。

2．五感で学ぶ意味

　五感で学ぶことにはどのような意味があり，五感で学ぶとどのような学習効果がもたらされるのだろうか。

まず，実感を伴った知識となり，より理解を促す。例えば，後述するお茶やみそについて，写真では視覚情報だけだが，実物だと視覚のほかに嗅覚・味覚・触覚からの情報があり，イマジネーションを広げお茶やみそについてより多面的に理解できる。同じ視覚情報でも，写真では実物から感じられる質感や時間経過による変化までは感じることが難しい。例えば，りんごを切ったとき甘さと酸味の香りを伴い水分がはじけるシャキッとした様態や，時間により褐変し水分がなくなっていく様子は実物だから感じられる。また，よさやおいしさを体で感じることで，対象物に対する感情，ときには大切にする気持ちが生まれるだろう。

また，自分の感じたことを大事にし，そこから自分の学びが展開していく。ただ見る，ただ飲み込むのではなく，しっかり見る，しっかり味わう。そこには意思や思考が働く。「感じて知ること」により気づきがあり，疑問や関心を呼び起こす。自分の心が動く感性からの学習なので，主体的な自分自身の学びになる。

ときには，じっくり見たり味わうことから，対象の背景にまで思いを寄せる。例えば，フェアトレードのチョコレートと，その1／3の価格で大量生産されて売られているチョコレートを，五感を研ぎ澄まして食べ比べると，なぜ違うのか，何が入っているのか，どこでどのように作られたのか，作っている人はどんな人でどんな生活をしているのかなど，見えない背景に思いを巡らし思考を促す。五感を磨くことは，自分以外の外の世界に興味を持つきっかけにもなる。

また，感じたことを自分の経験をふまえて言葉で表現すると，その言葉は思考につながっていく。考えることを重ねていくことで物事に対する見方に自信が持てるようになる[2]。考え，判断し，選択できるようになると選択眼が養われ，主体的に行動でき，自分自身でよりよい生き方を実現できるようになる。

このように，五感を磨くことで思考力や選択眼が養われ，食生活・衣生活・住生活をよりよくしようとする感性，本質を見抜く感性が高められる。その感性は見えにくい子どもの貧困や虐待などをキャッチする力にもなるだろう。思考力・判断力・表現力や言語活用力，実践力は，今日これまでに増して求められている。学校では仲間と協同で行うことが多いため，刺激し合い五感がより活性化されるだろう。五感で学ぶ土台ができていれば，理科での自然現象や実験の観察や，図工や音楽，国語での自分が感じたことの表現など，他教科の学びにも効果が波及する。

さらに，正解を求めることではなく，一人一人の感性を引き出し，その人の経験から想起される個々の感性・感じ方を尊重するので，一人一人の異なる感性や個性を大事にする教育となる。子どもたちは他者と異なる自己を受け入れ自己を肯定し，そしてそれぞれ異なる他者を理解し尊重する。教師はあるがままの子どもの感じ方を，そして子どもを受け止め肯定することになるので，教師自身の教育観を変えることになるかもしれない。

このように五感で学ぶことは，対象とじっくり向き合い，じっくり味わい，じっくり観察し，感じたことを自分の言語で自由に表現し思考につなげるので，学習のプロセスを大事にし，学びを丁寧に行うようになる。2017（平成29）年告示

の学習指導要領で重視されているアクティブ・ラーニングへと導かれる。スピードが求められ，学校でも家でも急かされている子どもたちだからこそ，じっくり感じる学びが重要になる。

　次節では五感で学ぶ授業や教材を紹介する。よく実践されている小学校の授業に「五感で学ぶ」「五感を育てる」視点を意識的に取り入れるとどのような学習になるか述べる。ここに記したことをすべて行なわなければならないわけではないが，いくつか取り入れることで，子ども主体の豊かな学びに変わっていくだろう*3。

*3　視覚や聴覚に障がいのある児童へは配慮を要する。

3．五感で学ぶ授業実践例

（1）緑茶（煎茶）

　生活経験の乏しい児童が多いと推測されるため，5年生の調理実習の最初では，ガスコンロでお湯を沸かし，お茶をいれる実習から始めることが多い。次のように，煎茶は五感で学ぶのに非常に適した教材である。

Ⓐきき水をする

　水道から出して汲んだ直後の水，水道から出して30分以上置いた水，1分沸騰させて冷ました水の見た目，におい，味を比べる。［視覚・嗅覚・味覚］

Ⓑお湯を沸騰させる

　やかんを用いてお湯を沸騰させる。水面から湯気が出て，シューッと音がし，水の中からボコボコと泡が出る。「沸騰」という現象を実感する。沸騰したお湯を，人数分の湯飲み茶わんに注ぎ，少し置く。［視覚・聴覚・嗅覚］

Ⓒお茶の葉を食べる

　煎茶そのもののにおいをかぎ，茶葉1，2葉を手に取り食べてみる。口の中にお茶の香りが広がる。［視覚・嗅覚・味覚・触覚］

Ⓓ茶葉にお湯を垂らす

　人数分の煎茶（1人分茶さじ1杯）を急須に入れ，お湯を茶さじ1杯茶葉の上に垂らしふたをする。数十秒後にふたを開け，茶の様子を見てにおいをかぐ。［視覚・嗅覚］

Ⓔ急須にお湯を注ぎ，つぎ分ける

　湯飲み茶わんのお湯を急須に入れ数十秒置き，茶碗につぎ分ける。色とにおいの変化を観察する。［視覚・嗅覚］

Ⓕ飲む前に感じる

　飲む前に，色を見て，においをかぐ。［視覚・嗅覚］

Ⓖお茶を飲む

　すぐに飲みこまず，舌の上でゆっくり味わい，感じた味について言葉で表現する。［嗅覚・味覚］

　煎茶，ほうじ茶，玄米茶などの比較*4や，産地による煎茶の比較，煎茶・紅茶・ウーロン茶の比較*5，ペットボトル茶との比較など数種類のお茶を比べたり，お湯の温度による違いや水による違いを比べたりすることもできる。

*4　緑茶を大分類すると抹茶とそれ以外の広義の煎茶に分けられる。広義の煎茶には，玉露，狭義の煎茶，ほうじ茶，玄米茶などがある。

*5　煎茶，紅茶，ウーロン茶の違いは，茶葉の発酵度合による。紅茶は茶葉を完全に発酵させ，ウーロン茶は発酵を途中で止め，煎茶は発酵させない。

144　第12章　五感で学ぶ授業―実物を用いる―

表12-1　お茶を味わうワークシート例

	目で見る	耳で聴く	鼻でかぐ	舌で味わう（甘味，塩味，苦味，酸味，うま味）	触わる（口触り，歯触り，手触りなど）
Ⓐきき水をする					
Ⓑお湯を沸騰させる					
Ⓒお茶の葉を食べる					
Ⓓ茶葉にお湯を垂らす					
Ⓔ急須にお湯を注ぎ，つぎ分ける					
Ⓕ飲む前に感じる					
Ⓖお茶を飲む					

＊感じたことを言葉で書こう。書けない箇所は空欄にしてもよい。

　　　新茶は香りや味が引き立っているので，新茶の季節に行うとよりおいしさを味わえ，季節感を感じることができる。

　　　茶畑がある地域であれば，総合的な学習の時間等にお茶を摘んだり，お茶について調べたり，農家の方から話を聞いたりすることと関連させると学びが広がるだろう。表12-1のワークシートを利用し，感じたことを自分の言葉で表す。オノマトペ＊6を用いることで，日本の言葉の豊かさを感じる言語活動にもなる。

*6　オノマトペとは，ピカピカやドカーンのような声や音，様子，動作，感情などを表す擬声語を意味するフランス語である。日本語はオノマトペの種類が多く重要性が高いといわれている。

（2）よもぎ団子

　　　お茶と一緒にお菓子作りをすることもある。地域によるが4月～5月にかけてよもぎの新芽が出るので，よもぎを摘んでよもぎ団子を作る。粉や草葉からもちへの色やにおい，触感の変化を感じることができる。

・よもぎの新芽を積む。［視覚・聴覚・嗅覚・触覚］
・葉をゆでる過程で色やにおいが変化する。［視覚・聴覚・嗅覚・触覚］
・指で簡単につぶれるくらいにやわらかくなったら，すりこぎ鉢とすりこぎ棒ですりつぶす。［視覚・嗅覚・触覚］
・白玉粉（上新粉と合わせてもよい）に水（お湯）を加えてこねる。すりつぶしたよもぎを混ぜて，耳たぶくらいの固さの団子を作り，ゆでる。［視覚・嗅覚・味覚・触覚］

　　　多くの地域では，よもぎは身近にあるが，よもぎの存在を知らない子どもも少なくない。摘んだばかりのよもぎやよもぎをゆでている間は強い野草のにおいだが，団子に混ぜると色もにおいも控えめになりちょうどよくなる。

理科や総合的な学習の時間，学活等と関連させて学習を広げることもできる。地域でとれる他の野草にも関心を広げたり，よもぎをゆでた汁で染色したりできる。大豆を炒ってすり鉢ですり，きな粉を作ってだんごにからめて食べることもできる。よもぎは万能ハーブ*7といわれるほど様々な効能を持ち，お茶，入浴剤，化粧水などにも利用できる。

*7 よもぎには，整腸効果や浄血作用，発がん抑制因子の増加，心臓の機能の正常化などの効能があるといわれている。

(3) ご　　　飯

ご飯とみそ汁は，戦後の家庭科の誕生からこれまで70年以上，一貫して小学校学習指導要領で題材指定されてきたため，多くの実践が蓄積されている。私たち日本人は，2000年以上にわたって米によって命を支えられてきた，そして現在も支えられていると言っても過言ではないだろう。日本人にとって重要な食料であるにもかかわらず，生産と消費の距離が遠く離れてしまい，私たち日本人は他の食料と同様に米についてもよく理解しているわけではない。児童がこれからの長い人生において，米について関心を持ち続けるためにも，小学校の学習では実物を用いて五感で感じながら学ばせたい。

・稲から米への変化を実物により理解する。稲穂，籾，玄米，白米，米ぬか，胚芽米，七分搗き米，白玉粉，上新粉等の実物を用意する。籾～七分搗き米までを1粒ずつノートにセロテープで貼る。[視覚・嗅覚・触覚]

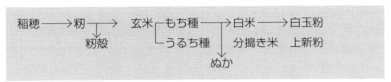

図12－1　米の変化

・調理による米から飯への変化を感じ理解する。ガラスなべで炊飯することで，米が踊りながら水を吸って膨張していく様子，米と水が合わさることでたくさんの泡や湯気を出しながら炊けていく様子，消火し蒸らすことで余分の水分がひいていく様子を観察できる。目で見るだけでなく音やにおいの変化も感じる。[視覚・聴覚・嗅覚]

・炊きたての試食では，蓋を取ったときのにおい，ご飯の状態（色，つや，立ち具合など）を観察する。そして，炊き立てご飯を何も添えずにご飯だけを口にふくめ，よく噛んで五味（甘味，塩味，苦味，酸味，うまみ）について感じたことを言葉で表現する。味，つや，においの他に粘り，弾力，舌触り，歯触りなどにも気づかせたい。次に，ほんの少し塩をつけて食べる。[視覚・聴覚・嗅覚・味覚・触覚]

・白米1粒，吸水した米1粒，加熱後のご飯1粒を比べたり，1人分（80g）の米を入れたご飯茶碗と炊いた後の1人分（80g）のご飯を入れたご飯茶碗を比べたりして，米と飯の違い・変化を理解する。[視覚・嗅覚・触覚]

146　第12章　五感で学ぶ授業—実物を用いる—

（4）み そ 汁

*8　みその種類は，麹による分類（米みそ，麦みそ，豆みそ），味による分類（甘みそ・甘口みそ・辛口みそ），色による分類（赤みそ・淡色みそ・白みそ）がある。

*9　日本のうま味，だしは，「UMAMI」「DASHI」として，世界に知られるようになった。現在では，本格的なフランス料理などにも日本のだしが使われることもある。

・みその原料である，大豆，塩，麹を見たり触ったりする。特に麹に接する機会をもたせたい。麹は，みそや醤油，酒，酢，漬物等の製造に欠かせず，紀元前より日本の食文化を支えているが，麹そのものを目にする機会が少なく，食品に使われていることが認識されていない。2006（平成18）年，日本醸造学会は麹菌を「われわれの先達が古来大切に育み，使ってきた貴重な財産」であるとして，「国菌」に認定した。［視覚・嗅覚・味覚・触覚］

・麦みそ・米みそ・豆みそなどの数種類のみそを食べ比べる。家から持ち寄り食べ比べてもよい。家族の好みや出身地域により地域ごとの食文化がわかるかもしれない。みその色や味は，麹，塩，寝かせる期間，さらにはその土地の気候風土や水質などによる発酵の違いによって様々に異なる*8。［視覚・嗅覚・味覚・触覚］

・煮干し・昆布・かつお節等のだし*9の材料により，だし→だし汁→みそ汁への変化と，だしによる違いを感じる。だしの種類による比較に，化学調味料（うま味調味料）を加えてもよい。［視覚・嗅覚・味覚・触覚］

・できたてのみそ汁を五感で味わう。［視覚・聴覚・嗅覚・味覚・触覚］

表12-2　だしからみそ汁までの変化を感じるワークシート例

だしの種類 ＼ 過程	だし	→ だし汁	→ 実（具）を加えたみそ汁	→ みそを加える
煮干し	㋐… ㋑… ㋒… ㋓… ㋔…			
昆布				
かつお節				
その他（　　）				

＊集中してじっくり味わい，五感で感じたことを言葉で書こう。

五感：㋐〈目で見る〉，㋑〈耳で聴く〉，㋒〈鼻でかぐ〉，㋓〈舌で味わう（五味）〉，㋔〈舌や歯，皮ふで感じる〉

（5）涼しい住まい方・涼しい着方，暖かい住まい方・暖かい着方

　暑い季節に涼しい住まい方や涼しい着方の工夫を，また，寒い季節に暖かい住まい方や暖かい着方の工夫を出し合う。出された工夫を，視覚・聴覚・嗅覚・味覚・触覚の五感に注目して分類する。

《暑い季節に涼しい住まい方や涼しい着方の工夫例》

　　視覚…色（白，薄い色，寒色系），緑の植物，海の絵

　　聴覚…風鈴，虫の音，音楽（BGM）

　　嗅覚…磯の香，すいかやトマトなどの夏野菜の香

　　味覚…冷たい食べ物，さっぱりした食べ物，つるっとしたのどごしのよい食べ物（そうめん，ゼリー，くずきり，酢のもの（酸味系），炭酸）

　　触覚…衣服（布の厚さ，開き具合・形，さらっとした肌触り），風通し，水

《寒い季節に暖かい住まい方や暖かい着方の工夫例》

　　視覚…色（濃い色，暖色系），赤色のポインセチア，日光，湯気

　　聴覚…音楽（BGM）

　　嗅覚…ココアのにおい，シチューのにおい

　　味覚…温かい食べ物，温度が下がりにくい食べ物（あんかけやシチューなど濃度があるもの）

　　触覚…衣服（布の厚さ，開き具合・形，やわらかくふわっとした肌触り（羊毛など），重ね着），お湯

　次のような活動から体感する。体感と実験やデータなどを関連させて学ばせることで実感しながら科学的認識を育む。

・日陰と日なたの温度の違いを調べ，日陰をどう作るか考える（カーテン，すだれ，ゴーヤやヘチマなどの植物の葉など）。

・片方の手にビニル袋をかぶせ手首でビニルを閉じて空気が入らないようにする。数分たつと皮膚からの水蒸気でくもってくる。開口部が少ないと風が通らず汗をかきやすくなることがわかる（第8章参照）。

・5月～6月に一定時間教室の窓を閉めておく。一定時間後に窓を開けて風を感じる。はじめに片側の窓だけを開け，次に双方向開ける。窓が多数ある場合は，いろいろな組み合わせの開け方を試して，どのように窓を開ければ風が通りやすいか考える。

・暑い日に打ち水をする。手をぬらす。どちらも気化熱により温度が下がる。

・暑い日に風鈴の音を聞く。

・寒い日に，夏用体操服を着て，厚さの異なる衣服を重ねたり，襟もとや袖口の開閉など，いろいろな着方を試行錯誤することにより，暖かい着方の工夫を考える。

（6）ごみへの気づきと掃除の工夫

清掃の必要性に気づき，住まいや消費・環境への関心を高めるための活動として校内や教室内のごみ調べをする。

・セロハンテープを使って教室内の汚れを集め，どこにどのようなごみがたまるか調べる。

・数日〜1週間分の学校内のごみをビニール袋に集める。多い場所・少ない場所，多い日・少ない日がわかる。また，ごみの種類を調べ，「自然に出るごみ」「人間が出すごみ」という分け方に着目し，掃除の必要性に気づく。

・汚れを落とすために，汚れによる用具や身近な材料を工夫する。身近にあるものや環境負荷の少ないアイデアを持ち寄る（わりばし，歯ブラシ，新聞紙，古布，古ストッキング，茶殻，みかんの皮，重曹*10など）。

・ガスコンロ，手洗い場，窓ガラス，窓のさんなど，汚れの多い場所や日ごろ掃除しづらい場所などの掃除に取り組む。どのような汚れがあり，どのような用具や工夫が効果的であったか，それはなぜかなどについて話し合う。

*10 重曹は弱アルカリ性なので皮脂汚れや油汚れなど酸性の汚れを落とすのに適している。また，研磨剤として茶渋やこびりつきにも効果がある。人体や環境への悪影響が非常に少ないといわれている。

（7）綿花からソーイングへ

綿花から糸を紡ぐ，織る・編む，草木で染める，手縫いコースターなどの小物を作るといった布のできる過程を体験する。視覚・聴覚・嗅覚・触覚を刺激し，五感を通して人間の技と知恵が生活文化を創ってきた追体験をする。地域によっては地域で育まれてきた生活文化・伝統文化に触れることができる。

課　題

・授業記録や指導案など，すでにある授業実践に「五感で学ぶ」視点を加えて授業をつくり変えてみよう。

・第3節の（1）（3）（4）を参考に，実際にお茶やご飯，みそ汁を五感で味わってみよう。

＜引用文献＞

1）桑子敏雄：感性の哲学，日本放送出版協会，2001，pp.3-5

2）石井克枝・ジャック・ピュイゼ・坂井信之・田尻泉：ピュイゼ 子どものための味覚教育 食育入門編，講談社，2016，p.21

第13章 主体的・対話的に深く学ぶ授業

1. 主体的・対話的に深く学ぶ（アクティブ・ラーニング）授業とは何か

（1）アクティブ・ラーニングとは何か

　アクティブ・ラーニングとは，「教員による一方向的な講義形式の教育とは異なり，学修者の能動的な学修への参加を取り入れた教授・学習法の総称」である。また，その学習法により「認知的，倫理的，社会的能力，教養，知識，経験を含めた汎用的能力の育成」を実現することができる。具体的な学習法として「発見学習，問題解決学習，体験学習，調査学習のほか，グループ・ディスカッション，ディベート，グループ・ワーク」などがあげられている[1]。

　2016（平成28）年の中央教育審議会答申では，「子供たちが主体的に学ぶことや，学級やグループの中で協働的に学ぶことの重要性は指摘されてきており，多くの実践も積み重ねられてきた」とされ，アクティブ・ラーニングの意義と成果について言及している。その一方で，授業の工夫や改善の意義について十分に理解されないと，意味のある学びにつながらないおそれについて指摘されている[2]。

　そこで，能動的に学ぶ学習法である「アクティブ（能動的）・ラーニング」を，実際に小・中学校において，確実に実践することができるよう，具体的に提示したものが「主体的・対話的で深い学び」である。

（2）「主体的・対話的で深い学び」とは何か

　学習指導要領解説には，「主体的・対話的で深い学び」について，「主体的」「対話的」「深い」学びとは何か，主体的・対話的で深い学びの実現に向けた授業改善の際の注意事項，「深い学び」の鍵となる「見方・考え方」について具体的な説明が加えられた（表13-1）。基礎的・基本的な知識・技能の習得は従前通りに確実に行い，各教科で通常行われる言語活動，観察・実験，問題解決学習などの学習方法を発展させながら，授業改善に取り組むべきものとされている。新たな学習指導要領で示された「アクティブ・ラーニング」は，従来のように，主体的・対話的（能動的）であるだけでなく，「深い学び」が求められている。

2. なぜ主体的・対話的に深く学ぶ授業が必要なのか

（1）OECDによるキー・コンピテンシー

　「キー・コンピテンシー」とは，1997年にOECD[*1]が策定した教育の成果としての概念であり，PISA調査[*2]のもととなっている。「コンピテンシー（能力）」

＊1 OECD（経済協力開発機構）

　EU 22か国，およびアメリカ，カナダなど13か国，計35か国が加盟し，先進国間の自由な意見交換・情報交換を通じて，1）経済成長，2）貿易自由化，3）途上国支援に貢献することを目的としている。

＊2 PISA調査

　OECDにより，義務教育修了段階（15歳）において，これまでに身に付けてきた知識や技能を，実生活の様々な場面で直面する課題にどの程度活用できるかを測ることを目的に，読解力，数学的リテラシー，科学的リテラシーの3分野（あわせて，生徒質問紙，学校質問紙）について実施される国際学力調査。

150　第13章　主体的・対話的に深く学ぶ授業

表13-1　学習指導要領が示す主体的・対話的で深い学び

主体的な学び・対話的な学び・深い学び
主体的な学び：学ぶことに興味や関心を持ち，自己のキャリア形成と関連付けながら，見通しを持って粘り強く取り組み，自己の学習内容を振り返って次につなげる学び
対話的な学び：子ども同士の協働，教職員や地域の人々との対話，先哲の考え方を手掛かりに考えること等を通じ，自己の考えを広げ深める学び
深い学び：習得・活用・探求という学びの過程の中で，各教科等の特質に応じた「見方・考え方」を働かせながら，知識を関連付けてより深く理解したり，情報を精査して考えを形成したり，問題を見出して解決策を見つけたり，思いや考えを基に想像したりすることに向かう学び
主体的・対話的で深い学びのポイント
○児童生徒に求められる資質・能力を育成することを目指したこれまでの授業改善の取り組みを生かす
○児童生徒に目指す資質・能力を育むために「主体的な学び」「対話的な学び」「深い学び」の視点で授業改善を進める
○各教科等において通常行われている学習活動（言語活動，観察・実験，問題解決的な学習など）の質を向上させることを主眼とする
○単元や題材など内容や時間のまとまりの中で実現を図る
○基礎的・基本的な知識および技能の習得に課題がある場合には，その確実な習得を図ることを重視する
「見方・考え方」
○各教科等の「見方・考え方」は「どのような視点で物事をとらえ，どのような考え方で思考していくのか」というその教科等ならではの物事をとらえる視点や考え方
○家庭科の目標における見方・考え方：生活の営みに係る見方・考え方
○生活の営みに係る見方・考え方：家族や家庭，衣食住，消費や環境などに係る生活事象を，協力・協働，健康・快適・安全，生活文化の継承・創造，持続可能な社会の構築等の視点でとらえ，よりよい生活を営むために工夫すること

出典）文部科学省：小学校学習指導要領解説総則編，家庭編より筆者作成

とは，単なる知識や能力だけではなく，技能や態度をも含む様々な心理的・社会的なリソースを活用して，特定の文脈の中で複雑な要求（課題）に対応することができる力であり，「キー・コンピテンシー」は，日常生活のあらゆる場面で必要なコンピテンシーをすべて列挙するのではなく，コンピテンシーの中で，特に，①人生の成功や社会の発展にとって有益，②様々な文脈の中でも重要な要求（課題）に対応するために必要，③特定の専門家ではなくすべての個人にとって重要，といった性質を持つとして選択されたものである。

　キー・コンピテンシーの三つのカテゴリーとその背景，具体的な内容からは，主体的・対話的で深い学びが求められていることがわかる（表13-2）。今後，我が国が国際競争力を伸ばすためには，教育のあり方に，このキー・コンピテンシーを意識する必要がある。

表13-2　OECDによるキー・コンピテンシーの内容

	キー・コンピテンシーの三つのカテゴリー	能力が必要とされる背景等	具体的な内容
1	社会・文化的，技術的ツールを相互作用的に活用する能力（個人と社会との相互関係）	テクノロジーが急速かつ継続的に変化しており，これを使いこなすためには，一回習得すれば終わりというものではなく，変化への適応力が必要である。	○言語，シンボル，テクストを活用 ○知識，情報を活用 ○テクノロジーを活用
2	多様な社会グループにおける人間関係形成能力（自己と他者との相互関係）	社会は個人間の相互依存を深めつつ，より複雑化・個別化していることから，自らとは異なる文化等を持った他者との接触が増大している。	○個人と円滑に人間関係を構築する ○強調する ○利害の対立を御し，解決する
3	自律的に行動する能力（個人の自律性と主体性）	グローバリズムは新しい形の相互依存を創出する。人間の行動は，個人の属する地域や国をはるかに超える。例えば経済競争や環境問題に左右される。	○大局的に行動する ○人生設計や個人の計画を作り実行する ○権利，利害，責任，限界，ニーズを表明する

出典）文部科学省ホームページ：OECDにおける「キー・コンピテンシー」についてより筆者作成

（2）わが国の子どもたちの現状

1）「勉強」に対する態度，学ぶ意欲

ベネッセ教育総合研究所の調査[3]によると，7割弱の小学4年生は勉強が「好き」と答えているが，学年が上がるとその割合は下がり，小学6年生では5割半ば，中学2年生では4割弱である。特に小学6年生から中学1年生の間で減少幅が大きい。成績別にみると，成績中・下位層でも勉強が「好きではない」の割合が増えている（図13-1）。小学生は中学生と比べて「勉強することが楽しいから」「新しいことを知ることができてうれしいから」「問題を解くことがおもしろいから」といった内発的動機づけを理由に勉強する割合が高かったが，「勉強が楽しい」との回答は52％にとどまっている。主体的，能動的に楽しく取り組める授業を工夫し，「勉強が好き」な子どもを増やすことが重要である。

また，わが国の若者は，教育終了後のキャリア確立に大きく役立つ学習意欲や自己効力感が非常に低いことが指摘されている[4]。低年齢から学習意欲を高め，持続し，生涯学習につなげることが，キャリア形成の点でも不可欠であろう。

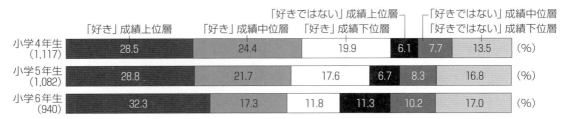

図13-1　学年・成績別勉強が好きかどうか

出典）ベネッセ教育総合研究所：小学生の学びに関する実態調査，2014

2）コミュニケーション能力，自己表現力

わが国の子どものコミュニケーション能力，自己表現力の乏しさが，いじめや不登校，国際競争力低下の問題などと結びつけて論じられている。

子どもを取り巻く環境には，家族や地域の人々との関わりや，直接体験の減少，携帯電話など情報機器の増加を背景に，コミュニケーション能力や自己表現力育成を阻害すると考えられる要因が増えている。実際，保護者の養育態度や，お手伝いをはじめとする体験頻度はコミュニケーション能力にプラスの影響を与えることがわかっている（図13－2）。

主体的・対話的に深く学ぶ授業は，現代の子どもたちが今後の社会に生きるために不可欠なコミュニケーション力，自己表現力の育成を目指すものでもある。

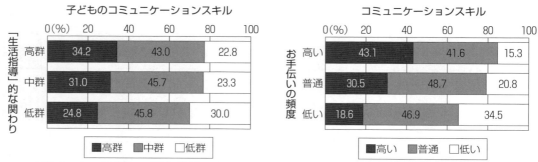

図13－2　保護者の「生活指導」的な関わり，お手伝いの頻度とコミュニケーションスキル
出典）国立青少年教育機構：子供の生活力に関する実態調査報告書，2015

3．家庭科における主体的・対話的で深く学ぶ授業手法の実際

（1）家庭科における深い学び

学習指導要領解説家庭科編には，家庭科の特質に応じて，以下のような具体的な場面を設定して「深い学び」を得ることが適切とされている[4]。

「児童が日常生活の中から問題を見いだして課題を設定し，その解決に向けて様々な解決方法を考え，計画を立てて実践し，その結果を評価・改善し，更に家庭や地域で実践するなどの一連の学習過程の中で，『生活の営みに係る見方・考え方』を働かせながら，課題の解決に向けて自分なりに考え，表現するなどして資質・能力を身に付ける」

このような，問題解決学習（第14章参照）の過程において，家庭科では，①生活課題についての情報を収集する，②情報分析のために考える，③分析した情報をまとめる，④解決方法を考え，態度や行動様式の変容を図り実践につなげるため，多様なアクティブ・ラーニングの手法が用いられてきた。以下，家庭科で用いられている具体的なアクティブ・ラーニングの手法について述べる。

3．家庭科における主体的・対話的で深く学ぶ授業手法の実際　　153

（2）情報収集のためのアクティブ・ラーニングの手法

1）人に尋ねる（アンケート，インタビューなど）

　家庭科では，深い学びを引き出すために，多様な価値観を交差させることを重要視している。アンケートやインタビューは，児童が普段接することのない様々な生活情報や人々の価値観を知るために有効な方法である。

　アンケートは，クラスの児童の実態や意識を把握できる。また，第6章にあげた実践例（p.77）では，児童と家族にアンケートを行い，両者の結果を比較することにより児童に家族の思いを気づかせ，家族への協力の工夫を考えさせた。質問紙を作成する際は，回答，集計しやすい質問，選択肢を工夫する必要がある。

　インタビューは友人や家族，地域の人々を対象に行う。インタビューの目的，内容を明確にし，あらかじめインタビューシートを作成する。継続的に家族にインタビューを行い，学習シートや評価カード，資料を1冊のファイルに蓄積しながらつづり，「家庭科連絡帳」（表13-3）を作成する実践例がみられる[5]。

表13-3　「家庭科連絡帳」につづる学習シートなどの種類と記載内容や目的

学習シート・評価カード・資料の種類		記載内容や目的
学習シート	インタビューシート	家族にインタビューした内容を記入
	わかったシート	授業で学んだことや自己評価，感想を記入
	チャレンジシート	家庭での実践内容や感想，家族からのコメントを記入
評価カード	ミニテスト	知識の定着を見取る
	相互評価カード	技能の定着を見取る
資料	家庭での実践内容を記録した写真や絵	ゆでたり，いためたりしたおかずや1食分の写真や絵
	様々なおかずのレシピ	家庭より紹介されたおかずのレシピ
	食育通信	教師が発行し，学習の取組の様子を紹介

2）メディアを利用する

　家庭科では，児童の経験が少ない部分を補完するために，図書，テレビ，インターネット，新聞，広報誌，カタログ，パンフレット，広告などを使って生活情報の収集を行っている。

　授業に新聞記事を活用することで（NIE：newspaper in education[*3]），新しい生活情報を得られるだけでなく，生活問題を把握し，解決法を考えることができる[6]。各新聞社がNIEウェブサイトを開設し，教材を提供している。また，児童に生活課題に関する新聞記事を探させる方法もある。課題に沿って記事を分類，内容を把握し，要旨を記述，問題を明らかにする活動は，児童の言語能力の育成にもつながる。

*3　NIE
　学校などで新聞を教材として活用すること。教育界と新聞界が協力して全国で展開されている。

（3）思考を広げるアクティブ・ラーニングの手法

1）ブレーン・ストーミング

ブレーン・ストーミング[*4]は，思考を広げる手法の一つである。具体的には，①5〜12人にグループ分けし，時間を区切り，意見が出やすいように座る。②司会，記録等の役割を決め，発言のすべてを記録する。発言に関して「自由奔放」「批判厳禁」「相乗り歓迎」「質より量」のルールに従い，できるだけたくさん，多様なアイディアを出すことが望ましい。③セッションを終えてグループの意見をまとめ，アイディアを参加者全員で確認し，次のステップに進む。

＊4　「脳の嵐」という意味で，米国広告会社BBDO社の副社長が，創造的な意見を出し合うために考案した手法。

2）イメージ・マップ

自身の持つイメージを絵や図に描くことによって思考や固定観念を視覚化，明確化する手法。具体的には，与えられた一つのテーマ（概念）を中心に，関係することを白紙に書き足していく（図13-3）。学習前後に作成したマップを比較することにより，進歩を確認できる。次節に述べる「いのち」を考える授業の事例では，授業のはじめに「いのち」のイメージ・マップを作成している（p.157）。

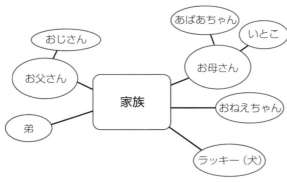

図13-3　イメージ・マップの例

3）ジグソー学習法

設定したテーマについて，複数の異なる視点で書かれている資料，または一つの資料をいくつかに分けた資料を読み込み，他のグループに説明，交換した知識を組み合わせてテーマに対する理解を深め，課題を解決する活動を通して学ぶ，協調的な手法である。具体的には，①初めは5，6人のジグソーグループ（JG）において学習，②このJGから1人ずつ集まった5，6人のカウンター・パートグループ（CG）で学び合う，③再び元のJGに戻り，CGで学んだことを互いに教え合う[7]（図13-4）。

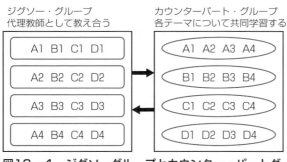

図13-4　ジグソーグループとカウンター・パートグループの例

（4）課題を分類，分析するためのアクティブ・ラーニングの手法

1）KJ法

多くの意見・アイディアなどをグループ化し，論理的に整除して問題解決の筋道を明らかにする手法で，川喜田二郎により開発された。具体的には，①テーマに関して，ブレーン・ストーミングなどで収集した情報（意見・アイディア）を1件ずつカード（付箋紙）に記入し，②類似性や親和性のあるカードを集めてグループ化，③各グループのタイトルを付け，④タイトル同士の関連を考慮して中，

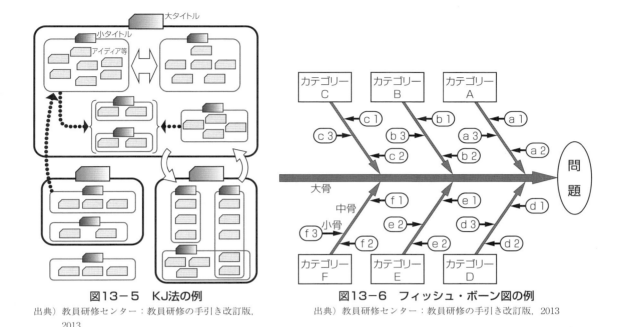

図13-5　KJ法の例　　　　　　　　　図13-6　フィッシュ・ボーン図の例
出典）教員研修センター：教員研修の手引き改訂版，2013　　出典）教員研修センター：教員研修の手引き改訂版，2013

大グループを作り，⑤グループ間の相互関係を明確にする（図13-5）。

2）フィッシュ・ボーン法

問題の原因から結果に至るまでを図に示すことによって，問題とその要因との関係を究明し，よりよい方策を探索しようとする手法。具体的には，①大骨の部分を模造紙などに書き（図13-6），問題を設定する。②要因に関する各意見を付箋紙に書き，内容に従って中骨，小骨のどこに位置づけるのかを検討し，貼る。③類似した要因をまとめて簡潔なタイトルを中骨の先（カテゴリー）に書き，要因の加除を経て図を完成させ，図から問題の要因を洗い出す[8]。

（5）課題解決の方法を考え，態度，行動様式の変容を図る手法

1）ディベート

特定の論題について，定められた規則に従って，肯定・否定の組に分かれて討議を行い，第三者が判定することにより，論理的思考を育成すると同時に，議論の技術を高めるための手法。具体的には，①テーマについて肯定する側と否定する側の二つのチーム（チーム人数は同数で3～5人）を編成し，テーマについての情報収集，分析を行い，議論を組み立てる。②一定のルール（議論の順番や回数，時間など）に従ってディベートの試合を行い，③最終弁論の後，判定が行われる。

家庭科では，家族やジェンダー，環境問題を考える際に用いると効果的である。

2）ロール・プレイング

ロール・プレイングは，モレノ（Moreno, J. L.）が心理療法として用いた心理劇（psychodrama）から発展した。自由な雰囲気の中で現実に近い場面を設定し，

特定の役割を演じる模擬体験を通じて，気づきを得たり，ある事柄が実際に起こったときに適切に対応したりするための手法である。ディスカッションにより寸劇台本を事前に書く方法と，即興で登場人物に期待される役割を演じさせる方法がある。いずれの方法も，その立場の問題点について考えさせ，理解を深めることができる。

家庭科では，家族の学習において，多様な家族のあり方に気づき，家族の気持ちを探り，関わり合いを考える授業に用いる実践例がある[9]。

3）ゲーム

ゲームは，楽しく学習活動を実施することにより，学習意欲向上のきっかけとなる。しりとり，クロスワード，かるたなどの言語パズル，関連あるカードを組み合わせるカードゲーム，椅子取り，ジェスチャーなど身体行動を伴うゲームがある。

4）シミュレーション

① **シミュレーションゲーム**：ゲームとロール・プレイング双方の特徴を持った手法であり，ある場面を設定して行うことで，問題解決力，意思決定力を育成するために適切である。人生ゲーム，購入ゲームなどがあり，第6章にあげたガイダンス授業の実践例は，楽しみながら家庭科の学習内容を理解し，教師も児童の実態把握を可能にした，シミュレーションゲームを効果的に用いた好例である（p.75）。

② **疑似体験**：実際の体験を行うことが困難な，高齢者，障がい者，幼児，妊婦などの疑似体験を行うことで，対象者の気持ちを類推し，人権，ノーマライゼーションや命の大切さを考えるきっかけとする手法である。次節に，妊婦の疑似体験により，自身が生まれたときのことを類推し，自分の成長や命の大切さを学ぶ実践例を掲載している（p.157）。この授業では，実践者が工夫して手作りしている[10]。家庭科では，高価な既製品のシミュレーショングッズを購入せず教師が手作りして行う実践例が多い[11]。

4．主体的・対話的に深く学ぶ授業実践例

（1）多様な価値観を交差し，深い学びを得る例
—英語絵本を読んで，いろいろな家族・暮らし方を考えよう—

1）題材構成の視点と授業実践からの学び

現代の多様な家族を描く欧米の著者による絵本を用いることにより，多くの児童が抱く，「両親と子ども」という平均的な家族のイメージを払拭し，多様な価値観に気づくと同時に，自身の家族・暮らし方を考えることがこの授業のねらいである。多様な価値を認めることは，他人を受け入れ，協働する素地を育むことでもある。いじめの抑止やノーマライゼーションへの意識醸成も期待できる。翻訳本もあるが，原著を読むことにより，外国語科との横断的学習にもつながる。

2）授業の流れ

① 個人で家族のイメージ・マップを作成後，グループで共通点，違いについて話し合う。
② 絵本を使って，教師が内容を説明する。
③ 絵本に示された多様な家族・暮らし方（ひとり親家族，祖父母と子ども，レズビアン・ゲイ夫婦と子ども，養親と子どもなど）について，どのようなイメージを持つか，自身が書いたイメージ・マップとの違いを個人で考えワークシートに記入する。
④ グループに分かれて，各々の家族・暮らし方について話し合い，出た意見を発表する。出された意見は，板書してクラス全員が把握できるようにする。
⑤ 多様な家族・暮らし方があることを確認し，自身の将来について考えさせる。

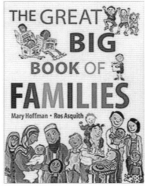

図13-7　実践に使う絵本の例[12) 13)]

（2）手作りの道具を用いて疑似体験を行った事例
―いのちと家族について考えよう（妊婦体験）[14)]―

1）題材構成の視点と授業実践からの学び

いのちについて考えることによって，私たち一人ひとりの命は家族や多くの人に支えられ，守られてきたものであり，何にも代えることができない大切なものであるということに気づくことがこの授業のねらいである。体験の前後に「いのち」のイメージ・マップの記入を行い，手作りの体験道具を用いて妊婦体験を行っている（図13-8）。アクティブ・ラーニングの手法を効果的に授業に取り入れることにより，「深い学び」に到達した例である。ガイダンス授業の一貫として取り入れることが可能である。

2）授業の流れ

① 「いのち」から連想する言葉をイメージ・マップに記入し，発表する。
② 妊婦体験エプロンを装着して様々な動作をして，気づいたことをワークシートに記入する（歩く，階段の上り下り，椅子に腰かける・立ち上がる，床に座る・立ち上がる，床を雑巾がけする）。
③ 妊婦体験で感じたことや考えたことをワークシートに記入し，発表する。
④ 「包」という字の起源から，母親はどのような気持ちであるか考える。
⑤ 妊婦体験後のイメージ・マップを追記し，発表する。児童が発表したことを模造紙に追記していく。いのちの重み，家族に触れる内容をくくり，私たちのいのちは尊く，家族に支えられているものであることをおさえる。
⑥ 家族（母親に限らない）に手紙を書く。

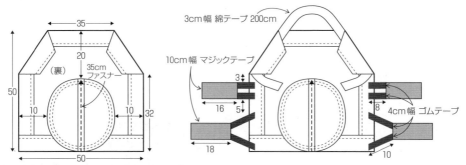

※重りはPVA糊にホウ酸と水を混ぜたもの：通称スライムを用いた。

図13-8　妊婦体験エプロンの台布とポケット（左），留め具と肩紐（右）

課　題

- 第3節にあげられているアクティブ・ラーニングの手法を取り入れた家庭科の指導案を作成してみよう。
- 作成した指導案を用いて，実際に模擬授業を行ってアクティブ・ラーニングを体験し，その効果を評価しよう。

＜引用文献＞
1）文部科学省：用語集，中央教育審議会答申　新たな未来を築くための大学教育の質的転換に向けて～生涯学び続け，主体的に考える力を育成する大学へ～，2012，p.37
2）文部科学省：中央教育審議会答申　幼稚園，小学校，中学校，高等学校及び特別支援学校の学習指導要領等の改善及び必要な方策等について，2016，pp.48-52
3）ベネッセ教育総合研究所：小学生の学びに関する実態調査，2014
4）文部科学省：「主体的・対話的で深い学び」の実現に向けた授業改善，小学校学習指導要領解説家庭編，2017，pp.67-68
5）竹澤理恵子：食生活に必要な知識及び技能を身に付けることができる家庭科指導の工夫，群馬県総合教育センター平成25年度長期研究員研究報告書，2013
6）NIEホームページ
7）中間美砂子：家庭科と参加型アクション志向学習，中間美砂子編，家庭科への参加型アクション思考学習の導入，大修館，2006．
8）独立行政法人教員研修センター：教員研修の手引き改訂版，2013
9）萬崎保子，久保桂子，中山節子：中学校家庭科におけるロールプレイングの活動を取り入れた家族学習，千葉大学教育学部研究紀要，64，2016，pp.9～17
10）中西雪夫：命の大切さを伝える授業，柳昌子・中屋紀子編，家庭科の授業を作る，学術図書出版，2009，pp.73-35
11）岡山県教育センター：体験的な学習を充実させる家庭科教材の開発と指導に関する研究，研究紀要226号G7-05，2001
12）Mary Hoffman: The Great Big Book of Families, Dial (US), 2011
13）Todd Parr: The Family Book, Little, Brown Books for Young Readers (Reprint), 2010
14）前掲報告書5）

第14章 問題解決型の学習を取り入れた授業

1．問題解決型の学習が求められる背景

　第3章で述べたように，2017（平成29）年告示の学習指導要領の改訂は，国立教育政策研究所が実施した「教育課程に関する基礎的研究」（平成21年度～25年度）の報告書5（平成24年度プロジェクト研究調査研究報告書）で提案された「21世紀型能力」に基づいている（第3章p.32，図3－2）。そこにある「①思考力」の中に問題解決の力が示されている。つまり，教育課程を編成するにあたり，問題解決力を育むことはすべての教科等に共通する教育課題といえよう。

　「21世紀型能力」が提案される中で，国際的動向も検討された（表14－1）。こ

表14－1　諸外国の教育改革における資質・能力目標

OECD（DeSeCo）		EU	イギリス	オーストラリア	ニュージーランド	（アメリカほか）	
キーコンピテンシー		キーコンピテンシー	キースキルと思考スキル	汎用的能力	キーコンピテンシー	21世紀スキル	
相互作用的道具活用力	言語，記号の活用	第1言語 外国語	コミュニケーション	リテラシー	言語・記号・テキストを使用する能力		基礎的リテラシー
	知識や情報の活用	数学と科学技術のコンピテンス	数字の応用	ニューメラシー			
	技術の活用	デジタル・コンピテンス	情報テクノロジー	ICT技術		情報リテラシー ICTリテラシー	
反省性（考える力） （協働する力） （問題解決力）		学び方の学習	思考スキル （問題解決） （協働する）	批判的・創造的思考力	思考力	創造とイノベーション	認知スキル
						批判的思考と問題解決	
						学び方の学習	
						コミュニケーション	
						コラボレーション	
自律的活動力	大きな展望	進取の精神と起業精神	問題解決 協働する	倫理的理解	自己管理力	キャリアと生活	社会スキル
	人生設計と個人的プロジェクト						
	権利・利害・限界や要求の表明	社会的・市民的コンピテンシー 文化的気づきと表現		個人的・社会的能力 異文化間理解	他者との関わり 参加と貢献	個人的・社会的責任	
異質な集団での交流力	人間関係力						
	協働する力					シティズンシップ	
	問題解決力						

出典）国立教育政策研究所：育成すべき資質・能力を踏まえた教育目標・内容と評価の在り方に関する検討会（第6回）平成25年6月27日配付資料

160　第14章　問題解決型の学習を取り入れた授業

れをみると，認知スキルとして「問題解決力」が複数の国や地域で取り上げられていることがわかる。また，OECDが実施している国際的な学習到達度調査であるPISAでも，2003年，2012年には「読解力」「科学的リテラシー」「数学的リテラシー」に加えて「問題解決力」が調査対象となっており，その習得が重視されている。2012年の結果を受けて，2015年には「協働的問題解決力」が調査の対象となっており，世界水準で問題解決力の育成が教育課題として認識されているといえよう。

　また，第13章でも述べたように，問題解決型の学習は，主体的・対話的で深い学びを実現させる上で有効である。

2．問題解決型の学習のプロセス

（1）学習プロセスにおける位置づけ

　図14－1は，家庭科の学習プロセスに，問題解決型の学習要素を位置づけたモデルである。概ね，図の流れに沿って「生活の課題発見」から「家庭・地域での実践」を目指す[*1]。ただし，この学習過程はあくまでも例であり，必ずこの流れで授業を組み立てなければならないわけではない。授業のスタートも，すべてが「課題発見」からとは限らない。発見する前の段階で共通の体験活動を導入したり，既習事項や他教科との関連から課題を設定したりすることも可能である。

*1　問題と課題
　複数の解釈があるが，「課題」は児童生徒が学習活動の中で具体的に解決を目指すレベルのものを指す。抽象的な「問題（状況）」を整理する中で，解決すべき「課題を発見」することが求められている。

　図14－1の中央には，「目指す資質・能力と学習評価の場面の例」が示されている。三つの資質・能力，すなわち「知識・技能」「思考力・判断力・表現力（≒活用力）」「学びに向かう態度」と，問題解決型の学習プロセスがどのように関連するのかが整理されている。

　図の下にある例は，資質・能力のうち，「自分の生活や家庭生活と関わらせて思考・判断・表現する流れ」の具体的な活動について，問題解決的な学習プロセスに当てはめて提示したものである。問題解決型の学習活動が，どのような活用力を育むことにつながるのか，思考の道すじが示されている。図中に，双方向の矢印や破線があることからもわかるように，画一的な流れとして捉えるのではなく，多様な展開の可能性が想定できる。年間指導計画や配当時間数を考慮した上で，どのような活動で「思考力・判断力・表現力」の育成を目指すのか考えたい。

（2）批判科学に基づく問題解決のプロセス

　図14－2は，これまで述べてきた問題解決型の学習のプロセスを，批判科学に基づいて整理したものである。ジョン・デューイの省察的思考の学習理論や，ハーバート・サイモンの意思決定論を踏まえている。ここでは，問題解決型の学習において，③から⑥の活動を特に意思決定のステップとした。③の「問題を特定する」活動から⑤の「選択肢を多角的に検討する」活動においては，双方向矢印で示されている。決定する前に選択肢が思いつかなかったり，思いついた選択肢が納得できなかったりした場合，原点に戻って，問題そのものの背景や特徴を捉

2．問題解決型の学習のプロセス　161

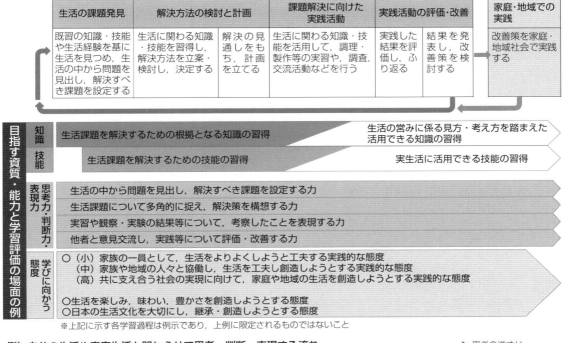

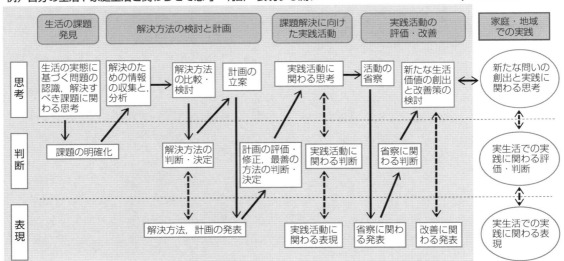

図14-1　家庭科，技術・家庭科（家庭分野）における学習過程
出典）文部科学省：教育課程部会 家庭，技術・家庭ワーキンググループ資料10-1，2016

え直すことが合理的な意思決定につながるのである。こうした試行錯誤の場面を取り入れることで，問題解決型の学習が可能になる。

　問題解決力を育むためには，①から⑧のプロセスを，すべて丁寧に踏まえた授業展開が理想的であることはいうまでもないが，ある程度まとまった授業時間が必要となる。限られた授業時間数を考慮すれば，1時間の中でも「意思決定のステップ」を意識した授業展開を試みることで，学習プロセスの一部を体験し，そ

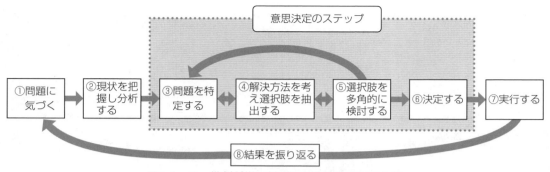

図14-2　批判科学に基づく問題解決のプロセス
資料）荒井紀子編著：新版　生活主体を育む，ドメス出版，2013，p.97をもとに作成

れを多様に積み重ねることで問題解決型の学習の基盤づくりになるだろう。

また，一度すべてのプロセスを経た問題解決型の学習を丁寧に実践することによって，意思決定の方法や双方向に往還する学習の流れなどを体験すれば，他の学習場面においても応用できる。

3．問題解決型の学習における学習方法と学習評価

(1) 学習方法

1）問題に気づく場面

問題への気づかせ方は多様である。新聞記事やインターネット情報から社会的な問題に接近することも有効である。また，環境問題のように，他教科等の学習との関連から，すでに問題があることを前提にスタートすることもあるだろう。以下，子どもの身近な生活に引き付けた問題に気づく学習方法について述べる。

① **データを示す**：社会のある状況を示したグラフや表，あるいは数値データを読み取ることで問題に気づかせる。

例えば食生活（第7章参照）の場合，食品ロスの統計データを示すことで，「食べられるものが捨てられている」ことに気づくだろう。食料自給率と合わせて示すことで，そこに大きな矛盾が存在していることにも気づかせたい。また，家庭から排出される食品ロスの比率の高さを知ることで，自分や家族のライフスタイルにも思いが及ぶかもしれない。

児童にとっての日々の身近な共通体験に基づけば，給食の残飯に関わるデータを示すことも有効である。提供された給食全体に占める残飯の比率を，重量や価格などのデータで数値化することによって，多数の人が関わることによる影響の大きさにも気づくことが期待される。

② **写真を示す**：写真から情報を読み取るフォトランゲージも，問題に気づく場面で効果的である。図表や数値データは児童にとって無機質に感じられるかもしれないが，生活の一場面を切り取った写真は，親近感を与えるだろう。それを注意深く眺めることで，普段見過ごしていた問題に気づくきっかけに

図14-3　食に関わる写真集[1)2)]

なる。例えば住生活の場合，散らかった子ども部屋の写真やコンセントの周りにほこりがたまっている写真から，住まいに潜む問題に気づくだろう。

　図14-3は，世界の様々な国や地域における食べもの（市場）や食卓の様子が収録された写真集である。ここから，「食べること」の意味を考えたり，国や地域による相違点あるいは共通点に気づいたりすることができるだろう。他の情報と組み合わせることで，食生活の背景にある経済や環境などの社会問題へ広げることも可能である。

③　動画を見せる：機器の進化によって，手軽に動画撮影ができるようになった。ビデオカメラはもちろんのこと，デジタルカメラやスマートフォンでも簡単に録画することができる。例えば，衣生活（製作実習）の場合，事前に撮影しておいた児童のミシンの使い方を見せて，問題に気づかせる。自分たちの何気ない行動が，けがをするリスクを含んでいることに気づくかもしれない。実習前に，ミシンの安全な使い方を教科書で確認させたとしても，実際の製作場面と乖離した知識や情報は定着しにくい。自分たちの行動の，どこにどのような問題があるのか，何が危険なのか，どうすれば安全に使えるのか，動画によって客観的に確認することで気づかせたい。

2）現状を把握し分析する場面

　現実世界で起きている問題の現状は，混沌としていて複雑である。気づいた問題に対して，さらに情報を集めて現状を把握し，何が起きているのか概念を整理・分析することで，そもそも何が問題なのか，問題の特定につなげる。

①　多様な情報を集める：間接的な情報では，図書室での文献調査やインターネットでの検索があげられる。ICT活用能力を育てる意味からも，インターネットリテラシーの習得が不可欠であることは自明である。しかし，そうした情報に頼りすぎると，実感を伴った問題状況に近づけない。自分の目で見て，耳で聞き，出かけていくことで生の情報を集めることも有意義である。

164　第14章　問題解決型の学習を取り入れた授業

　　例えば，その問題状況に近い人物へのインタビューや，問題が起きている
場所におけるフィールドワークなどが考えられる。1）の例（p.162）に基
づけば，学校給食の調理員にインタビューすることで残飯の現状をより詳し
く把握することができるだろう。また，残飯がどのように処理されているの
か，フィールドワークによって，実際に確認することも有効であろう。

　　消費生活を例にあげれば，商品に関わる情報（表示，マーク，取扱説明書，
レシート，ちらし，カタログなど）を吟味することも，現状を知る上で効果
的である。レシートは買物の記録であり，1週間分の買物情報を整理するこ
とで，消費行動に関わる価値観や金銭感覚，自分では気づきにくい買い方の
癖（習慣）などを抽出することもできる。消費者相談窓口（カスタマーズセ
ンター）などの，問い合わせ先に注目させ，疑問に感じていることを直接電
話で確認することも可能である。

　　なお，情報を集める際には，正確であることが前提となる。複数の情報源
に当たることで，信憑性の高い「現状把握」につなげたい。問題状況の全体
像を把握するためには，多様な情報を集める必要がある。一人の視点や価値
観で捉えた「現状」を客観的に「分析」するのは困難であるため，ペア学習
やグループ学習が有効である。

②　**概念を整理する**：把握した現状について，関連する概念を整理する。前述
　　の1）で示した散らかった部屋の例（p.163）であれば，そこからどのよう
　　な問題状況が想定されるのか，フィッシュ・ボーン法（第13章参照）などで
　　イメージを広げる活動が考えられる。個人あるいは複数で実践し，概念を整
　　理することで現状の何がどのように問題なのか，分析的に理解することが可
　　能となる。

　　　また，散らかった子ども部屋の写真を見て気づいたことを付箋に書き，類
　　似のカテゴリーに分類したり，そこから導き出される問題点に近づけたりす
　　ることで，共通する概念を整理できるだろう。散らかった状態が続くことで，
　　どのようなリスクが考えられるのか，衛生面や安全性はどうなのか，観点を
　　抽出して課題を分析することで，解決すべき問題点が浮き彫りになる。

3）意思決定の場面

　現状を把握して分析することで，解決すべき根源的な問題が特定されたら，合
理的な解決方法を選択する。そのため，複数のアプローチの仕方を考え，それら
の選択肢を吟味して，適切な方法を検討する。

　その際，一覧表に整理したり，第13章第3節で紹介したような思考ツールを活
用したりすることで，比較考量しやすくなる。また，最終的にどのような解決方
法を選ぶのかは，その時の条件で優先順位が変化したり，目的によって異なる結
果になったりすることに留意したい。

4）結果を振り返る場面

　問題解決型の学習では，意思決定後の実践も重要であるが，その結果を振り返
り，次の問題解決に生かす場面が意識的に設定されているかどうかが問われる。

学習評価と関連させて，次項で述べていく。

（2）学習評価（第5章参照）

　問題解決型の学習評価は，学習を通して習得した知識・技能をいかに活用して思考し，判断し，表現するのかが主たる対象となる。正解を導き出すことができたかどうかではなく，設定された条件や状況判断の中から最適解，あるいは最善解に相当するものを探し，実践し，その結果について振り返るまでの一連のプロセスを評価する。評価の具体的な手法については第5章で述べたとおりであるが，中でも以下の評価方法について理解しておきたい。

1）ポートフォリオ

　問題解決型の学習においては，それぞれの探究活動の記録を整理するためにも，また，一連のプロセスにおける学習の履歴を振り返るためにも，これまでの作品やレポート，テストなどをファイルしたポートフォリオの活用は有効である。ペア学習やグループ学習を導入した場合，個々の児童が学習活動において何を思考・判断・表現してきたのか，どのような知識・技能を活用して探究活動に取り組んだのか，教師が学習過程について把握することは容易ではない。ポートフォリオは，それを助ける意味も含まれている。

2）パフォーマンス評価

　問題解決型の学習を体験した後，関連したパフォーマンス課題を設定して解決までのプロセスを評価する。パフォーマンス課題の位置づけは，夏休みや冬休みを利用した家庭・地域における実践的な活動も想定できる。一度体験した学習の流れを踏まえ，習得した知識・技能を使って課題を解決させたい。その際，共通で体験した問題解決型の学習を振り返り，省察した結果から新たな課題を見つけ，それをテーマに取り組むことも考えられる。

3）ルーブリックの活用

　基礎的・基本的な知識や技能の獲得を目指すのであれば，理解しているかどうか，習得できているかどうかが評価の対象となるが，思考・判断・表現による知識・技能の活用については，何をどのように評価するのかが見えにくい。

　そこで，目指すべきゴールのイメージをルーブリックで提示し，何がどこまでできていればよしとするのか，児童と共有する必要がある。

4．問題解決型の学習を取り入れた授業実践例

　以下，衣生活に関わる問題解決型の学習を取り入れた授業の事例である。授業展開に合わせて，「問題解決のプロセス」（図14-2）のどれに該当するのか右側に示している。また，授業で学んだ制服の暖かい着方をもとにして，家庭学習で私服の着方を取り上げたパフォーマンス課題を提示した。ワークシートの記述をどのように評価するのか，ルーブリックと合わせて確認されたい。

166　第14章　問題解決型の学習を取り入れた授業

学習指導案 第5学年	暖かい着方を工夫しよう	○○年○月○日○曜日○校時 授業場所：○年○組教室　　授業者：○○○○（教諭）

1. 題材の目標

- ・冬の生活場面に適した衣服の着用ができる。
- ・冬の制服のあたたかい着方を工夫し，結果を評価することで基本的事項を理解し，応用する。

2. 指導計画と学習過程

次	時	テーマ	学習内容・子どもの意識の流れ	教師の働きかけ	問題解決のプロセス
1	1	寒い季節を快適に過ごすには	快適ってどのようなことだろう？ ・気持ちよく過ごすこと ・暑すぎず，寒すぎず，ちょうどいい暖かさ ・適度な明るさやきれいな環境 寒い季節を快適に過ごすにはどうしたらいい？ ・暖房をつけて，部屋を暖める ・セーターなど暖かい服を着る ・なべ料理を食べると，体がぽかぽかする	・快適の捉え方に気づけるように，イメージマップに記述する ・寒い季節の暮らし方のイメージがふくらむよう，教科書の写真を参考にする。	①問題に気づく
2	2・3	暖かい着方を考えよう	夏服と冬服にはどんな違いがあるのだろう？ ・衿や袖の形が違う ・冬服のほうが布地が厚い ・布地の種類が違う 暖かく過ごすために，工夫していることや困っていることはないかな？ ・寒いときはフリースを着たり，手袋をしたりする ・冬でも半ズボンだから寒い 暖かい制服の着方を考えよう ・重ね着をすれば暖かいかな ・カーディガンよりセーターの方がよさそう ・足が寒いから長ズボンにしよう 制服の着方をアレンジして暖かく過ごしてみよう ・たくさん重ね着したら暖かいけど，かえって動きにくい ・着替えやすいのはセーターよりカーディガン 暖かい着方の工夫を考えよう ・襟や袖口のつまった服は暖かくて寒い季節にはぴったりだね ・重ね着をすると暖かいだけでなく，調節することができて便利だね	・制服の夏服を準備しておき，今着ている冬服と比較して違いに気づかせる ・日常生活での工夫や問題点を出し合う場面を設定する ・安全面へ配慮する ・そのような着方をした理由を書かせる ・自分の考えた着方の問題点や利点をメモさせる ・自分の考えを仲間に伝え，相互評価する場を設ける ・自分の考えた着方を振り返り，よりよい着方を考えられるようにする	②現状の分析 ③問題の特定 ④⑤選択肢の検討 ⑥⑦決定と実行 ⑧結果の振り返り
3	4	衣服の働きを考えよう	どんなときに，どんな服を着ているのかな ・運動をするときは体操服に着替えている ・寝るときに着るパジャマはゆったりしている 衣服にはどんな働きがあるのかな ・暑さや寒さから身を守る ・汗や汚れを吸収する ・活動しやすくする	・学校，家庭，地域の行事など多様な場面を取り上げる ・目的に合った着方や衣服の選び方をしていることに気づかせる ・衣服には保健衛生上の働き，生活活動上の働きがあることを整理する	

家庭実践 （パフォーマンス課題）	学んだことに基づいて，暖かい私服の着方を考えて出かけよう	
	・何を着て，どこに行こうかな ・場所や目的を考えて私服を選ぼう	・事前にルーブリックを示し，評価の ポイントを共有しておく

3．家庭実践（パフォーマンス課題とルーブリック）

パフォーマンス課題

暖かい私服の着方を考えよう
○「暖かい着方を工夫しよう」で学んだことをもとに，暖かい私服の着方を考えて，外出しましょう。平日でも，休日でもかまいません。暖かく過ごせる着方とは？　場所や目的に合った着方とは？　自分で考えて，私服を選びましょう。 ○ワークシートは，次の三つのことについて評価します。ルーブリックを参考にしながら，ワークシートに自分の考えをまとめましょう。 　　【評価項目】　①暖かい着方のポイントと理由について 　　　　　　　　②場面や目的を踏まえた着方について 　　　　　　　　③振り返りについて

ルーブリック

評価	評価項目と評価のポイント
A	①暖かい着方について，体の周りの暖かい空気が逃げにくい布や形の衣服を選んだ上で，重ね着やくつ下などの着方を工夫して，考えをまとめている。 ②場所や目的を踏まえた着方について，具体的に考えをまとめている。 ③暖かい私服の着方ができたかどうか，場所や目的に合った服装ができたかどうか振り返り，よりよい着方の実現に向けて，具体的に考えをまとめている。
B	①暖かい着方について，体の周りの暖かい空気が逃げにくい布や形の衣服を選んだり，重ね着やくつ下などの着方を工夫したりなど，考えをまとめている。 ②場所や目的を踏まえた着方について，考えをまとめている。 ③暖かい私服の着方ができたかどうか，場所や目的に合った服装ができたかどうか振り返り，よりよい着方の実現に向けて，考えをまとめている。
C	①暖かい着方について，暖かいから，寒いからなどの理由のみで考えをまとめている。 ②場所や目的を踏まえずに，考えをまとめている。 ③暖かい着方ができたか，場所や目的に合った服装ができたか振り返り，感想を書いている。

出典）北陸家庭科授業実践研究会Ver.2編：考えるっておもしろい，教育図書，2014，pp.113-114，p.117をもとに作成

課　題

・他の章に掲載されている指導案について，以下の点を考えてみよう。

　1）問題解決型の学習過程は含まれているか。

　2）含まれている場合，図14－2①～⑧のどのプロセスに該当するか。

　3）含まれていない場合は，問題解決型の学習を取り入れてアレンジしてみよう。

＜引用・参考文献＞

1）森本卓士：食べもの記，福音館書店，2007

2）ピーター・メンツェル，フェイス・ダルージオ：地球の食卓―世界24か国の家族のごはん―，TOTO出版，2008

・荒井紀子ほか編著：新しい問題解決学習―Plan Do Seeから批判的リテラシーの学びへ―，教育図書，2009

・荒井紀子編著：新版 生活主体を育む―探究する力をつける家庭科―，ドメス出版，2013

・北陸家庭科授業実践研究会Ver.2編：考えるっておもしろい―家庭科でつなぐ子どもの思考―，教育図書，2014

終 章　家庭科教育の展望

1．日本の教育改革の背景

（1）世界の教育改革を推進するOECDの取り組み

　現代社会では，国際化と高度情報化の進行とともに多様性が増した複雑な社会に適合する能力が要求される。OECD（経済協力開発機構）はDeSeCo（definition and selection of competencies : theoretical and conceptual foundations）プロジェクトを立ち上げ，こうした現代社会が必要とし育成が期待される能力を政策的に研究した。2003年に出した最終報告書では，PISA調査の概念枠組みの基礎となるキーコンピテンシー（能力）を三つ（①社会・文化的，技術的ツールを相互作用的に活用する能力，②多様な社会グループにおける人間関係形成能力，③自律的に行動する能力）にまとめた。OECD加盟国では教育改革が共通した課題になっており，世界が大きく変わっていく中で2030年という時代を生きていくために子どもたちにどのような力を身に付けさせればよいか，またその教育システムはどうあったらよいかといった内容を"Education 2030"として提起した。

（2）OECDの教育改革の中心的役割を担う日本

　日本では2015（平成27）年3月11日，6月29日に「2030年に向けた教育の在り方に関する日本・OECD政策対話」がなされ，図に示すような三つのキーコンピテンシーを踏まえて，人間性（character），社会的スキル（social skill）を重視した新たなカリキュラムの策定と実施カリキュラムを策定する必要性を述べた"Education 2030"を提案した[1]。

　この対話では，①新しい時代にふさわしいカリキュラムや授業の在り方，アクティブ・ラーニングをはじめとした学習・指導方法，学力評価の在り方等に関して，文部科学省・OECD双方のハイレベルスタッフにより意見交換を行い，本プロジェクトに包括的な方向付けを与えること，②日本側は東京学芸大学を主な主体として，日本・OECD共同により，教育方法や，OECDが有する様々なノウハウ・データの調査研究等を通じて，学校現場の教育革新に資する成果の創出を目指す共同研究を行うこと，③OECD東北スクール事業の成果の上に，課題解決や国際性涵養などに資する学習内容・方法の学校現場への普及を実践的に検証する事業として，文部科学

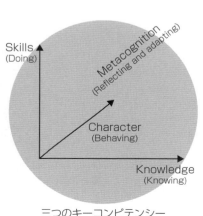

三つのキーコンピテンシー

省・OECD・福島大学らが共同で実施することを目指す地域創生イノベーションスクール2030を実施することを提起した。

こうした取り組みをたどると，OECDの提起する教育改革の推進役として，日本の取り組みが期待されていることがうかがえる。

（3）世界の教育改革と連動する日本の教育改革

文部科学省教育課程企画特別部会では2015（平成27）年に，学習指導要領改訂の論点整理を公表し，2030年の社会と，そしてさらにその先の豊かな未来を築くために，教育課程を通じて初等中等教育が果たすべき役割を示すことを意図し，海外の事例やカリキュラムに関する先行研究などを踏まえて育成すべき資質・能力を，知識に関するもの，スキルに関するもの，情意（人間性など）に関するものの3要素を提起した[2]。日本の今回の教育課程の改訂で提起された3要素は，OECDが提起するキーコンピテンシーの3要素とほぼ同義となっているように思われる。すなわち「知識に関するもの」はOECDが提唱するknowledge，「スキルに関するもの」は同skill，情意（人間性など）は同characterと読み取れる。

さらに「論点整理」では，「何を知っているか」だけではなく，「知っていることを使ってどのように社会・世界と関わり，よりよい人生を送るか」ということであり，「課題の発見・解決に向けた主体的・協働的な学び（いわゆる「アクティブ・ラーニング」）が重視された[3]。アクティブ・ラーニングの目指すものは課題解決能力の育成である。

2. 家庭科の学びの可能性

（1）課題解決能力と家庭科の学び

2017（平成29）年告示の学習指導要領の小学校家庭科の目標は，「（2）日常生活の中から問題を見いだして課題を設定し，様々な解決方法を考え，実践を評価・改善し，考えたことを表現するなど，課題を解決する力を養う」と課題解決能力の育成をその中心的な目標に据えている。しかしこうした課題解決力は，家庭科では今回初めて取り入れられたことではない。

2008（平成20）年告示の学習指導要領では，教科の目標に「衣食住などに関する実践的・体験的な活動を通して…（中略）…生活をよりよくしようとする実践的な態度を育てる」とあり，また内容の取扱いと指導上の配慮事項でも「（中略）身につけた知識及び技能などを日常に活用するよう配慮する」と，学んだことを生活の中で実践できること重視してきていた。

生活の中では毎日様々な解決すべき課題があり，それを解決するために，学んだ知識や技能を活用する。これが実践である。すなわち実践とは毎日の生活の中で行われる課題解決の積み重ねである。

栄養バランスの取れた朝食，昼食，夕食を準備するという課題の解決は，単に知識や技能を身に付けているだけでなく，実際に準備して食べるという実践が行

われて初めて，毎日の生活が滞りなく行えるのである。家庭科の学びは常にこうした毎日の課題と向き合っている。生きていくために必須の課題を解決する力を育むことが，家庭科がこれまで重視してきた学びであった。これからの社会で求められる資質・能力の育成では，家庭科がこれまで蓄積してきた学びをさらに一層充実・発展させることであるといえよう。

教育課程企画特別部会の「論点整理」ではさらに，「これからの予測できない未来に対応するためには，社会の変化に受け身で対処するのではなく，主体的に向き合って関わり合い，その過程を通して，一人一人が自らの可能性を最大限に発揮し，よりよい社会と幸福な人生を自ら創り出していくこと」「自らの人生をどのように拓いていく」ことの重要性を繰り返し述べている[3]。自身の人生を創っていくことは，高等学校家庭科の生活設計の命題である。小学校では生活設計を全面的に取り上げないが，現在の生活の積み重ねが人生を創っていくという視点に立ち，高校およびその後の人生につながる学習の基礎を小学校で築いている。

（2）アクティブ・ラーニング（主体的で対話的な深い学び）を実現する家庭科

2017（平成29）年告示の学習指導要領では，その中に「どのように学ぶか」という学び方を提起し，その学び方にアクティブ・ラーニング（主体的で対話的な深い学び）を打ち出した（第13章参照）。

家庭科は，これまでも一方的な知識注入型の授業ではなく，実践的な体験的な学びを重視してきた。すなわち，実践や体験を通して，そこにある知識（knowledge）に気づいて獲得するという学習方法を展開してきた。こうした家庭科の学習方法は，2030年の未来に向けて求められる学習方法と一致するものであり，家庭科ではこうした蓄積を踏まえて，これらをさらに発展させられると期待されている。

アクティブ・ラーニングでは思考力・判断力・表現力などのskillや，主体的に学ぶ態度といった情意・人間性などのcharacterを活用した学習が展開される。

アクティブな学習を主導するskillの中で，批判的思考力はその中心をなす。「批判的思考に関する全米会議」では，批判的思考を「……情報を，アクティブにかつ巧みに概念化，応用，分析，統合，評価する知的営為の過程」と捉えており，批判的思考力はアクティブな学習において要となる。

批判的検討の学習過程では，多様な考えを比較検討し分析評価して，状況によって異なる解が導き出される可能性も高く，一つの解がない家庭科の学びにはこうした批判的思考の学習過程に親和性が高い。例えば昼食に何を食べるかは人それぞれであり，栄養バランスや食の安全，それぞれの食文化，経済，環境などに関する様々な選択肢の中から比較検討し，分析し，評価し，最終的な判断を一人一人が行い，その選択が社会的を変えていくことにつながっている。こうして一人一人の人生が，また社会が創られていく。こうした学びを日常的に行う家庭科では，2030年の未来に向けて求められているアクティブな学習が展開されているといえよう。

3. 家庭科の学びの目的―世界の課題を見据え豊かな生活を創造する―

(1)「持続可能な社会の構築」と家庭科

　現在，世界で取り組むべき大きな課題として，持続可能な社会の構築があげられる。国連は2015年に，今後15年かけて地球を守るための計画「持続可能な開発のための2030アジェンダ／SDGs」を採択した。SDGsとは以下のような五つのP（分類），17の目標，169ターゲットが明記されている[4]。

　家庭科の見方・考え方では，生活における解決すべき問題を，①協力・協働，②健康・快適・安全，③生活文化の継承・創造，④持続可能な社会の構築等の四つの視点から捉えるとしている（第3章参照）。このうちの三つは上記のアジェ

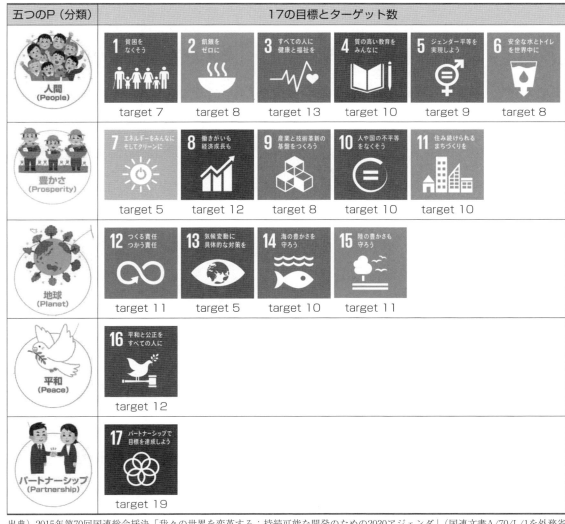

出典）2015年第70回国連総会採決「我々の世界を変革する：持続可能な開発のための2030アジェンダ」（国連文書A/70/L/1を外務省が仮訳）

ンダ2030で示された内容が取り上げられている。すなわち，④持続可能な社会の構築はSDGs全体の枠組みであり，①協力・協働はPartnership（パートナーシップ）であり，②健康・快適・安全は「6 安全な水とトイレを世界中に」「7 エネルギーをみんなにそしてクリーンに」「11 住み続けられるまちづくりを」などが該当する。世界で目指す2030年に向けた将来の社会を創る取り組みが，家庭科でも始まろうとしている。

　家庭科の三つの領域の一つに「消費・環境」がある。これは2008（平成20）年告示の学習指導要領からの継承であるが，これからの世界ではますます重要度を増している。環境は企業などの経済社会の取り組みも大きな役割を果たすが，一人一人の生活者の取り組みも重要である（第10章参照）。

　寒いとき，暑いとき，エアコンをどの程度使うか，より省エネの方法の模索など，生活の場面で多くの取り組みができる。調理をするときも，食品ロスの問題，調理エネルギーの問題，食品の生産過程・輸送過程におけるエネルギー問題など，多くの環境への配慮を考えながら，毎日の食事を作り食べている。このような生活のあらゆることが環境につながっており，それを家庭科の学びで取り上げながら，地球の環境問題を考えている。

　さらにSDGsは単にエネルギーや地球環境の問題だけでなく，貧困や安全の問題も含まれている。

　収入と支出の統制を図って安定した生活を送ることは，家庭科の重要な目標であり，したがって貧困は家庭科の大きな問題であるとともに，その貧困から脱出する力を身に付けることも家庭科の課題である。

　また，安全な食生活の営みは生きる上で最も重要な課題であり，三食の食事の中で，常にその目標の達成に向けた取り組みができるような資質・能力の育成を図っている。食材の生産での安全の確保，その食品を選択する際に活用する情報が必要十分に消費者に届けられている必要があり，それは家庭科の消費者問題への対応の学習とつながる。

　このように生活の一つ一つが国連のSDGsが目指す未来の社会像と関わっており，家庭科はその生活の仕方を取り上げてその営みを自立的に営む力を育成することを目指している。その視点から，これからの未来の社会を見通した学習を担う教科と位置づけることができる。

（2）次世代に継承して歴史をつくる生活文化の担い手を育てる役割

　前述した持続可能な社会の構築に加え，生活文化の継承という命題も家庭科の教育目標に掲げている（第3章参照）。

　生活文化とは日常の生活が積み重なったものである。生活文化は特別の人たちだけがつくっていくものではない。毎日の食生活で何を食べているかがその地域のその国の食文化を形成し，伝統的な形式ができていく。何を着るか，どんな住まいに住むか，どんな行動をするかなど，生活の一つ一つの様式が，その地域や国の生活文化をつくっている。世界遺産に登録された和食も，私たちが日常食べ

ている一汁三菜や出汁文化が，日本独自の文化として認められたものである。

　しかし，文化は日々変化していくものである。文化というと伝統的な貴重なものを継承し，それは今後変化しないと受け取られがちである。しかし日本の文化も海外から導入された様々な形式を取り入れ，さらに発展させて，変化してきたものである。豆腐やうどん・そばは日本食の代表的なものと考えられがちであるが，これらは中国大陸から伝わってきたものである。それが日本各地で食べられるようになり，それぞれの地域でその特徴を持った食べ方に変化していった。このようにそれぞれの地域で発展することで，一般的となり各家庭に取り入れられ普及し，日本全体の食文化として定着していったものである。例えば，カレーライスや焼き餃子は日本人からすれば和食ではないが，海外から見れば日本食の一つと捉えられている。したがって，歴史を重ねるうちに，これらも日本の生活に根付き，日本の食文化として認められるようになると考える。

　こうしたことは住まいでも，衣服でも同様である。昔ながらの土間があり，障子と襖を多用し，風通しのよい日本的な住居は少なくなった。コンクリートで作られた集合住宅で，畳座からフローリングの床が主流になり，窓も障子や襖ではなく機密性の高いサッシ窓が一般的となった。しかし，室内では靴を脱ぐ，椅子とテーブルの他に，床に座る形式も継承しているなど，新しいものを取り入れながらも伝統的な形式も継承している。こうしたことは，無意識な生活の様々な選択の中で起こっている。

　すなわち，私たちが行う日常の生活における選択は，日本の生活文化をつくり，歴史をつくっている。家庭科では，よりよい生活を求めて日々の生活を選択しており，自立的にそのことができる生活者をつくっているのが，家庭科である。ある意味，家庭科は歴史をつくる生活者の育成に取り組んでいるということができる。

4．世界の家庭科をリードする

　最後に，日本の家庭科は世界の中でもそのリーダー的な存在であることを2点確認しておく。

（1）日本の家庭科は，小学校5年生から高等学校まで男女が必修の教科

　一つは高等学校までの教育課程において，家庭科が男女ともに必修で学ぶ教科となっていることである（第2章参照）。人は誰でもが生きている限り生活者であり，その生活者を育成する教科が家庭科であることから，家庭科を男女が学ぶのは当然のことである。しかし，諸外国では必ずしも家庭科が男女ともに必修の教科にはなっていない。多くは選択科目になっており，したがって家庭科を履修する生徒が多くない国もある。すべての人々は生活者として生きるために必要な資質・能力を，男女ともに等しく，また十分に学ぶ環境をつくりたいものである。その意味で，日本の家庭科教育は世界のリーダー的存在となりつつある。

（2）授業研究でよりよい授業づくりに取り組む教師

　もう一つはレッスンスタディ（授業研究）により，多くの教師が日々授業改善に取り組み，その結果，日本の教師の授業力は世界でもトップレベルにあるということである。

　授業研究とは小・中・高等学校などの教諭が，公開された授業を教師同士が参観し，その後に協議会の時間を取り，その授業の指導方法や子どもたちの学びの状況等に関して意見を交換し合い，よりよい授業のあり方について研究することをさす。これは国語や算数の主要教科の授業で始まったが，学校全体で取り組まれはじめ，今や日本ではすべての教科で取り組まれている。この授業研究の方法がアメリカをはじめ海外の教育方法研究者の注目されるところとなり，今では海外でも取り組まれている。

　日本では学校の設置者単位である市町村に各教科の研究会組織が形成され，毎月研究会が行われていることが多い。これが県レベル，全国レベルの組織に発展し，県や全国で毎年研究会が行われている。市町村教育委員会を中心とする公的な教科授業研究会の他に，自主的な研究会も設置されている。また，授業実践を掲載した家庭科の研究雑誌も複数発行されている。

　こうした背景を受けて，日本家庭科教育学会の課題研究に取り組んだ一つのグループは，2017（平成29）年に家庭科のレッスンスタディを海外に伝えるための研究会を東京で開催し，海外からの参加者も多くあった。さらに，東京学芸大学ではOECDとの共同研究として，家庭科も含むすべての教科の授業を世界に発信しようとしている。

　現在注目されている日本の授業研究の方法にあぐらをかくことなく，さらに家庭科の授業にみがきをかけ，世界に発信し続けたいものである。

<引用文献>
1）文部科学省：教育課程企画特別部会参考資料1「2030年に向けた教育の在り方に関する第2回日本・OECD政策対話（報告）」，2015
2）文部科学省：教育課程企画特別部会 論点整理，2015，p.9
3）前掲書2），p.17
4）2015年第70回国連総会採決「我々の世界を変革する：持続可能な開発のための2030アジェンダ」（国連文書A/70/L/1を外務省が仮訳）

巻末資料：小学校学習指導要領（抄）　　　　　平成29年3月31日　文部科学省告示

第8節　家　　庭

第1　目　標

生活の営みに係る見方・考え方を働かせ，衣食住などに関する実践的・体験的な活動を通して，生活をよりよくしようと工夫する資質・能力を次のとおり育成することを目指す。

(1) 家族や家庭，衣食住，消費や環境などについて，日常生活に必要な基礎的な理解を図るとともに，それらに係る技能を身に付けるようにする。

(2) 日常生活の中から問題を見いだして課題を設定し，様々な解決方法を考え，実践を評価・改善し，考えたことを表現するなど，課題を解決する力を養う。

(3) 家庭生活を大切にする心情を育み，家族や地域の人々との関わりを考え，家族の一員として，生活をよりよくしようと工夫する実践的な態度を養う。

第2　各学年の内容
〔第5学年及び第6学年〕
1　内　容

A　家族・家庭生活

次の(1)から(4)までの項目について，課題をもって，家族や地域の人々と協力し，よりよい家庭生活に向けて考え，工夫する活動を通して，次の事項を身に付けることができるよう指導する。

(1) 自分の成長と家族・家庭生活

ア　自分の成長を自覚し，家庭生活と家族の大切さや家庭生活が家族の協力によって営まれていることに気付くこと。

(2) 家庭生活と仕事

ア　家庭には，家庭生活を支える仕事があり，互いに協力し分担する必要があることや生活時間の有効な使い方について理解すること。

イ　家庭の仕事の計画を考え，工夫すること。

(3) 家族や地域の人々との関わり

ア　次のような知識を身に付けること。

(ア) 家族との触れ合いや団らんの大切さについて理解すること。

(イ) 家庭生活は地域の人々との関わりで成り立っていることが分かり，地域の人々との協力が大切であることを理解すること。

イ　家族や地域の人々とのよりよい関わりについて考え，工夫すること。

(4) 家族・家庭生活についての課題と実践

ア　日常生活の中から問題を見いだして課題を設定し，よりよい生活を考え，計画を立てて実践できること。

B　衣食住の生活

次の(1)から(6)までの項目について，課題をもって，健康・快適・安全で豊かな食生活，衣生活，住生活に向けて考え，工夫する活動を通して，次の事項を身に付けることができるよう指導する。

(1) 食事の役割

ア　食事の役割が分かり，日常の食事の大切さと食事の仕方について理解すること。

イ　楽しく食べるために日常の食事の仕方を考え，工夫すること。

(2) 調理の基礎

ア　次のような知識及び技能を身に付けること。

(ア) 調理に必要な材料の分量や手順が分かり，調理計画について理解すること。

(イ) 調理に必要な用具や食器の安全で衛生的な取扱い及び加熱用調理器具の安全な取扱いについて理解し，適切に使用できること。

(ウ) 材料に応じた洗い方，調理に適した切り方，味の付け方，盛り付け，配膳及び後片付けを理解し，適切にできること。

(エ) 材料に適したゆで方，いため方を理解し，適切にできること。

(オ) 伝統的な日常食である米飯及びみそ汁の調理の仕方を理解し，適切にできること。

イ　おいしく食べるために調理計画を考え，調理の仕方を工夫すること。

(3) 栄養を考えた食事

ア　次のような知識を身に付けること。

(ア) 体に必要な栄養素の種類と主な働きについて理解すること。

(イ) 食品の栄養的な特徴が分かり，料理や食品を組み合わせてとる必要があることを理解すること。

(ウ) 献立を構成する要素が分かり，1食分の献立作成の方法について理解すること。

イ　1食分の献立について栄養のバランスを考え，工夫すること。

(4) 衣服の着用と手入れ

ア　次のような知識及び技能を身に付けること。

(ア) 衣服の主な働きが分かり，季節や状況に応じた日常着の快適な着方について理解すること。

(イ) 日常着の手入れが必要であることや，ボタンの付け方及び洗濯の仕方を理解し，適

切にできること。
イ　日常着の快適な着方や手入れの仕方を考え，工夫すること。
(5)　生活を豊かにするための布を用いた製作
ア　次のような知識及び技能を身に付けること。
(ア)　製作に必要な材料や手順が分かり，製作計画について理解すること。
(イ)　手縫いやミシン縫いによる目的に応じた縫い方及び用具の安全な取扱いについて理解し，適切にできること。
イ　生活を豊かにするために布を用いた物の製作計画を考え，製作を工夫すること。
(6)　快適な住まい方
ア　次のような知識及び技能を身に付けること。
(ア)　住まいの主な働きが分かり，季節の変化に合わせた生活の大切さや住まい方について理解すること。
(イ)　住まいの整理・整頓や清掃の仕方を理解し，適切にできること。
イ　季節の変化に合わせた住まい方，整理・整頓や清掃の仕方を考え，快適な住まい方を工夫すること。
C　消費生活・環境
次の(1)及び(2)の項目について，課題をもって，持続可能な社会の構築に向けて身近な消費生活と環境を考え，工夫する活動を通して，次の事項を身に付けることができるよう指導する。
(1)　物や金銭の使い方と買物
ア　次のような知識及び技能を身に付けること。
(ア)　買物の仕組みや消費者の役割が分かり，物や金銭の大切さと計画的な使い方について理解すること。
(イ)　身近な物の選び方，買い方を理解し，購入するために必要な情報の収集・整理が適切にできること。
イ　購入に必要な情報を活用し，身近な物の選び方，買い方を考え，工夫すること。
(2)　環境に配慮した生活
ア　自分の生活と身近な環境との関わりや環境に配慮した物の使い方などについて理解すること。
イ　環境に配慮した生活について物の使い方などを考え，工夫すること。
2　内容の取扱い
(1)　内容の「A家族・家庭生活」については，次のとおり取り扱うこと。
ア　(1)のアについては，AからCまでの各内容の学習と関連を図り，日常生活における様々な問題について，家族や地域の人々との協力，健康・快適・安全，持続可能な社会の構築等

を視点として考え，解決に向けて工夫することが大切であることに気付かせるようにすること。
イ　(2)のイについては，内容の「B衣食住の生活」と関連を図り，衣食住に関わる仕事を具体的に実践できるよう配慮すること。
ウ　(3)については，幼児又は低学年の児童や高齢者など異なる世代の人々との関わりについても扱うこと。また，イについては，他教科等における学習との関連を図るよう配慮すること。
(2)　内容の「B衣食住の生活」については，次のとおり取り扱うこと。
ア　日本の伝統的な生活についても扱い，生活文化に気付くことができるよう配慮すること。
イ　(2)のアの(エ)については，ゆでる材料として青菜やじゃがいもなどを扱うこと。(オ)については，和食の基本となるだしの役割についても触れること。
ウ　(3)のアの(ア)については，五大栄養素と食品の体内での主な働きを中心に扱うこと。(ウ)については，献立を構成する要素として主食，主菜，副菜について扱うこと。
エ　食に関する指導については，家庭科の特質に応じて，食育の充実に資するよう配慮すること。また，第4学年までの食に関する学習との関連を図ること。
オ　(5)については，日常生活で使用する物を入れる袋などの製作を扱うこと。
カ　(6)のアの(ア)については，主として暑さ・寒さ，通風・換気，採光，及び音を取り上げること。暑さ・寒さについては，(4)のアの(ア)の日常着の快適な着方と関連を図ること。
(3)　内容の「C消費生活・環境」については，次のとおり取り扱うこと。
ア　(1)については，内容の「A家族・家庭生活」の(3)，「B衣食住の生活」の(2)，(5)及び(6)で扱う用具や実習材料などの身近な物を取り上げること。
イ　(1)のアの(ア)については，売買契約の基礎について触れること。
ウ　(2)については，内容の「B衣食住の生活」との関連を図り，実践的に学習できるようにすること。

第3　指導計画の作成と内容の取扱い
1　指導計画の作成に当たっては，次の事項に配慮するものとする。
(1)　題材など内容や時間のまとまりを見通して，その中で育む資質・能力の育成に向けて，児童

の主体的・対話的で深い学びの実現を図るようにすること。その際，生活の営みに係る見方・考え方を働かせ，知識を生活体験等と関連付けてより深く理解するとともに，日常生活の中から問題を見いだして様々な解決方法を考え，他者と意見交流し，実践を評価・改善して，新たな課題を見いだす過程を重視した学習の充実を図ること。

(2) 第2の内容の「A家族・家庭生活」から「C消費生活・環境」までの各項目に配当する授業時数及び各項目の履修学年については，児童や学校，地域の実態等に応じて各学校において適切に定めること。その際，「A家族・家庭生活」の(1)のアについては，第4学年までの学習を踏まえ，2学年間の学習の見通しをもたせるために，第5学年の最初に履修させるとともに，「A家族・家庭生活」，「B衣食住の生活」，「C消費生活・環境」の学習と関連させるようにすること。

(3) 第2の内容の「A家族・家庭生活」の(4)については，実践的な活動を家庭や地域などで行うことができるよう配慮し，2学年間で一つ又は二つの課題を設定して履修させること。その際，「A家族・家庭生活」の(2)又は(3)，「B衣食住の生活」，「C消費生活・環境」で学習した内容との関連を図り，課題を設定できるようにすること。

(4) 第2の内容の「B衣食住の生活」の(2)及び(5)については，学習の効果を高めるため，2学年間にわたって取り扱い，平易なものから段階的に学習できるよう計画すること。

(5) 題材の構成に当たっては，児童や学校，地域の実態を的確に捉えるとともに，内容相互の関連を図り，指導の効果を高めるようにすること。その際，他教科等との関連を明確にするとともに，中学校の学習を見据え，系統的に指導ができるようにすること。

(6) 障害のある児童などについては，学習活動を行う場合に生じる困難さに応じた指導内容や指導方法の工夫を計画的，組織的に行うこと。

(7) 第1章総則の第1の2の(2)に示す道徳教育の目標に基づき，道徳科などとの関連を考慮しながら，第3章特別の教科道徳の第2に示す内容について，家庭科の特質に応じて適切な指導をすること。

2 第2の内容の取扱いについては，次の事項に配慮するものとする。

(1) 指導に当たっては，衣食住など生活の中の様々な言葉を実感を伴って理解する学習活動や，自分の生活における課題を解決するために言葉や図表などを用いて生活をよりよくする方法を考えたり，説明したりするなどの学習活動の充実を図ること。

(2) 指導に当たっては，コンピュータや情報通信ネットワークを積極的に活用して，実習等における情報の収集・整理や，実践結果の発表などを行うことができるように工夫すること。

(3) 生活の自立の基礎を培う基礎的・基本的な知識及び技能を習得するために，調理や製作等の手順の根拠について考えたり，実践する喜びを味わったりするなどの実践的・体験的な活動を充実すること。

(4) 学習内容の定着を図り，一人一人の個性を生かし伸ばすよう，児童の特性や生活体験などを把握し，技能の習得状況に応じた少人数指導や教材・教具の工夫など個に応じた指導の充実に努めること。

(5) 家庭や地域との連携を図り，児童が身に付けた知識及び技能などを日常生活に活用できるよう配慮すること。

3 実習の指導に当たっては，次の事項に配慮するものとする。

(1) 施設・設備の安全管理に配慮し，学習環境を整備するとともに，熱源や用具，機械などの取扱いに注意して事故防止の指導を徹底すること。

(2) 服装を整え，衛生に留意して用具の手入れや保管を適切に行うこと。

(3) 調理に用いる食品については，生の魚や肉は扱わないなど，安全・衛生に留意すること。また，食物アレルギーについても配慮すること。

索　引

あ—お

アイロンがけ	99
アクティブ・ラーニング	32, 149
アンケート	153
生きる力	1, 11, 27
イクメンプロジェクト	29
異世代交流	72
依　存	12
一汁三菜	81
一般世帯	6
衣服	91
衣服の機能	92
イメージ・マップ	154
インタビュー	153
ウィギンズ	63
うま味センサー	141
栄養教諭	85
エシカル消費	123
エシカル・ファッション	91, 123
オノマトペ	144
織　物	96
温熱環境	106

か

開放型暖房器具	108
界面活性剤濃度	94
かがり縫い	97
学習指導案	40
学習指導要領	11, 31
学習指導要領一般編（試案）	23
学習指導要領家庭科編（試案）	23
学習指導要録	56
学習到達度調査	27
学習内容のまとまり	57
学習評価	57, 60
学　制	21
拡大家族世帯	7
隠れたカリキュラム	71
家事労働	4
家　族	6
家族周期	67

家　庭	5
家庭生活	67
換　気	108
含気性	94
環境基準	109
完結出生児数	68
観察記録	47
感　性	141
間接評価	61

き

キー・コンピテンシー	149, 168
機械換気	108
気化熱	106
疑似体験	156
技術・家庭科	24
吸湿性	94, 98
吸水性	98
教育勅語	22
教育的配慮	24
教　材	49
共　生	13
協力・協働	17
勤労所得	119

く・け

熊本地震	105
グリーンカーテン	107
グリーンコンシューマー	122
契　約	120
ゲーム	156
結　婚	67
顕在的なカリキュラム	25
建築基準法	105

こ

行為によるコミュニケーションスキル	132
麹　菌	146
交　織	93
合成クモ糸繊維	91
高等女学校	22
五　感	141

国民学校令	22
国連女性（婦人）の10年	26
孤　食	79
個　食	79
戸　籍	6
五大栄養素	83
コミュータマリッジ	67
コミュニケーション能力	152
献　立	84
困難水準	133
混　紡	93

さ

サーキュレーター	107
サーモカメラ	107
採　光	109
財産所得	119
裁　縫	21
3　C	14
三種の神器	14

し

シェルター	105
ジェンダー	69
ジェンダーの再生産	71
ジェンダー・バックラッシュ	28
ジェンダー・フリー教育	28
事業所得	119
ジグザグミシン	97
ジグソー学習法	154
支　出	119
自然換気	108
持続可能な開発のための2030アジェンダ	18, 80, 171
シックハウス症候群	104
しつけ縫い	96
実支出	119
質的評価	60
指導計画	38, 51
指導細案	41
指導略案	41
地直し	96
シミュレーション	156
重　曹	148
収　入	119
授業研究	174
主体的・対話的で深い学び	32, 149
循環型社会形成推進基本法	124

純消費	4
小学校家庭科の目標	35
小学校令	22
照　度	109
小児肥満	79
消費期限	122
消費支出	119
消費者教育の推進に関する法律	118
消費者の権利	120
消費者問題	117, 120
賞味期限	122
食　育	39
食育基本法	81
食品ロス	80, 122
食物アレルギー	82
食料自給率	80
女子高等師範学校	22
女子に対するあらゆる形態の差別の撤廃に関する条約	26
女性の職業生活における活躍の推進に関する法律	29
所　得	119
自　立	12
自　律	12
真正の評価	63

す～そ

ステップファミリー	68
スプートニク・ショック	25
生活困窮者自立支援法	13
生活者	5
生活の営み	3
生活の器	106
生活の課題と実践	28
生活の共同	9
生活文化	172
清　掃	110
性別履修	26
西洋裁縫	22
整理・整とん	110, 112
世界行動計画	26
世　帯	5
洗　濯	94, 99
洗濯表示記号	95
騒音計	109
総合的な学習の時間	27
相対的貧困率	68, 79
相対評価	57

た・ち

耐久消費財	14
題　材	133
ダイバシティ	29
脱石油系原料繊維	91
経　糸	96
玉待ち針	96
単元計画	41
男女共修	26
男女共同参画社会基本法	28
男女雇用機会均等法	26
団らん	72
地産地消	122
中学校令	22
中性洗剤	94
直接評価	62

つ―と

通気性	94
通信簿	56
ディベート	155
手縫い	96
寺子屋	21
展　開	44
電化元年	14
店舗販売	120
到達度評価	57
導　入	44
取り扱い絵表示	94
トレード・オフ	124

な―ね

長待ち針	96
なみ縫い	97
21世紀型能力	31, 159
人間活動力	2
縫い針	96
布地幅	96
熱中症	104

は・ひ

配慮事項	38
端ミシン	97
パフォーマンス評価	63, 165
半返し縫い	97
板書計画	43, 50

ひ

非消費支出	119
批判科学	160
批判的思考力	132, 170
評　価	56
評価規準	57
評価基準	57
表　示	122
標準家族	5
評　定	56

ふ

ファスト・ファッション	91
フィッシュ・ボーン法	155
フードバンク事業	122
フードマイレージ	122, 127
フェアトレード	122
フォトランゲージ	84
不感蒸泄	94
婦徳としての針道	21
ブレーン・ストーミング	154

へ・ほ

偏　食	79
縫落点	97
ポートフォリオ評価	64, 165
保護的機能	105
保湿性	94, 98
本返し縫い	97

ま・み

マーク	122
待ち針	96
まつり縫い	97
まとめ	44
味　覚	141
ミシン縫い	97
三つ折りぐけ	97
三つ折り縫い	97
民間情報教育局	23
民　法	6

む―も

無店舗販売	120
めあて	43
問題解決型の学習	160

ゆ・よ

ゆとり教育	27
緯糸	96

り―ろ

良妻賢母主義教育	22
量的評価	60
ルーブリック	64, 165
レッスンスタディ	174
連合国軍総司令部	23
ロール・プレイング	155

わ

ワーク・ライフ・バランス	69
ワーク・ライフ・バランス憲章	69
和食	81
和服	100

英字

CIE	23
Education2030	168
GHQ	23
HEMS	105
KJ法	154
NIE	153
OECD	149, 168
PISA	27, 149, 160, 168
Psychodrama	155
Recycle	122
Reduce	122
Reuse	122
SDGs	18, 80, 171
SNS	117
think globally act locally	127
ZEH	105

〔編著者〕

<ruby>大竹美登利<rt>おおたけみどり</rt></ruby>　　東京学芸大学　名誉教授　　　　　序章・第1章・終章

<ruby>鈴木真由子<rt>すずきまゆこ</rt></ruby>　　大阪教育大学教育学部　教授　　　第3章・第14章

<ruby>綿引　伴子<rt>わたひきともこ</rt></ruby>　　金沢大学人間社会研究域　教授　　第2章・第12章

〔著　者〕（五十音順）

<ruby>石垣　和恵<rt>いしがきかずえ</rt></ruby>　　山形大学地域教育文化学部　講師　　第8章

<ruby>小野　恭子<rt>おのきょうこ</rt></ruby>　　弘前大学教育学部　講師　　　　　第4章

<ruby>表　　真美<rt>おもてまみ</rt></ruby>　　京都女子大学発達教育学部　教授　　第6章・第13章

<ruby>中山　節子<rt>なかやませつこ</rt></ruby>　　千葉大学教育学部　准教授　　　　第5章

<ruby>野中美津枝<rt>のなかみつえ</rt></ruby>　　茨城大学教育学部　教授　　　　　第7章・第11章

<ruby>萬羽　郁子<rt>ばんばいくこ</rt></ruby>　　東京学芸大学教育学部　講師　　　第9章

<ruby>星野　洋美<rt>ほしのひろみ</rt></ruby>　　常葉大学教育学部　教授　　　　　第10章

小学校家庭科教育法

2018年（平成30年） 4 月 5 日　初 版 発 行
2019年（平成31年） 3 月 5 日　第 2 刷発行

編著者　大 竹 美登利
　　　　鈴 木 真由子
　　　　綿 引 伴 子

発行者　筑 紫 和 男

発行所　株式会社 建 帛 社
　　　　KENPAKUSHA

〒112-0011　東京都文京区千石 4 丁目 2 番 15 号
　　　　　　T E L（03）3944-2611
　　　　　　F A X（03）3946-4377
　　　　　　https://www.kenpakusha.co.jp/

ISBN 978-4-7679-2114-3　C3037
©大竹，鈴木，綿引ほか，2018.
（定価はカバーに表示してあります）

幸和印刷／常川製本
Printed in Japan

本書の複製権・翻訳権・上映権・公衆送信権等は株式会社建帛社が保有します。
JCOPY〈出版者著作権管理機構　委託出版物〉
本書の無断複製は著作権法上での例外を除き禁じられています。複製される
場合は，そのつど事前に，出版者著作権管理機構（TEL 03-5244-5088,
FAX 03-5244-5089, e-mail：info@jcopy.or.jp）の許諾を得て下さい。